मूलाधारे कुण्डलिनी भुजगाकाररूपिणी ।
तत्र तिष्ठति जीवात्मा प्रदीपकलिकाकृतिः ।
ध्यायेत्तेजोमयं ब्रह्म तेजोध्यानं परात्परम् ।।१६।।

꾼달리니는 물라드하라 [짜끄라]에서 뱀처럼 똬리를 틀고 있다.
그곳에 지와아뜨만(참자아)은 등불의 불빛처럼 머물고 있다.
빛으로 이루어진 그 브라흐만을 명상해야 한다.
빛에 대한 명상이 최고의 명상이다.

『게란다상히따』(*Ghraṇdasaṃhitā*) 제6장 16송

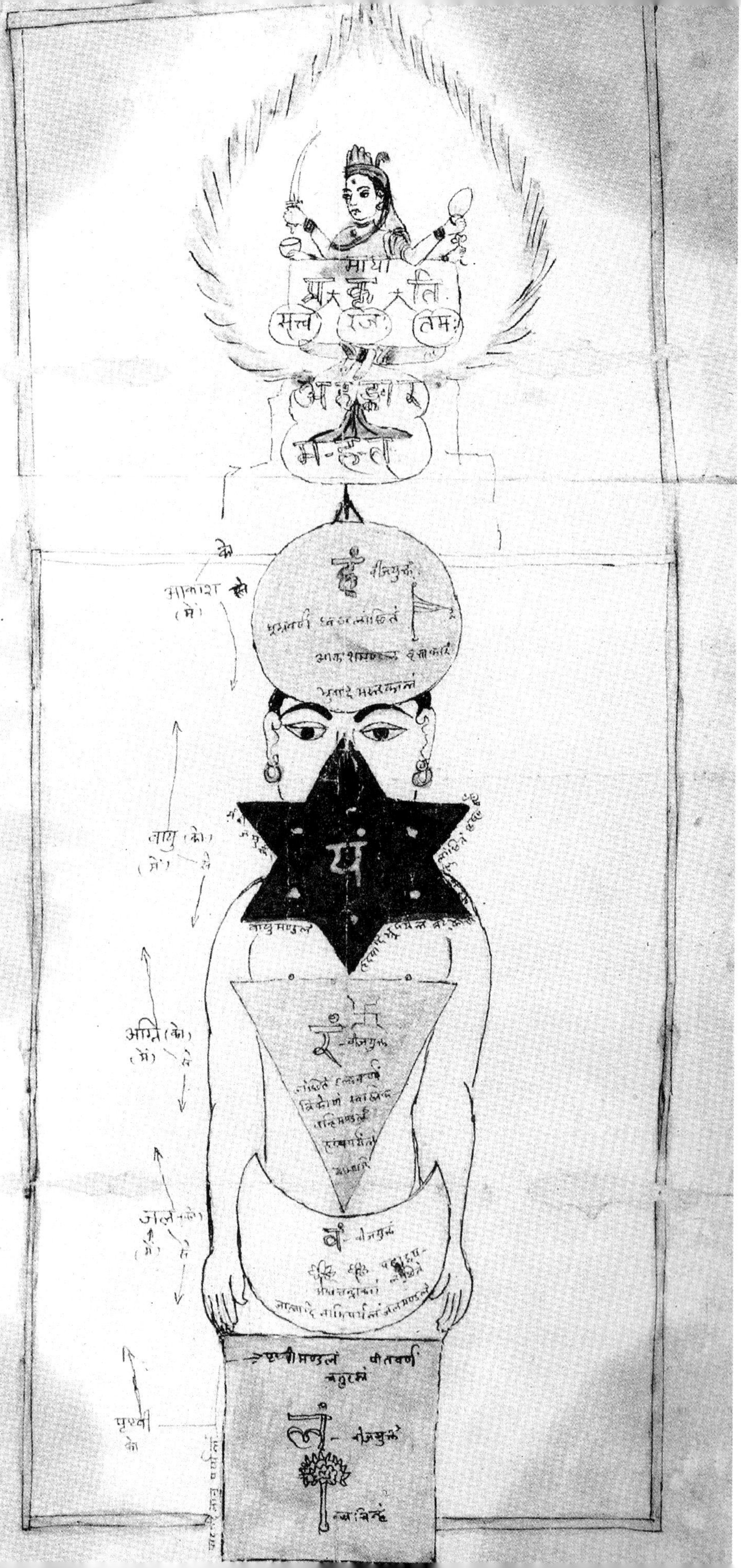

माया
प्रकृति
सत्त्व
रज
तम:
आकाश
वायु
अग्नि
जल
पृथ्वी

The Arousal of the Inner Energy

꾼달리니
KUNDALINI

내재된 에너지의 각성

아지뜨 무께르지(Ajit Mookerjee) 저
박영길 역

도서출판
CIR 씨·아이·알

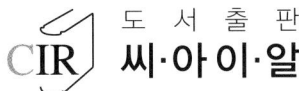

목차

머리말

눈으로 볼 수 없는 미세신(아스트랄체) 속에 짜끄라(cakra)와 같은 영적인 에너지 센터가 인간의 몸 속에 있다는 것을 알 수 있었고 또 그것이 있는 장소까지 알아낼 수 있었던 것은 딴뜨라 덕분이다. 감겨져 있고 잠재된 우주적 에너지인 꾼달리니 샥띠는 인간의 몸 속에 내재해 있는 궁극적인 힘이다. 모든 인간 개개인은 바로 이 에너지의 발산물이고 우리를 둘러싸고 있는 우주 만물 역시 '언제나 다양한 모습으로 그 자신을 드러내는 바로 그 의식(=꾼달리니)'의 산물이다. 인간에 내재된 두 원리, 즉 꾼달리니라는 에너지(kuṇḍalinīśakti)와 우주적 의식(Śiva)을 결합시켜서 인간으로 하여금 자신의 참된 자아를 자각케 하고 궁극적으로는 전 우주의 비밀을 밝히는 것이 딴뜨라의 목표인데, 딴뜨라의 비밀스런 지혜 중에서도 특별한 주제가 바로 '각성된 꾼달리니가 다양한 짜끄라를 통해 상승하는 여로'에 대한 것이다.

꾼달리니 요가는 인간에 내재된 잠재적 능력들을 활성화시키는 체험이다. 바로 이 우주적 힘인 꾼달리니를 각성시키는 것을 보다 심도 있게 이해하기 위해서는 자기 자신이 꾼달리니 각성에 실제로 뛰어들기로 작정했을 때 가능하다. 그것은 브핫따짜르야 박사(Dr. B. Bhattacharyya)가 말한 바와 같다.

> 훗날, 인간이 영적인 능력을 개발시키는 것이 필요하다는 것을 자각할 때마다 혹은 영적인 진화의 필요성 혹은 인간에게 잠재된 마술적인 능력을 자극시켜야 할 필요성을 느끼게 될 때마다 사람들은 이 분야의 산스끄리뜨 문헌을 살펴야 할 것이고 또 '어떤 나라에서나 혹은 어느 때나 생각했음직한 철두철미하되 가장 단순하고 쉽고 실천적인 심리적 훈련법'을 여전히 보유하고 있는 인도의 몇몇 요가 수행자들에게 관심을 기울여야 할 것이다.

꾼달리니의 각성, 즉 한 인간을 전혀 새로운 존재로 탄생시키는 바로 이 꾼달리니의 각성에 대해서는 고전 문헌을 통해서 그리고 현대의 임상적 관점에서 연구되어왔다. 본 연구 특히 현대의 임상적인 연

꼬여 있는 뱀(nāgabandha). 꾼달리니는 일종의 '닫힌 회로'처럼 둘둘 말려 있는 뱀의 형태로 상징된다. 라자스탄, 18세기, 종이에 잉크와 안료(사진: J. C. Ciancimino, London)

구와 관련해서 감사드리고 싶은 분은 꾼달리니 클리닉의 클리닉 서비스 원장인 리 샤넬라 박사(Dr. Lee Sannella)이다. 그의 허락으로 그가 발견한 임상적 조사 결과를 본서에서 아주 유용하게 활용할 수 있었다. 또한 꾼달리니 요가를 연구하는 미국인 연구가들을 만날 기회를 주선해 준 캘리포니아 주 빅 슈(Big Sur)의 에살렌(Esalen) 연구소의 딕 프라이스(Dick Price)와 스태니슬라브(Stanislav) 그리고 크리스티나 그로프(Christina Grof)에게도 감사드린다. 또한 몇 가지 제안을 해주었던 마드후 칸나(Madhu Khanna) 그리고 초고를 검토해 준 쁘리아 데비(Pria Devi)에게도 감사드린다.

아지뜨 무께르지

일러두기

1. 산스끄리뜨 발음 표기

① 산스끄리뜨의 원래 발음대로 표기하는 것을 원칙으로 하였다.
② va는 '바'와 '와'의 중간음이고 자음 앞에서는 '와'에 가깝게 들리지만 여기서는 첫 음절일 경우엔 '바'로 표기하고 그 외에는 '와'로 표기했다.
* 예외: 쉬바(Śiva)
② 무성 무기음(ka, ca, ṭa, ta, pa)의 경우 경음으로 표기했고 유성대기음(gha, jha, ḍha, dha, bha)의 경우 'ㅎ'을 붙였다.
③ 치찰음 śa, ṣa 의 경우 후속 모음에 따라 쉬, 샤, 슈 등으로 표기했다.
④ 장음(ā, ū, ī)과 단음을 특별하게 구별하지 않았지만 널리 통용되는 명칭의 경우엔 부분적으로 '아' 소리를 추가하고 괄호 속에 원문을 병기했다.
⑤ 저자는 구개음 ca를 cha로 표기하고(ex: chakra, rechaka) 치찰음 ṣa를 sha로 표기했지만(ex: upanishad), 번역에서는 산스끄리뜨 원어대로(cakra, recaka, upaniṣad) 표기하였다. 하지만 참고문헌의 경우엔 원래 그대로 표기하였다.
⑥ 그 외에는 일반적으로 통용되는 관례대로 표기하고 괄호 속에 원문을 병기하였다.

2. 수정, 인용, 역주 등

① 역주와 보충: 역주가 필요할 경우 1, 2, 3…으로 설명하였고 본문 속에서 단순히 보충할 경우에는 "(역주)"로 병기하였다. 원주는 1), 2), 3)…으로 표시하였다.
② 원문에서 발견되는 산스끄리뜨 단어의 오탈자와 발음 기호는 별도로 표시하지 않고 수정하였다.
③ 원저자는 산스끄리뜨의 복합어를 띄어쓰고 있지만 본 번역에서는 복합어를 붙여서 표기하고 경우에 따라 연성법에 의거해서 표기하였다(ex: Yogakuṇḍalī Upanishad → Yogakuṇḍalyupaniṣad). 하지만 조합어(ex: kuṇḍalini-yoga)의 경우엔 저자의 표기를 따랐다.
④ 원문의 각주나 인용 기법은 엄밀한 학술서에서 요구하는 형식보다 자유로운 편인데, 가급적 원저자의 표기를 그대로 유지했지만 원문을 번역하면서 필요한 경우엔 각주에 의거해서 피인용 문헌을 본문에서 밝혔다.
⑤ 원문과 번역: 원저자가 각주에서 게송 번호만 기록한 경우가 있지만 번역서의 특성상 의미 전달에 필요하다고 판단될 경우 산스끄리뜨 원문과 번역을 수록했다. 하지만 별도의 표시는 하지 않았다.

3. 용어 해설

원저자는 딴뜨라의 전문 용어들을 간략하게 풀이하고 있지만 전공자가 아닐 경우 이해하기 힘들다고 판단될 경우엔 약간의 내용을 추가하였다. 하지만 별도의 표시는 하지 않았다.

4. 산스끄리뜨 인용문

원서에는 첫 페이지와 제1장에 각각 『게란다상히따』과 『하타요가쁘라디삐까』의 경문과 번역이 수록되어 있지만 번역에서는 한국어판 협약에 의거해서 나머지 장에도 산스끄리뜨 고전에서 발췌한 몇몇 문장과 번역을 수록하였다.

5. 부록

본서에 수록된 부록은 한국어판 협약 체결에 포함된 것이다.

I. 딴뜨라의 개념

कुण्दली कुटिलाकारा सर्पवत्परिकीर्तिता ।
सा शक्तिश्चालिता येना स मुक्तो नात्र संशयः ॥१०८॥

꾼달리니는 마치 뱀처럼 똬리를 튼 채 잠들어 있다.
그 샥띠를 움직이게 하는 자는 의심할 바 없이 해탈한다.

『하타요가의 등불』(*Haṭhayogapradīpikā*) 제3장 108송

'살아 있으면서 해탈하는 것(jīvanmukti)'은 인도인의 삶에서 최고의 체험, 즉 인간이 우주와 합일한 경지로 간주된다. 눈에 보이는 생명체 하나하나가 바로 우주의 섬광이고 소우주로서의 인간의 몸은 대우주와 정확히 대응한다. 우주에서 펼쳐지고 있는 드라마는 모두 여기, 바로 우리 인간의 몸에서도 그대로 재현된다. 생물학적 요소를 갖추고 또 심리적 작용력을 구비한 인간의 몸, 우리의 온몸이 바로 '우주적 힘이 자신을 드러낼 수 있는' 도구이다. 딴뜨라의 가르침에 따르면 우주에 존재하는 것은 무엇이건 인간의 몸에도 그대로 존재한다. 따라서 만약 한 명의 인간을 분석할 수 있다면 우리는 전 우주도 분석할 수 있게 될 것이다. 왜냐하면 '이 모든 것'은 동일한 차원에서 형성되었기 때문이다. 인간의 목적은 인간 안에서 '모든 진리'를 탐구함으로써 자신의 내면에 있는 자아를 자각하고 우주의 근본적 실재를 드러내게 하는 데 있다.

여성적 에너지인 꾼달리니의 상승도. 두루마리 그림 중에서 확대한 부분. 깡그라 화풍, 약 18세기, 종이에 채색(Ajit Mookerjee, 사진: Eileen Tweedy)

인간과 우주를 연결시켜 주는 고리가 요가(yoga)이다. 여기서의 요가는 방법을 의미한다. 박띠요가(bhaktiyoga)에서는 사랑과 헌신을 통해 합일을 이룰 수 있다. 라자요가(rājayoga)는 명상을 통해서 자아를 실현하는 방법이고 까르마요가(karmayoga)는 행위를 하면서 해탈을 얻는 방법이며 갸나요가(jñānayoga)는 식별적인 지혜를 통해서 합일을 이루는 방법이고 반면, 하타요가(haṭhayoga)는 궁극적 목표를 위해 몸과 마음의 능력을 발현시키는 방법이다.

인간의 의식 세계를 확장시켜 주었던 체험, 바로 그 체험을 가능케 해 준 가장 중요한 딴뜨라적 기법이 꾼달리니 요가(kuṇḍalinī-yoga)이다. 산스끄리뜨어 꾼달리니는 '감겨진 것'을 의미하는데 '감겨진 에너지 꾼달리니'는 인간뿐만 아니라 우주의 먼지 티끌에까지 깃들어 있는 여성적인 힘이다. 하지만 인간 내부에 있는 꾼달리니는 평생 동안 잠자고 있는 경우가 대부분이고 심지어 인간은 자기 몸 안에 꾼달리니가 있다는 사실조차 자각하지 못하는 경우가 다반사이다. 꾼달리니 요가와 같은 딴뜨라적인 수행을 하는 목적은 인간에게 내재된 우주적 에너지 꾼달리니를 각성시켜 '전 우주에 깃들어 있는 순수 의식'인 쉬바(Śiva)와 합일하기 위해서이다.

꾼달리니 샥띠, 즉 '감겨진 여성 에너지'는 엄청난 잠재력을 지닌 에너지이고 신체 내에서 가장 강렬하고 뜨거운 흐름이다. 하지만 꾼달리니를 각성시키는 것은 딴뜨라 수행만이 할 수 있는 배타적인 것이 아니라 모든 요가 수행법의 근본이고 또 오히려 진정하다고 할 수 있는 영적인 체험을 모두 '바로 이 신체 내에 있는 핵 에너지(=꾼달리니, 역주)가 만개된 것'으로 간주할 수 있다. 심지어 음악이나 무용도 잠들어 있는 꾼달리니를 깨울 수 있을 뿐만 아니라 그것을 완전히 발현시켜서 마침내 인간 안에 그것이 존재한다는 것을 자각할 때까지 그 에너지를 정수리로 상승시킬 수 있다.

『여섯 짜끄라에 대한 해설』(*Ṣaṭcakranirūpaṇa*) 제3송은 꾼달리니를 다음과 같이 부드럽게 묘사한다.

> 그녀는 빛의 구슬처럼 아름답고 [연꽃]의 섬유질처럼 섬세하며
>
> 성자의 마음 속에서 빛나는 것이다.
>
> 그녀는 극도로 미세하지만 참된 지혜를 깨우는 것이고

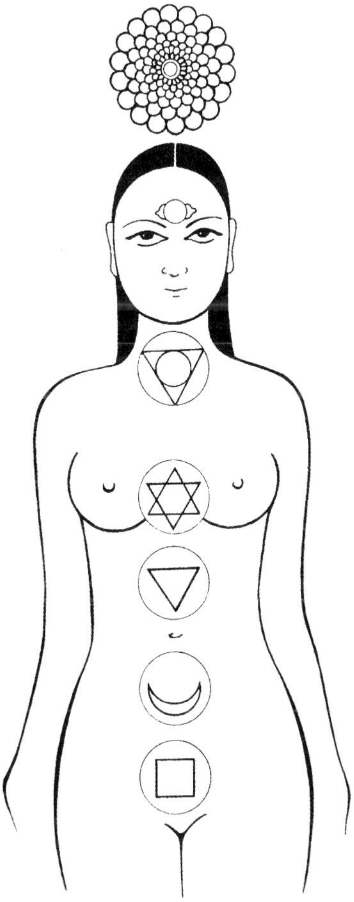

인체 내에 있는 짜끄라(cakra)들. 제일 아래쪽에서부터 물라드하라, 스와드히스타나, 마니뿌라, 아나하타, 비슛드하, 아갸, 사하스라라이다.

법열(法悅)이 체현된 것이고 또 순수 의식을 본성으로 한다.

다른 문헌은 꾼달리니를 '순수 의식'으로 묘사하는데 예를 들어 『위대한 열반 딴뜨라』(*Mahānirvāṇatantra*) 5장 19송은 꾼달리니를 '의식력(citśakti)' 혹은 '순수 의식과 다르지 않은 근원(prakṛti), 즉 본성'이라고 설명한다.

『샤라다띨라까』(*Śāradātilaka*) 1장 13-14송은 꾼달리니를 만뜨라(mantra)의 일종 혹은 음소의 소리, 창조의 근원인 샤브다브라흐마마이(śabdabrahmamayī), 즉 '우주적 소리의 근원이라 할 수 있는 샤브다 브라흐만(=쉬바)'의 여성 배우자로 묘사한다.

물라드하라 짜끄라(mūlādhāracakra)의 링가. 물라드하라 짜끄라(척추 아래에 있는 근본 짜끄라) 안에는 아직 각성되지 않은 꾼달리니가 검은 색의 스와얌부링가(svayaṃbhūliṅga)를 빙빙 감고 똬리를 튼 채 잠들어 있다.

산스끄리뜨 자모의 소리들은 단순한 말소리가 아니다. 그 소리는 그 자체로 존재하는 것이고 또 잠재된 모든 것들을 구체적으로 현현시키는 것이다. 『여의유(如意乳) 딴뜨라』(*Kāmadhenutantra*, p.3)에 따르면 산스뜨리뜨 문자(데와나가리) क(ka)의 왼쪽 삼각형 중에서 위쪽의 선은 브라흐마(Brahmā)를 상징하고 아래쪽의 선은 루드라(Rudra)를 상징한다. 정중앙의 수직선은 비슈누(Viṣṇu)를 상징하며, 중앙의 수직선 오른쪽에 있는 아래로 감겨진 형태의 선은 '잠들어 있는 꾼달리니'를 상징한다.

바로 이 꾼달리니 샤띠가 스스로를 드러내려 할 때는 역동적으로 변한다. 스스로를 드러내기 위해서 하나의 의식은 정적인 측면(Śiva)과 역동적 측면(Śakti)으로 분리된다. 꾼달리니 요가는 바로 이 이원성을 재차 하나로 통합하는 기법이다.

『요가꾼달리니 우빠니샤드』(*Yogakuṇḍalinyupaniṣad*) 1장 82송은 꾼달리니를 다음과 같이 묘사한다.

> 신령스런 힘
> 꾼달리니는
> 어린 연꽃 줄기처럼 빛난다.
> 마치 뱀처럼 스스로를 감고
> 입으로 자신의 꼬리를 문 채
> 인체의 토대에서
> 반쯤 잠에 든 상태로 휴식하고 있다.[1]

정적인 상태 다시 말해서 아직 발현되지 않고 잠재된 상태로서의 꾼달리니는 척추 기부에 있는 중심축, 즉 스와얌부 링가(svayaṃbhūliṅga)에서 자신의 꼬리를 입에 물고 나선형으로 세 바퀴 반을 감고 있는 뱀으로 상징된다. 바로 이 꾼달리니 샤띠(의식의 힘)가 각성되면 그녀는 '그녀가 현현된 에너지이자 정수리에 있는 쉬바(순수 의식)'와 결합하기 위해서 차끄라들, 즉 '척추의 중심을 따라 위

요가수행자의 에테르체에 있는 짜끄라들과 꾼달리니의 상승도.
라자스탄, 18세기, 종이에 채색(사진: J. C. Ciancimino, London)

---

1 śaktiḥ kuṇḍalinī nāma bisatantunibhā śubhā I
mūlakandaṃ phaṇāgreṇa dṛṣṭvā kamalakandavat II 82 II

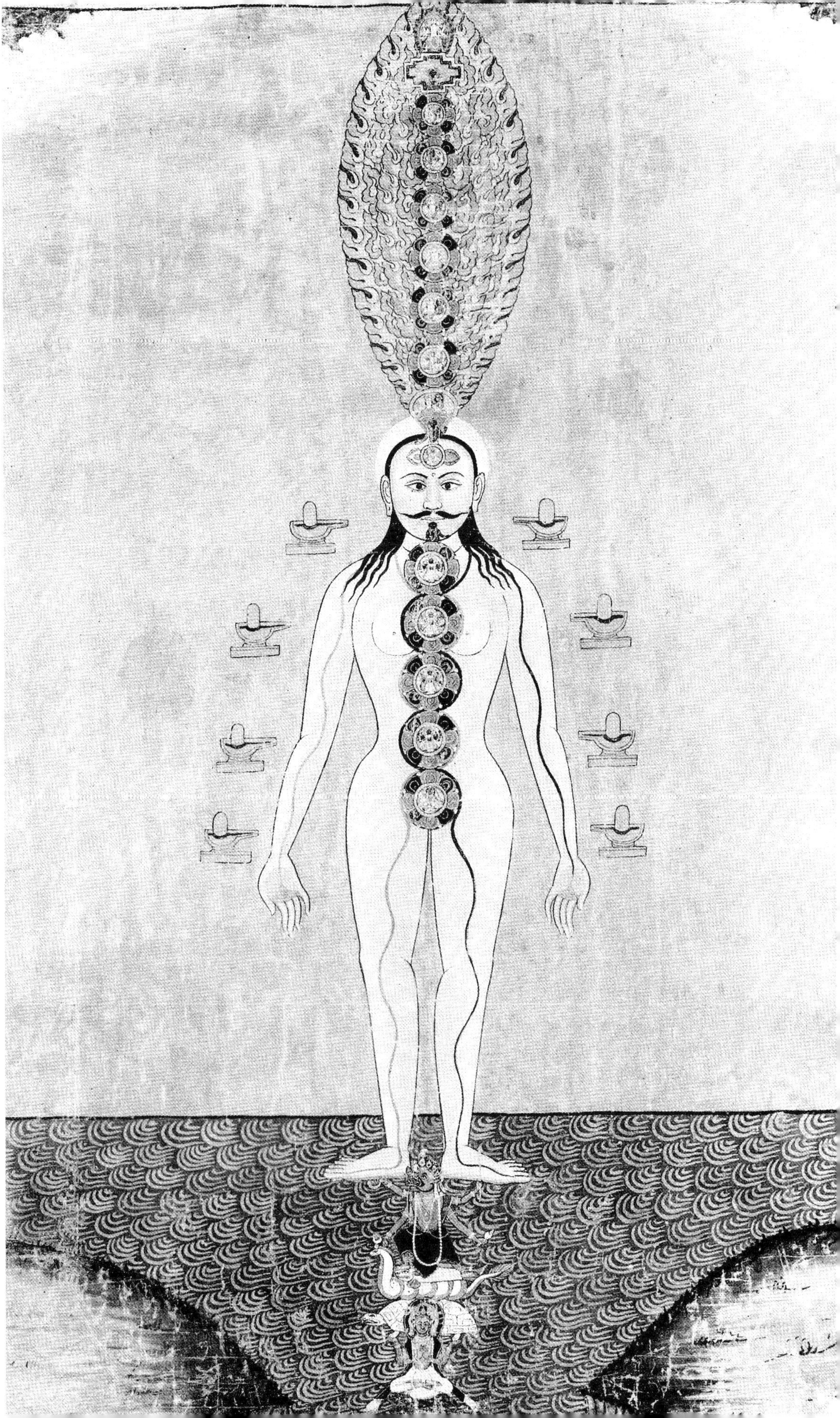

치해 있는 의식의 잠재력으로서의 정신적 센터들'을 하나씩 통과하면서 위로 상승한다. 짜끄라들은 해부학적으로 볼 수 있는 조대한 신체조직이 아니라 미세신(혹은 에테르 상의 몸)에 있는 것으로 알아야 한다. 정신적 에너지의 저장고라 할 수 있는 짜끄라는 모든 생명 현상을 지배한다.

문헌에 따라 짜끄라의 수가 조금씩 다르기도 하지만 대부분의 딴뜨라 문헌은 '의식이 성스럽게 조화된 중심점(짜끄라)'을 여섯 개로 보고 있다. 척추의 기부에서 시작하는 이 중심점들의 이름은 물라드하라(mūlādhāracakra), 스와드히스타나 짜끄라(svādhisthānacakra), 마니뿌라 짜끄라(maṇipūracakra), 아나하따 짜끄라(anāhatacakra), 비슛드하 짜끄라(viśuddhacakra), 아갸 짜끄라(ājñācakra)로 알려져 있다. 일곱 번째인 사하스라라 짜끄라(sahasrāracakra)는 초월적인 짜끄라로서 정수리에서 네 마디 위쪽에 있다. 최상층의 사하스라라 짜끄라는 순수 의식인 쉬바(Śiva)가 머무는 자리이고, 가장 아래쪽에 있는 물라드하라 짜끄라는 샤띠(Śakti)가 잠들어 있는 자리인데 여기서의 샤띠, 즉 물라드하라 짜끄라에 잠들어 있는 샤띠가 바로 꾼달리니이다. 경전에 설명된 특별한 수행을 통해서 꾼달리니가 각성되면 그녀는 만개할 때까지 정신적인 센터(짜끄라)들을 따라 상승하는데 만개한 경지는 꿀라 꾼달리니(kulakuṇḍalinī), 즉 사하스라라 짜끄라에서 절대자(Śiva)와 합일된 상태이다. 바로 이 쉬바(Śiva)와 샤띠(Śakti, 꾼달리니, 역주)가 합일할 때 환희(ānanda)가 일어난다.

딴뜨라 수행자는 인간의 몸을 우주 만물이 담겨져 있는 저장고로 간주한다. 『보물의 정수』(*Ratnasāra*)는 "신체에 담겨진 참된 진리를 아는 자는 우주의 진리도 알 수 있다"고 말한다. 요가에 통달한 사람은 이 말을 '인간이라는 존재의 본성을 통찰하고 있는 말'로 간주한다. 심리적인 기관과 물질적인 기관은 따로 노는 것이 아니라 서로 의존한다. 왜냐하면 서로가 서로를 존재하게 하기 때문이다. 대우주적 차원에서 우주를 지배하는 힘은 소우주로서의 인간도 지배한다. '생명'은 하나이고 각각의 모든 생명체들은 아주 복잡하지만 분리될 수 없는 전체로 서로 엮여 있다. 만물에 내재된 바로 이 통일성이 소우주와 대우주를 연결시키는 다리이다. 블라이르(Blair)는 『통찰의 율동』에서 다음과 같이 말한다.

태양이나 지구에 전자기체가 있다는 것을 알아냈듯이 그와 같이 언젠가는 '물질적인 한계를 넘어서는 보다 확장된 지식'을 통해서 우리는 인간의 몸에서, 오관(五官: 눈, 코, 입, 귀, 마음) 너머에 있는 '인간을 구성하는 영묘한 기관들'에 대해서도 알 수 있을 것이다. 이를 테면 에테르 체의 아우라(aura)들 그리고 인도의 종교 전통에서 그것의 조직체로 말하는 짜끄라(cakra)들 그리고 침술사들이 발견한 '기(氣)가 흐르는 통로(경락)'가 바로 그것이다. 이 모든 방사물들은 우리가 살고 있는 별과 우주에 있는 에너지 율동과 대응하는 것이고 또 우주와 융합되어 있는 것이다.[1]

모든 인간에게는 '에테르적 쌍둥이'이라 할 수 있는 '미세한 몸(미세신, sūkṣmaśarīra)'이 있다. 다시 말해서 인간에겐 신체와 같이 눈으로 볼 수 있는 '조대한 몸(조대신, sthūlaśarīra)' 외에도 '미세한 몸(미세신, liṅgaśarīra 혹은 sūkṣmaśarīra)' 그리고 '원인적 몸(원인신, kāraṇaśarīra)'이 있다. 딴뜨라 문헌에 따르면 인간의 몸은 다섯 개의 가리개(혹은 우주적 외피), 즉 덮개(藏, kośa)로 구성되어 있는데 다섯 겹의 밀도는 안으로 들어갈수록 낮아진다.

가장 바깥의 덮개는 육체적인 물질대사를 형성하는 것으로 '음식(anna)으로 이루어진 덮개(食所成藏, annamayakośa)'라고 불리는데 이것은 조대신에 해당한다.

그것보다 미세한 것은 '생명 에너지(prāṇa)로 이루어진 덮개(生氣所成藏, prāṇamayakośa)'이고 세 번째는 의식(manas)으로 구성된 덮개(意所成藏, manomayakośa)이고 네 번째는 더 미세한 것으로 지성으로 구성된 덮개(識所成藏, vijñānamayakośa)이다. 위의 세 가지 덮개는 미세신에 해당한다.

마지막 덮개는 가장 미세한 것으로 '환희(ānanda)로 구성된 덮개(歡喜所成藏, ānandamayakośa)'인데 이 덮개는 인간에 내재된 극도의 환희와 동일시된다. 이 덮개는 원인신(kāraṇaśarīra)에 해당한다.

육체라는 물질적 덮개라 할 수 있는 '음식으로 이루어진 덮개(annamayakośa)'는 다섯 가지 기본 원소(五大) 중에서 땅(地), 물(水), 불(火)이라는 세 가지 원소와 관련되는데 그 중에서 땅은 물라드하라 짜끄라를 상징하고 물은 스와드히스따나 짜끄라 그리고 불은 마니뿌라 짜끄라를 상징한다. 우주적 생명력이라 할 수 있

짜끄라들 그리고 침술에서의 혈자리를 서구적으로 표현한 에테르적인 신체도(Alex Grey, 현대)

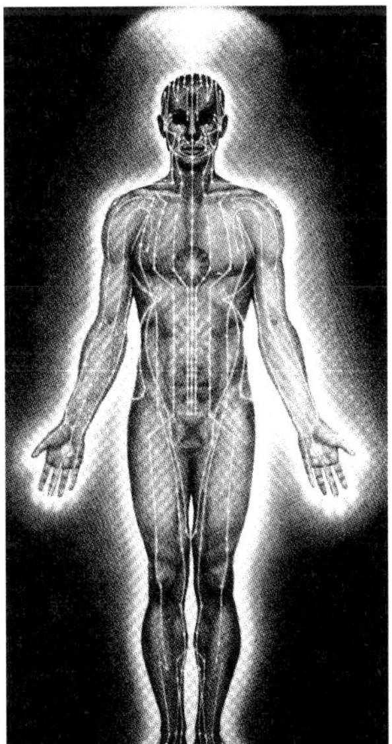

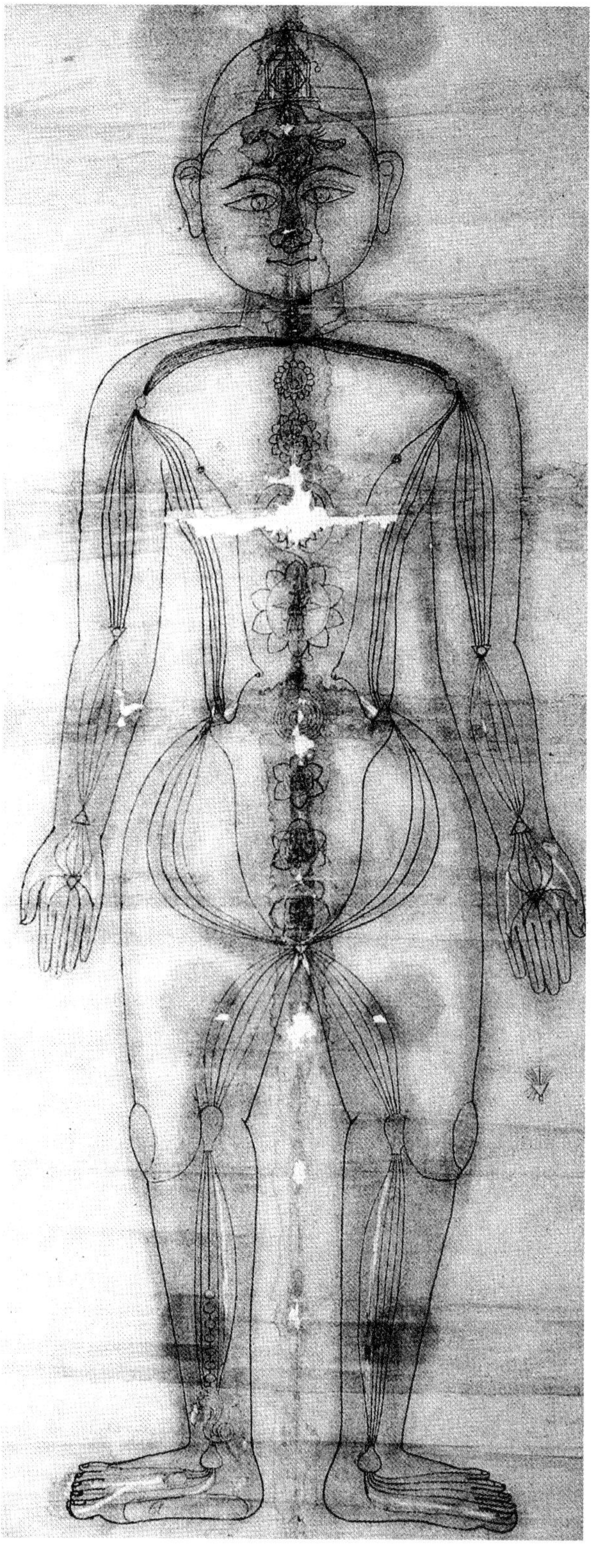

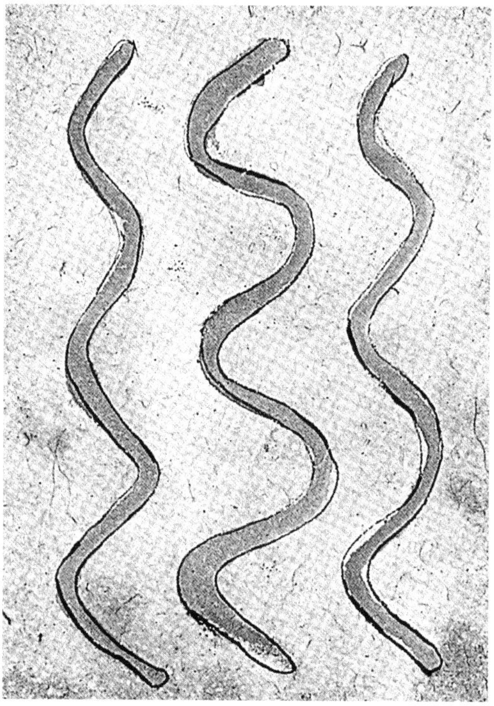

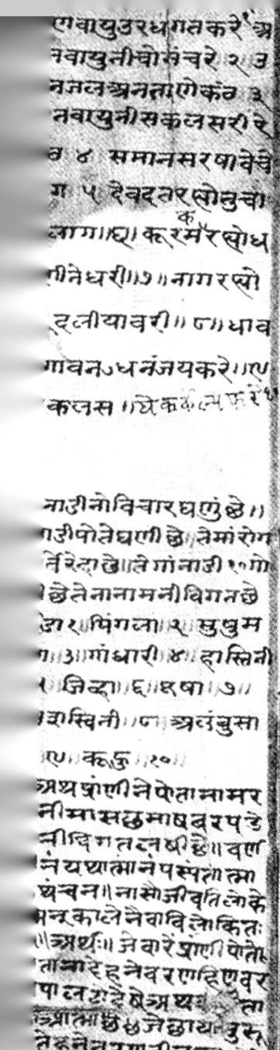

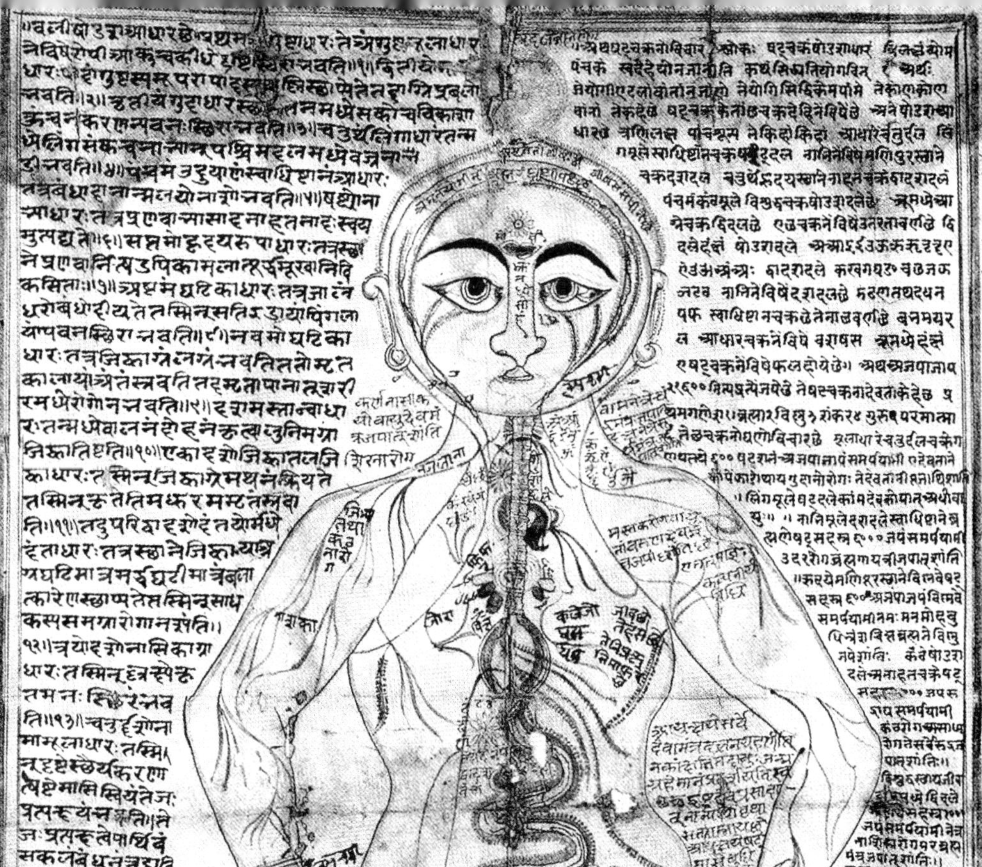

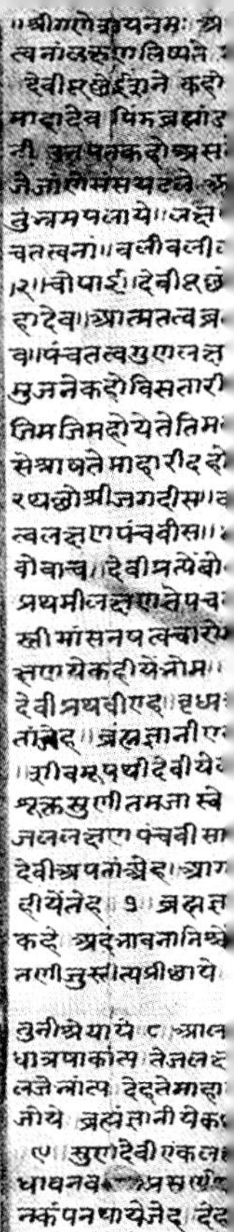

나디(nāḍī), 즉 인간의 몸 안에 있는 미세한 통로들.
왼쪽: 라자스탄에서 그려진 도상. 18세기경, 종이에 잉크와 채색

가운데: 에너지가 흐르는 통로(나디) 중에서 중요한 것은 척추 주위에 있는 이다 나디, 삥갈라 나디 그리고 정중앙의 수슘나 나디이다. 북인도, 18세기경, 종이에 채색(Ajit Mookerjee, 사진: Eileen Tweedy)

오른쪽: 까쉬미르(kaśimir)에서 작성된 도해 사본의 한 페이지. 18세기경, 종이와 잉크와 안료(사진: Ian Wichers, Hamburg; Tokyo Gallery, Tokyo)

왼쪽: 꾼달리니 샥띠. 데칸지역, 18세기경, 종이에 채색(Ajit Mookerjee, 사진: Eileen Tweedy)
*데와나가리로 "kuṃḍalīcakra 3"이라는 글자가 적혀 있다.

오른쪽: 꼬여 있는 뱀(nāgabandha). 꼬여 있는 뱀은 아직 각성되지 않고 똬리를 튼 채 잠들어 있는 상태를 상징한다. 라자스탄 지방, 19세기, 종이에 잉크(사진: Ian Wichers, Hamburg; Tokyo Gallery, Tokyo)

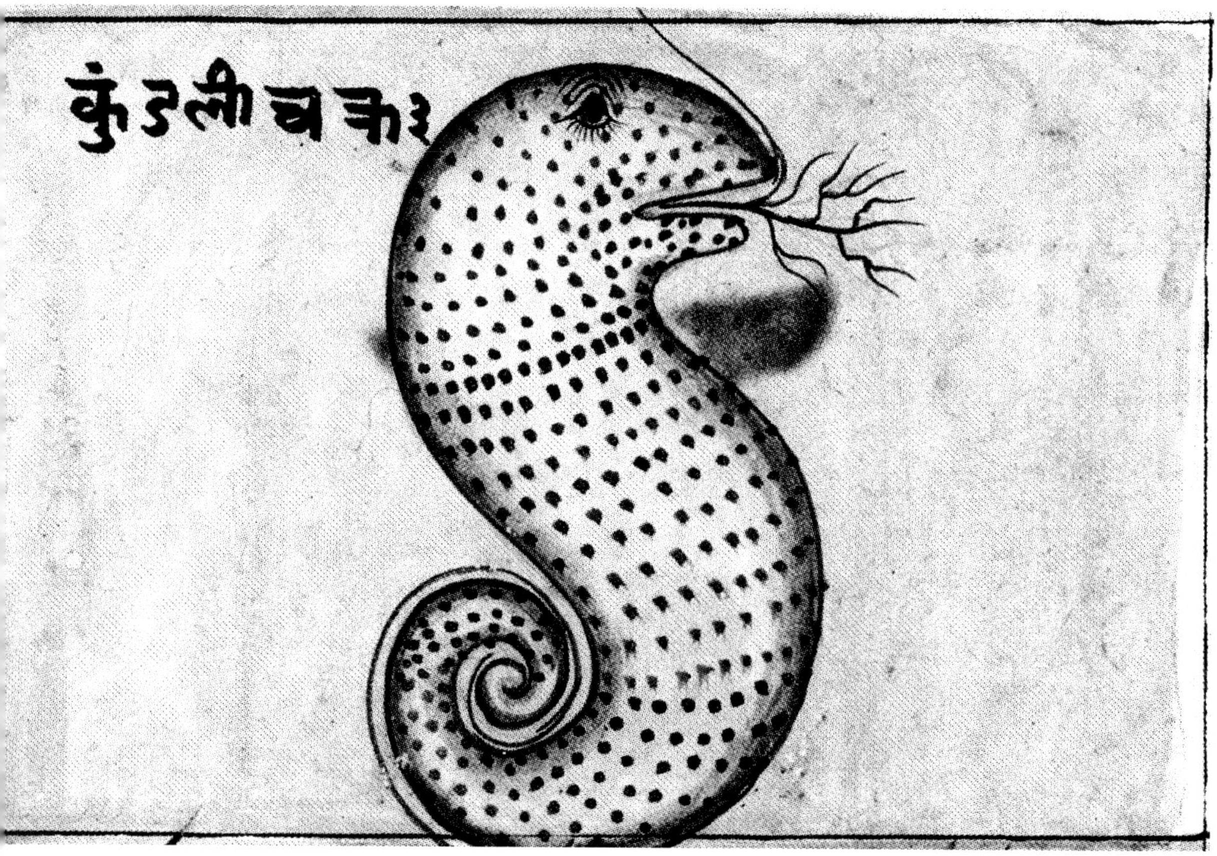

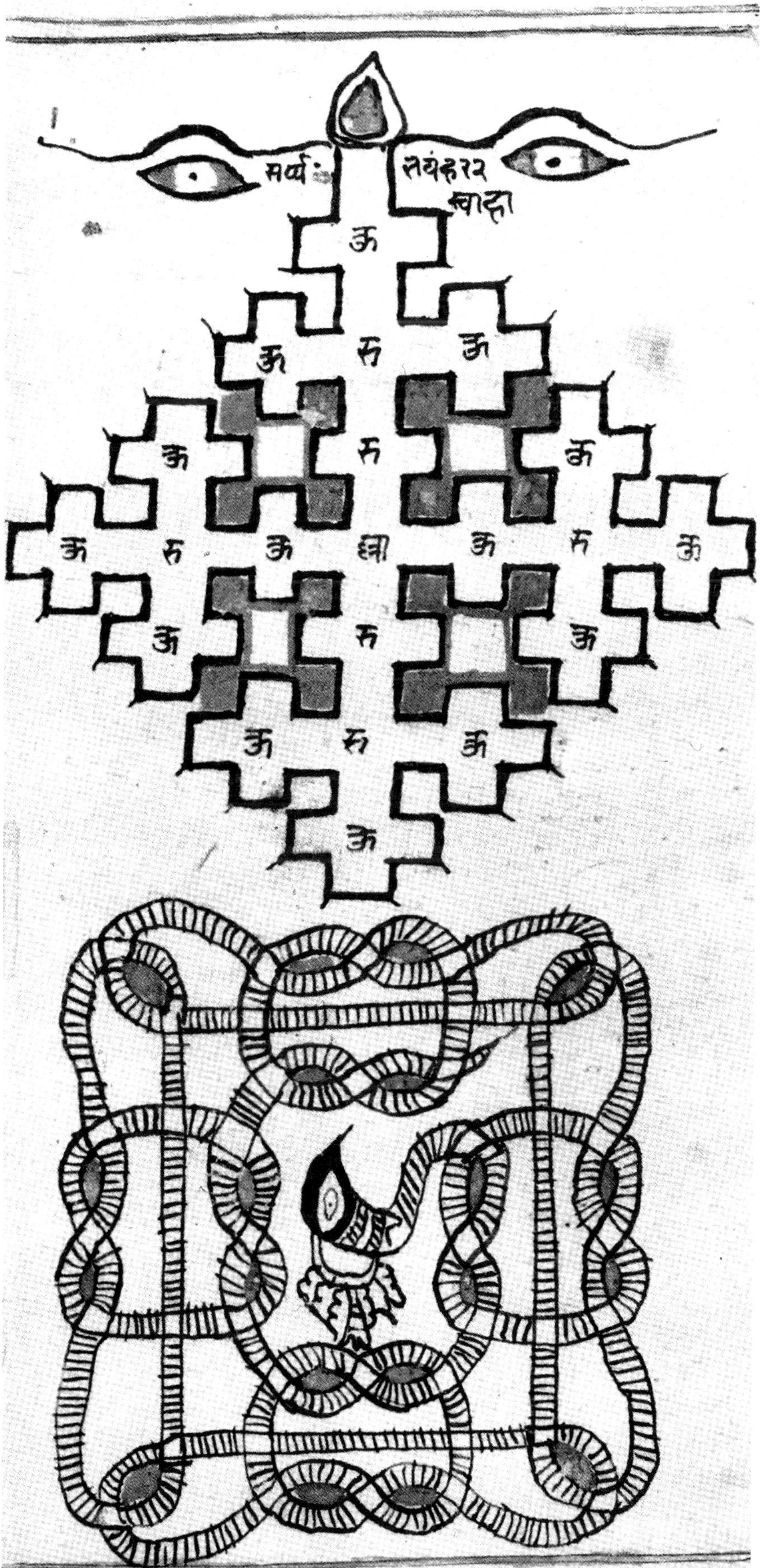
सर्व्वः
स्वाहा

는 쁘라나(생기, prāṇa)를 담고 있는 '생명 에너지로 이루어진 덮개(prāṇamayakośa)'는 아나하따 짜끄라에 있는 바람(風) 그리고 비슛드하 짜끄라에 있는 공(空)이라는 원소를 통해 그 자신을 드러낸다. '의식으로 구성된 덮개(manomayakośa)'와 '인식으로 구성된 덮개(vijñānamayakośa)'는 아갸 짜끄라를 그것의 센터로 한다. 내면적 통찰 혹은 사물의 실상을 있는 그대로 자각할 수 있는 '제3의 눈'과 같은 직관적 지혜 그리고 우주적 의식은 바로 이 아갸 짜끄라가 활성화될 때 생긴다.

이 미묘한 다섯 가지 덮개들은 조대한 몸 혹은 심리적인 에너지 센터(짜끄라)들에 있는 몇몇 물질적인 소립자들과 결합된 것인데, 짜끄라들은 나디(nāḍī: 움직임, 진동을 뜻하는 산스끄리뜨 동사 어근 √*nād*에서 파생된 명사)로 알려진 수많은 미세한 통로로 연결되어 있다. 신체를 해부함으로써 이 미세한 나디들을 확인하려는 시도도 있었지만 나디는 눈으로 볼 수 있는 것이 아니다. 만약 두 눈으로 나디[2]를 볼 수 있다면 아마도 신체는 고도로 정교화된 복잡한 회로도처럼 보일 것이다.

나디들 중에서 가장 중요한 것은 세 가지인데 첫 번째는 '가운데 통로'(madhyamamārga, 中道)라 할 수 있는 수슘나(suṣumnā) 나디이고 그 다음은 수슘나의 좌우에 있는 두개의 통로(나디)이다. 수슘나의 왼쪽에 있는 나디는 흰색 혹은 달(月) 나디로 불리는 이다(iḍā)이고 오른쪽에 있는 나디는 붉은 색, 태양 나디로 불리는 삥갈라(piṅgalā)이다. 수슘나 나디는 회음부의 물라드하라에서 시작해서 척추를 통과해 이마까지 이어져 있다. 수슘나 내부에는 바즈라(vajrā), 찌뜨리니(citriṇī), 브라흐마니(brahmaṇi 혹은 brahmanāḍī)와 같이 좀 더 미세한 세 개의 나디가 있는데 꾼달리니는 가장 안쪽에 있는 브라흐마니(브라흐마나디) 속에서 상승한다. 이다와 삥갈라 속에서 흐르

---

2 나디는 '숨 혹은 생명 에너지인 쁘라나'가 흐르는 통로인데 문헌에 따라 그 숫자는 30만 개, 20만 개 등으로 다양하지만 일반적으론 72,000개가 있다고 말해진다. 하지만 그 중에서 실제로 이름이 알려진 것은 이다(iḍā), 삥갈라(piṅgalā), 수슘나(suṣumnā), 간드하리(gāndhārī), 하스띠지흐와(hastijihvā), 뿌사(pūsā), 야샤스위니(yaśasvinī), 알랑부샤(ālaṃbuṣā), 꾸후쉬(kūhūś), 샹키니(śaṃkhnī), 비쉬보다리(Viśvodarī), 바루니(vāruṇī), 사라스와띠(sarasvatī), 빠야스비니(payasvinī)와 같은 14가지이다. 나디는 동양 의학이나 침술에서 말하는 경락(經絡)과 상당히 유사하다. 호흡수련(prāṇāyāma)이나 무드라(mudrā) 수련과 관련해서 중요한 나디는 이다, 삥갈라, 수슘나이다.

는 심리적 에너지는 척추 기저의 회음부에서 수슘나를 중심으로 서로 반대 방향으로 돌아 미간에서 수슘나와 만난다. 하지만 꾼달리니가 각성되지 않은 한 수슘나는 아래쪽 입구에서 닫힌 상태로 있다.[3]

3 수슘나를 제외한 모든 나디들은 개개인의 일상 생활이나 호흡 활동과 관련해서 언제나 활동하는 나디이지만 수슘나 나디는 꾼달리니가 각성된 이후에 비로소 활성화되는 특별한 나디이다. 수슘나의 입구에 잠들어 있는 꾼달리니가 각성되면, '각성된 꾼달리니'는 수슘나로 진입하고 상승하면서 짜끄라를 하나씩 개화시킨 후 최종적으로 사하스라라 짜끄라에 도달하게 된다. '각성된 꾼달리니'가 수슘나 속에서 상승할 때 수슘나를 제외한 모든 나디들의 활동은 정지되는데 『하타요가쁘라디삐까』는 이 상태를 '수슘나를 제외한 모든 나디들의 죽음'으로 표현한다. 수슘나 속에는 세 개의 미세한 통로가 있는데 그 중에서 '각성된 꾼달리니 샥띠'가 상승하는 통로가 브라흐마니(brahmāṇi)인데, 브라흐마니는 브라흐마 나디(brahmanāḍī)라고도 불린다.

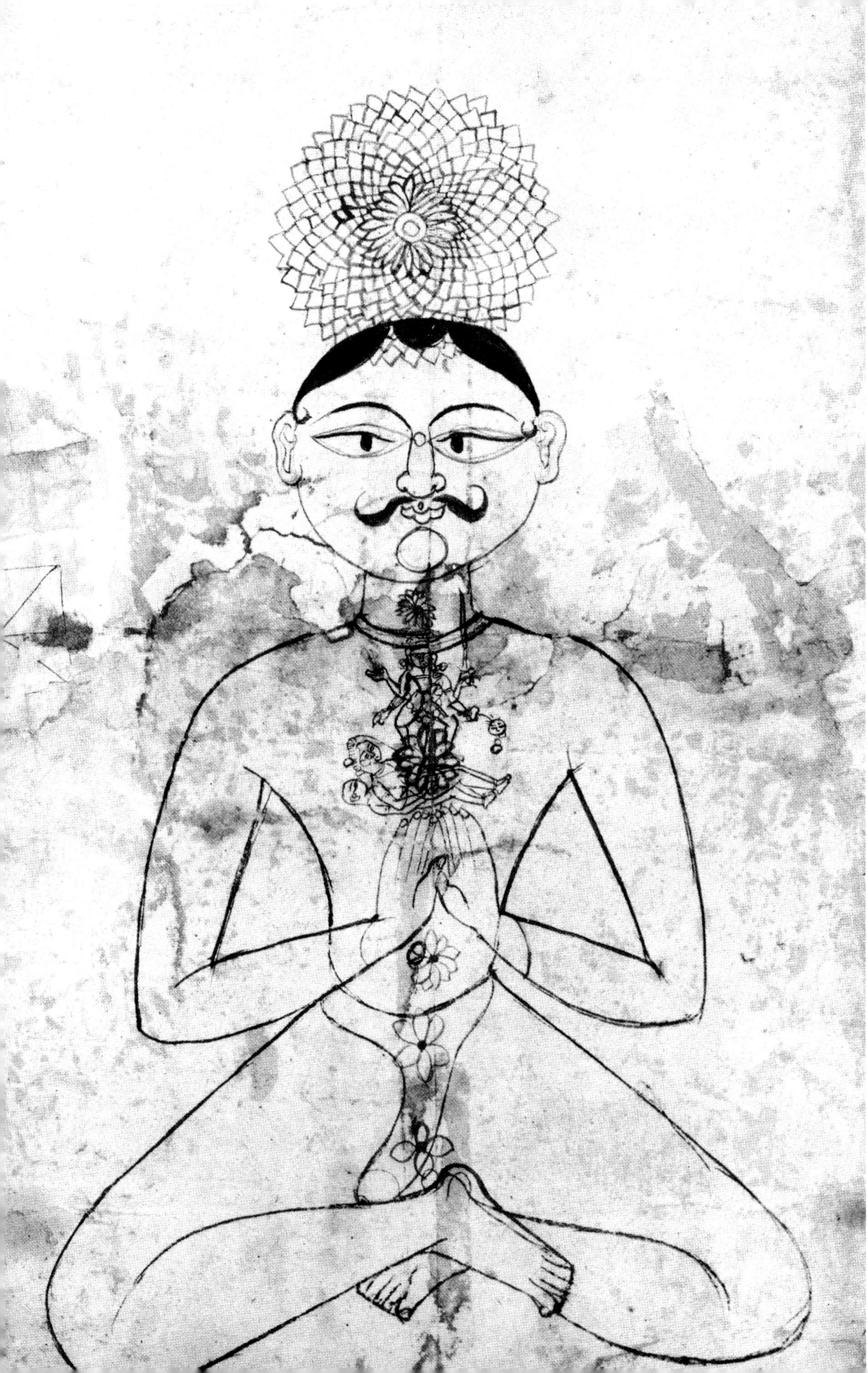

II. 꾼달리니의 각성

कन्दोर्ध्वं कुण्डली शक्तिः सुप्ता मोक्षाय योगिनाम् ।
वन्धनाय च मूढानां यसतां स योगवित् ॥१०७॥

깐다(배꼽와 성기 사이) 위에서 잠들어 있는 꾼달리니 샥띠는
요가 수행자에겐 해탈을 주고 어리석은 자에게는 속박을 [준다].
그녀를 아는 자가 요가를 아는 자이다.

『하타요가의 등불』(*Haṭhayogapradīpikā*) 제3장 107송

꾼달리니를 각성시키기 위해서는 오랜 기간의 수행이 필요할 뿐만 아니라 예비적인 훈련도 필요하다. 하지만 꾼달리니를 각성시킬 수 있는 방법이 딱히 고정되어 있는 것은 아니고 따라서 꾼달리니를 각성시킬 수 있는 방법은 대단히 많다고 할 수 있다. 요가 수행으로 꾼달리니를 각성시키고 또 각성된 꾼달리니를 브라흐마 나디(brahmanāḍi: 수슘나 나디 속에 있는 세 개의 통로 중 가장 안쪽의 통로, 역주)로 상승시키려면 수행자는 자신의 모든 정력과 기술을 자유자재로 총동원해야만 한다.

수행자는 먼저 자신에게 가장 편한 자세(좌법, āsana)를 취한 후 꾼달리니가 각성될 수 있게끔 감각 기관을 철수해야 하고(감관의 철수, pratyāhāra) 또 일상적인 마음 작용이 완전히 정지될 때까지 '마음을 한 대상에 집중하는 것(총지, dhāraṇā)'을 비롯한 수행을 시작해야 한다. '호흡 수련(prāṇāyāma)을 통해 체내로 흡입되고 저장된' 생명 에

요가수행자와 '천개의 연꽃잎을 가진 사하스라라 짜끄라를 묘사한 그림. 사하스라라 짜끄라는 꾼달리니 샥띠와 우주적 의식(쉬바)이 합일하는 장소인데 이 그림에서는 연꽃이 요가 수행자의 정수리 위에서 만개해 있다.
라자스탄, 19세기, 종이에 잉크와 안료(사진: Achim Bedrich, Munich)

너지(prāṇa)에 모든 의식력을 집중해서 '이다(iḍā)와 삥갈라(piṅgalā)를 통해 순환하려고 하는 바로 그 생명 에너지'[1]를 꾼달리니가 감겨져 있는 장소인 척추 아래 부분(물라드하라 짜끄라 혹은 깐다, 역주)으로 보내야 한다. 그곳에 쁘라나가 진입하면 마치 밀폐된 공간이 갑작스레 폭발하듯이 급작스런 흥분이 일어나고 바로 그 열과 굉음이 결합할 때 반쯤 잠들어 있던 뱀의 힘(=꾼달리니)은 각성된다. 몸과 마음을 함께 통제하는 기법과 호흡 수련법은 꾼달리니 요가가 딴뜨라적 기법에 기여한 점이다. 호흡 수련은 명상 수행의 힘을 강화하

요가의 체위 중 요니좌(yonyāsana)

연화좌(padmāsana)

1 꾼달리니가 각성되기 전, 다시 말해서 수슘나 나디가 활성화되기 이전에는 생명에너지(쁘라나)는 이다와 삥갈라를 중심으로 활동한다. 이다와 삥갈라로 순환하려는 생명 에너지를 하복부에서 결합시켜 물라드하라로 내려 보내 꾼달리니를 자극하는 것이 하타요가 수행의 일차적 목표이다. 꾼달리니가 각성되면 수슘나 나디가 활성화되고 '각성된 꾼달리니'는 수슘나로 진입해서 수슘나 속에서 정수리까지 상승한다. 수슘나가 활성화될 때 이다와 삥갈라는 활동하지 않는데 『하타요가쁘라디삐까』는 이 상태를 '이다와 삥갈라의 죽음'으로 표현한다.

고[2] 따라서 호흡 수련(prāṇāyāma)은 딴뜨라가 가장 중요시하는 수행법이 되었다.

호흡은 다양한 생명체들이 더불어 살 수 있게 해주는 수단일 뿐만 아니라 실존과 자각을 서로 가능케 해주는 근원적인 원천이기도 하다. 호흡이라는 바로 이 생체 동력의 힘을 통제해서 인간의 의식세계를 확장하는 것은 요가가 추구하는 목표이기도 하다. 또한 인체 내에 있는 영묘한 중심들(짜끄라)이 생명력을 얻는 것도 바로 이 호흡 수련법에 의해서이다.

요가는 호흡의 속도라든지 깊이 그리고 리듬을 조절하는 것 등 호흡 기법을 체계적으로 발전시켰다. 평소 인간의 호흡은 대단히 불규칙적이며, 마시는 숨과 내쉬는 숨도 얕을 뿐만 아니라 비율조차 엉망이다. 인간의 일상적인 호흡 주기는 잠들어 있는 꾼달리니의 반응, 즉 '잠들어 있는 꾼달리니가 하루에 약 21,600번 반응하는 것'에 대한 재반응이고 그 빈도는 한 개인이 하루에 하는 호흡수와 거의 일치한다. 하지만 이 호흡(잠들어 있는 꾼달리니의 21,600번의 반응에 의거한 인간의 호흡)은 얕고 성급한 것으로 폐기능의 극히 일부만을 활용할 뿐이고 또 비록 이 호흡이 산소화된 에너지(氣)를 아래로 흐르게 해서 꾼달리니를 자극하기도 하지만 잠들어 있는 그녀를 깨우기엔 턱없이 부족하다.

요가난다(Yogananda)는 자서전에서 "고대의 요가 수행자들은 호

2 호흡과 마음의 불가분적 관계에 대해서는 『하타요가쁘라디삐까』에서 자세히 설명되고 있다.
"기(氣)가 통제되면 마음도 통제된다. 그리고 마음이 통제되면 기도 통제된다." (pavano badhyate yena manas tenaiva badhyate manaś ca badhyate yena pavanas tena badhyate II Hp. IV.21)
"마음이 [작용하는] 두 가지 원인은 훈습과 기(氣, samīraṇa)이다. 둘 중 하나가 소멸한다면 그 두 가지 모두 소멸한다."(hetudvayaṃ tu cittasya vāsanā ca samīraṇaḥ I tayor vinaṣṭa ekasmin tau dvāv api vinaśyataḥ II Hp. IV.22)
"마음이 사라진다면 기(氣, pavana)가 소멸하고, 기가 소멸하면 마음도 소멸한다."(mono yatra vilīyeta pavanas tatra līyate I pavano līyate yatra manas tatra vilīyate II Hp. IV.23)
"생명 에너지(māruta)가 중앙의 [나디, 즉 수슘나]로 흐를 때 마음(manas)은 움직이지 않으며, 마음이 안정된 바로 이 상태가 마논마니(=삼매)이다."(mārute madhyasaṃcāre manaḥ sthairyaṃ prajāyate I yo manaḥ susthirībhāvaḥ saivāvasthā manonmanī. Hp. II. 42)
"쁘라나가 수슘나 속으로 흐르고 마음이 허공 속으로 들어가는 그때 요가를 아는 자에게 모든 업은 뿌리 채 뽑힌다."(suṣumnāvāhini prāṇe śūnye viśati mānase I tadā sarvāṇi karmāṇi nirmūlayate yogavit II IV. 12.)
"쁘라나조차 살아 움직이는 한, 마음이 사라지지 않는 한 어떻게 지혜가 마음 속에서 발생할 수 있다는 것인가? 쁘라나와 마음 이 두 가지의 소멸을 이루는 자 그 사람은 해탈을 얻는다. 다른 어떤 방법으로도 불가능하다."(jñānaṃ kuto manasi saṃbhavatīha tāvat prāṇo 'pi jīvati mano mriyate na yavat I prāṇo mano dvaym idaṃ vilayaṃ nayed yo mokṣaṃ sa gacchati naro na kathaṃcid anyaḥ II IV.15)

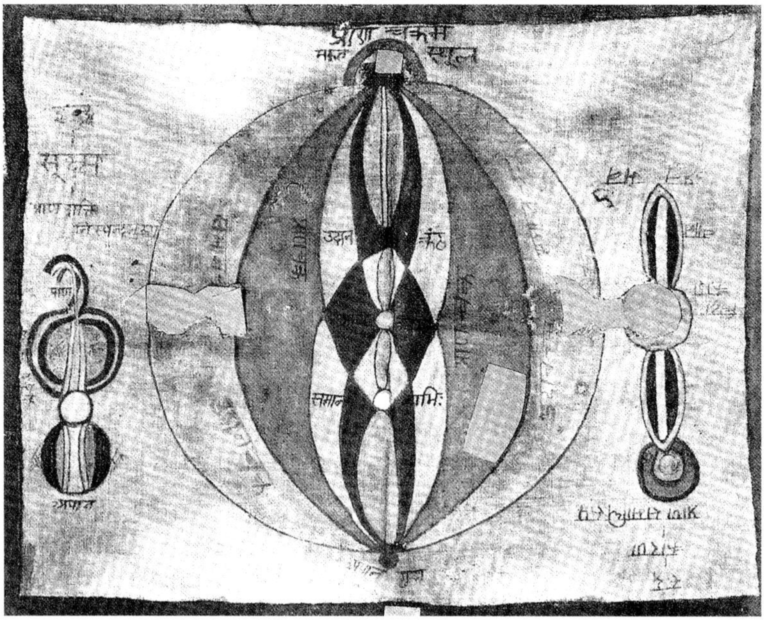

우다나(udāna), 쁘라나(prāṇa), 사마나(sāmana), 아빠나(apāna), 뷔야나(vyāna)라는 다섯 가지 생명 에너지가 순환하는 것을 묘사한 쁘라나 짜끄라(prāṇacakra). 라자스탄, 19세기경, 헝겊에 채색(Ajit Mookerjee, 사진: Eileen Tweedy)

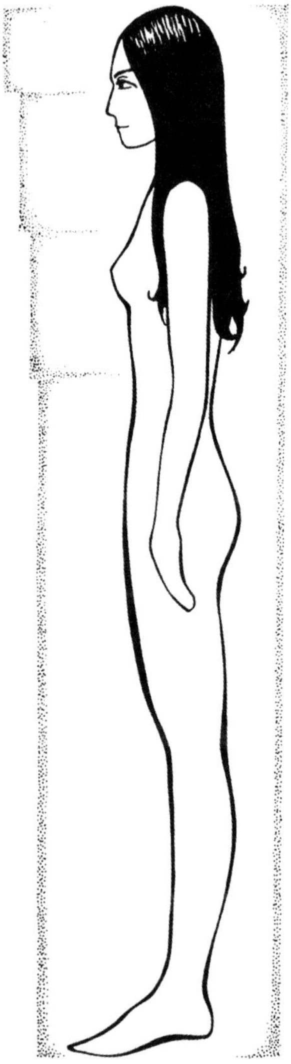

인체 내에서 쁘라나들이 활동하는 영역. 윗 부분에서 주로 활동하는 것은 우다나이고 그 아래는 쁘라나 그 다음은 사마나이고 가장 아래쪽은 아빠나이다. 뷔야나는 온몸으로 순환한다.

흡을 지배하는 것과 우주적 의식이 연결되어 있다는 비밀을 알게 되었다"는 스승(Śrī Yukteśvara, 역주)의 말을 구술하면서 다음과 같이 말한다. "끄리야요가(kriyayoga) 수행자는 척추에 있는 여섯 센터(골수, 목, 등, 요추, 천골 그리고 미저골 신경총) 주위에 의도적으로 기(life energy)를 돌리거나 위 아래로 보낼 수 있는데 이 여섯 짜끄라는, 우주적 인간을 상징하는 천문학의 황도12궁(宮)에 상응한다. 30초 동안이라도 민감한 척수(脊髓) 주변에 기를 순환시킨다면 인간은 미세하게 진화하기 시작할 것이다. 그 이유는 끄리야요가[3]에서의 30초는 자연계의 영적 진화 과정으로는 일 년에 맞먹기 때문이다." [2)]

호흡 수련(調息, prāṇāyāma)은 좌법(안정된 자세, āsana), 무드라(mudrā), 만뜨라(mantra) 그리고 반드하(bandha: 신체 안의 통로를 잠그는 것 혹은 근육 수축)와 같은 요가적 기법과 병행될 때 더 강력

---

3 여기서의 끄리야요가(kriyayoga)는 '고행, 독송, 학습으로 구성된 빠딴잘라 요가(Pātañjalayoga)의 끄리야요가'가 아니라 요가난다를 비롯한 현대의 요가 스승이 새롭게 사용한 용어인데 구체적인 수행법은 사실상 하타요가의 범주에 포함된다. 본서에서 사용하는 용어 꾼달리니 요가 역시 꾼달리니의 각성을 위한 전문적인 행법을 의미하는데 실제 수행기법은 하타요가에 포함된다.

꾼달리니 만달라(kuṇḍalinīmaṇḍala).
네팔, 1800년경, 종이에 잉크와 안료(사진: Ajit Mookerjee)

한 수행법이 된다.[4] 이 중에서 호흡을 수련하기 위해 제일 먼저 해야 할 것은 장시간 동안 수련하는 데 적합한 견고하고 편안한 자세(āsana, 좌법)를 취하는 것이다.[5] 연화좌(padmāsana, 결가부좌)는 왼쪽 허벅지에 오른 발을 올리고 왼쪽 발을 오른쪽 허벅지에 올려 두 발을 교차시키는 것이다. 달인좌(siddhāsana)는 왼쪽 발꿈치를 회음 아래에 두고 오른쪽 발꿈치를 왼쪽 허벅지 위에 두고 옆구리까지 끌어당기는 것이다. 두 좌법을 취할 때 상체를 곧게 세워야 하고 머리와 목 그리고 척추가 중심축을 중심으로 해서 자연스럽게 균형을 유지해야 한다. 보다 깊은 명상을 유도하기 위해 양 손을 무릎 위에 올려놓은 상태에서 시선을 콧등에 두어야 한다. 요가 수행자들은 두 발을 교차해서 정좌하는 좌법(연화좌, 달인좌)이 에너지 장을 포위해서 유지할 수 있는 '안정된 삼각형의 밑변'과 같은 좌법이라고 말한다.

호흡 수련(prāṇāyāma)[6]의 첫 단계는 호흡을 조절하는 것이다. 이 단계에서는 리듬이 무엇보다 중요한데 그것은 정신의 집중을 도울 뿐만 아니라 자율 신경계가 교란되는 것을 막기 때문이다. 좀 더 깊고 더 완벽한 호흡을 하기 위해서는 숨을 마실 때마다 최대한의 쁘라나를 흡입해야 한다. 호흡법을 더 발전시키기 위해서는 호흡의 구성 요소를 조절하는 법도 알아야 한다. 각각의 호흡은 세 부분으로 되

4 하타요가의 호흡법은 연화좌나 달인좌의 자세를 취한 후 '들숨 후 그 숨을 유지하는 것(꿈브하까, 더 정확히는 뿌라까 쁘라나야마)'을 핵심으로 한다. 하타요가의 호흡법의 특징은, 꿈브하까의 상태에서 '회음을 조이고(물라 반드하)', '턱을 끌어당기고(잘란드라하 반드하)', '복부를 등쪽으로 끌어당기는 것(잘란드하라 반드하)'라는 세 종류의 반드하 무드라와 병행하는 것이다. 본서의 저자는 무드라와 반드하를 구별하고 있지만 하타요가 문헌에 따르면 반드하는 별개의 수행법이 아니라 무드라의 한 기법이다.

5『하타요가쁘라디삐까』 1.17에 따르면 아사나(āsana)는 하타요가의 첫 번째 지분이다(haṭhasya prathamāṅgatvād āsanaṃ……). 하타요가 문헌은 아사나의 유형을 구별하고 있지 않지만 대체적으로 아사나의 유형을 두 개로 나눌 수 있다. 첫 번째는 연화좌(결가부좌), 달인좌, 영웅좌와 같은 정적인 정좌 자세이고 두 번째는 활체위, 공작체위, 낙타체위와 같은 역동적인 체위 동작이다. 이 중에서 하타요가 문헌이 중요시하는 달인좌인데, 달인좌를 강조하는 이유는 달인좌는 발꿈치로 회음을 압박할 수 있기 때문이다.

6 일반적으로 쁘라나야마(prāṇāyāma)는 호흡 수련, 호흡 조절 등으로 번역되지만 정확한 의미는 '호흡의 멈춤(kumbhaka)'이다. 호흡을 멈춘다는 것(쁘라나야마, =꿈브하까)엔 '들숨 후 그 숨을 참는 것(pūrakaprāṇāyāma)'과 '날숨 후 그 숨을 참는 것(recakaprāṇāyāma)'과 같은 두 가지가 있는데 하타요가가 강조하는 것은 '들숨 후 그 숨을 참는 것(pūrakaprāṇāyāma)'인데, 『하타요가쁘라디삐까』는 '들숨 후 그 숨을 참는 것'을 꿈브하까(kumbhaka)로 표현한다. 다시 말해서 하타요가의 쁘라나아야마는 '날숨 → 들숨 → 멈춤 → 날숨 → 들숨 → 멈춤……'을 반복하는 행위가 아니라 '들숨 후 그 숨을 멈추는 것' 혹은 '날숨 후 그 숨을 멈추는 것'을 의미하는데 이 두 가지 호흡법은 사히따 꿈브하까로 통칭된다. 하지만 하타요가 문헌이 실제로 설명하는 호흡법은 '들숨 후 그 숨을 멈추는 것(pūrakaprāṇāyāma)'이다. 한편, 『하타요가쁘라디삐까』는 '숨을 마시고 그 숨을 참은 상태에서 바로 이 멈춤이 지속되는 것'을 께왈라 꿈브하까(kevalakumbhaka)라고 부르고 있다.

그림 I. 일곱 송이의 연꽃으로 표현된 일곱 개의 짜끄라들.
네팔, 17세기경, 종이에 채색(사진: Stanislaus Klossowski)

그림 I

어 있는데 첫 번째는 들숨(pūraka)이다. 두 번째는 숨을 들어 마신 후 그 숨을 멈추고 보유하는 것(kumbhaka)이다. 바로 이 '들숨 후 그 숨을 참는 것(kumbhaka)'은 대기로부터 에너지를 흡입할 수 있는 최고의 방법이다. 세 번째는 사용했던 공기를 내뱉는 것(recaka)이다. 호흡할 때 균형잡힌 리듬을 유지할지는 이 세 가지 구성 요소의 비율을 정확히 유지하는지에 달려 있는데 들숨(pūraka), 멈춤(kumbhaka), 날숨(recaka)의 이상적인 비율은 1:4:2이다.[7]

오른쪽 콧구멍을 엄지손가락으로 막은 상태에서 달의 통로인 이다(īḍā), 즉 왼쪽 코로 공기를 천천히 들여 마셔야 한다. 그리고는 마신 숨을 참아야 하는데, 숨을 참고 있는 동안엔 종자음인 얌(yaṃ)을 명상해야 한다. 그리고 정확한 리듬에 맞춰 숨을 내쉬어야 한다. 그리고는 동일한 방식으로 왼쪽 콧구멍을 막은 상태에서 태양의 통로인 삥갈라(piṅgalā), 즉 오른쪽 코로 숨을 들여 마신 후 그 숨을 참은 상태에서 종자음인 람(raṃ)을 명상해야 한다.[8]

미저골 부분에서 시작하는 이다와 삥갈라는 수슘나를 중심으로 꼬여 짜끄라들을 감싸고 교차해 있다. (흥미로운 것은 생명의 유전적 정보를 담고 있는 DNA분자도(圖)의 이중 나선형처럼 나디들도 이와 유사한 나선형 구조라는 것이다.) 호흡 수련을 통해서 나디라는 통로들을 정화(나디의 정화)시켜 심령적인 에너지가 자유롭게 흐르도록 해야 한다.

생명의 유전적 정보를 담고 있는 DNA 분자도의 이중-나선형 구도.

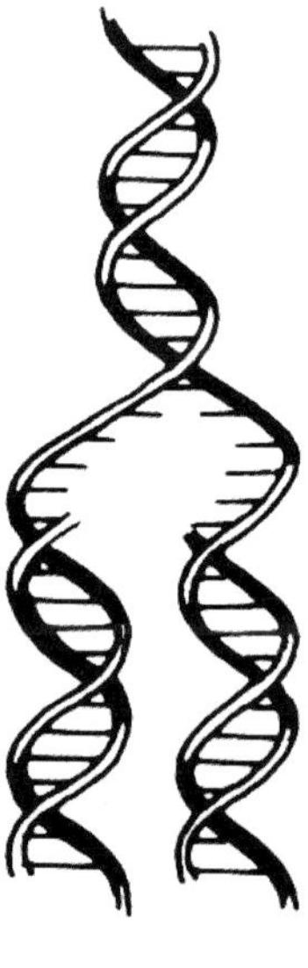

---

7 1:4:2의 비율로 들숨, 멈춤, 날숨을 반복하는 것은 본격적인 호흡 수련(prāṇāyāma, =kumbhaka)을 위해 반드시 습득해야 하는 예비적인 훈련법이다. 『하타요가쁘라디삐까』에 따르면 하타요가의 호흡법은 8가지인데, 8가지 호흡법은 '들숨 후 그 숨을 최대한 참고 또 세 가지 반드하(회음을 조이는 물라 반드하, 턱을 당기는 잘란드하라 반드하, 복부를 등쪽으로 끌어 당기는 웃디야나 반드하)를 병행한다는 점에선 동일하지만 숨을 마시고 내쉬는 기법에서 차이가 있다.

8 한쪽 콧구멍을 막고 반대쪽 코로 숨을 마시고 참고 내쉬는 것을 반복하는 이 방식은 호흡법(prāṇāyāma)로 분류되지 않고 정화법, 더 정확히는 '나디 정화법'(nāḍiśodhana)으로 간주되고 있다. 『하타요가쁘라디삐까』에서 나디 정화법은 '오른쪽 콧구멍을 막은 상태에서 왼쪽으로 숨을 마시고 그 숨을 최대한 참고 난 후 오른쪽 코로 숨을 내쉬고 오른쪽 코로 숨을 마신 후 그 숨을 최대한 참은 다음 왼쪽 코로 숨을 내쉬는 것을 반복하는 것'이다. 『하타요가쁘라디삐까』가 나디 정화법(nāḍiśodhana)을 호흡법으로 분류하지 않은 이유는 나디 정화법의 경우 '들숨 후 그 숨을 참은 상태에서 물라, 잘란드하라, 웃디야나는 세 종류의 반드하(bandha)를 병행하지 않기 때문'이다.
후대 문헌인 『게란다상히따』은 이와 유사한 호흡 방식으로 사히따 꿈브하까(sahitakumbhaka)를 설명하는데 여기서의 사히따 꿈브하까는 '숨을 마시고 참은 상태에서 세 가지 반드하를 병행하는 별개의 호흡수련법'이다. 『게란다상히따』에 따르면 사히따 꿈브하까에는 두 종류가 있는데 첫 번째는 종자 만뜨라를 병행하는 것(sagarbha)이고 다른 하나는 만뜨라를 병행하지 않는 것(nirgarbha)이다. 양자는, 양쪽 코를 번갈아가며 호흡을 교차한다는 점에서 일치하지만 전자는 '숨을 마실 때와 숨을 멈출 때 그리고 숨을 내쉴 때' 각각 A, U, M이라는 만뜨라를 병행한다는 점에서 후자와 다르다.

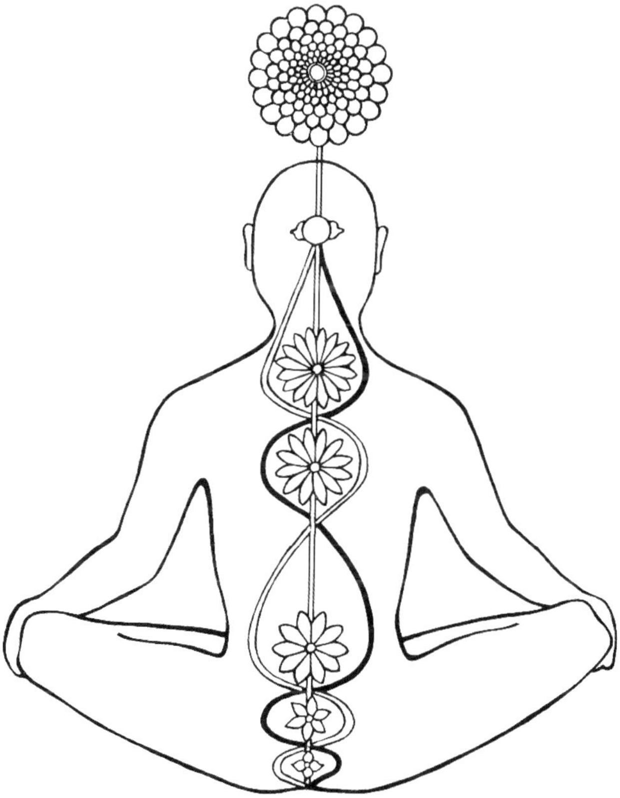

짜끄라도. 일곱 개의 짜끄라는 연꽃으로 표현되는데 꽃잎의 수는 각각 4, 6, 10, 16, 2, 1000개인데, 꽃잎 수는 각 짜끄라가 지닌 진동수를 의미한다.

호흡을 수련할 동안, 근원의 소리라 할 수 있는 옴(oṃ, A-U-M) 혹은 산스끄리뜨 자모에서 유래한 유사한 종자음을 반복해서 입으로 외울 경우 수련은 더 효과적이다. 그 이유는 만뜨라가 지속 시간을 측정하게 해 줄 뿐만 아니라 미세한 통로(나디)들과 짜끄라를 연결시키는 소리적 진동을 일으키기 때문이다. 각 짜끄라들은 자신에 상응하는 소리와 색깔 그리고 자기들만의 고유한 진동수를 지니고 있는데 딴뜨라 문헌에 따르면 근본 짜끄라(물라드하라 짜끄라)에서 머리 위쪽의 짜끄라(사하스라라 짜끄라)까지 일곱 짜끄라들의 진동수는 각각 4, 6, 10, 12, 16, 2, 1000개이고, 따뜨와(tattva, 미세 요소)의 '광선'은 물라드하라(mūlādhāra)의 경우 56개, 스와드히타나(svādhiṣṭhāna)는 62개, 마니뿌라(maṇipūra)는 52개, 아나하따(anāhata)는 54개, 비슛드하(viśuddha)는 72개 그리고 아갸(ājñā)는 64개이다.

그림Ⅱ. 잠들어 있던 뱀(꾼달리니)이 각성되어 위로 상승하는 것을 묘사한 두루마리 그림 중 일부분.
라자스탄, 18세기경, 종이에 잉크와 안료(사진: Ian Wichers, Hamburg; Tokyo Gallery, Tokyo)

쁘라나(prāṇa)라는 생명의 숨들[9]12 중 하나가 아빠나(apāna)인데 아빠나는 주로 배꼽 아래에 머물면서 하반신을 통제한다. 아빠나는 자주색과 오렌지색과 관련되어 있고 아래쪽에 있는 불(火)의 요소와 관련되어 있다.『요가꾼달리니 우빠니샤드』(*Yogakuṇḍalinyupaniṣad*) 42-46송은 다음과 같이 말한다.

> 실로 아래로 흐르는 [성향의] 아빠나(apāna)를 수축함으로써 강제로 상승하게 하는 그것을 물라반드하(mūlabandha)라고 요가 수행자들은 말한다. 아빠나는 상승함으로써 불꽃의 바퀴(火輪)에 도달한다. 그때 [아빠나] 기에 의해 자극된 불꽃의 화염은 길게 퍼진다. 그 후 불꽃과 아빠나는 원래 뜨거운 본성의 쁘라나와 합쳐진다. 그것으로 인해 체내에 생긴 불꽃은 극도로 빛난다. 그것으로 인해 잠자고 있던 꾼달리니의 강렬한 불꽃은 완전히 각성된다. 마치 회초리에 맞은 뱀이 쉿소리를 내면서 곧게 일어나고 그 후에 구멍 안으로 [숨어] 들어가듯이, [꾼달리니도] 각성된 후에는 브라흐마 나디(brahmanāḍi) 안으로 들어간다.[10]

각각의 연꽃(짜끄라)은 의식의 단계가 상승한다는 것을 상징하는데, 여성적인 에너지인 꾼달리니가 각성되면 꾼달리니는 짜끄라들을

---

9 하타요가 문헌에 따르면 인체 내에는 쁘라나(Prāṇa), 아빠나(Apāna), 사마나(Samāna), 우다나(Udāna), 뷔야나(Vyāna), 나가(Nāga), 꾸르마(Kurma), 끄릿까라(Kṛkara 혹은 krkara), 데와닷따(Devadatta), 드하낭자야(Dhanāñjaya)와 같은 열 종류의 생기가 있다. 이 중에서 앞의 다섯 개가 중요하다. 이 중에서 쁘라나는 폐, 심장에서 코까지 활동하고, 아빠나는 아래로 내려가려는 성향을 가진 것으로 복부 아래의 하체를 지배한다. 사마나는 주로 복부에서 활동하는 숨이고 우나나는 목에서 위로 상승하려는 숨이고, 뷔야나는 마치 영양분처럼 신체 곳곳으로 퍼져 나가려는 생기이다.
부수적인 다섯 생기 중에서 나가는 딸꾹질을 일으키는 것이고 꾸르마는 눈을 깜빡이게 하는 것이고 끼까라는 배에서 꼬르륵 소리 내는 것이고 데와닷따는 하품을 일으키는 것이고 드하낭자야는 사후에 신체를 부풀게 하는 것으로 알려져 있다.
하타요가의 호흡 수련과 무드라 수련의 일차적 목표는 '아래로 흐르는 성향의 아빠나를 위로 끌어올려(apāne 'dhogamanaśīle vāyau ūrdhvage. *Jyotsnā*. III. 66) 쁘라나와 결합시키는 것이다. 꾼달리니가 각성되는 것은 쁘라나와 아빠나가 결합된 이후이다.

10 adho gatim apānaṃ vā ūrdhvagaṃ kurute balāt I
kuñcanena taṃ prāhur mūlabandhaṃ hi yoginaḥ II 42 II
apāna ūrdhvage jāte prayāte vahnimaṇḍalam I
tadānalaśikhā dīrghā jāyate vāyunā hatā II 43 II
tato yāto vahnyapānau prāṇam uṣṇasvarūpakam I
tenātyantapradīptas tu jvalano dehajas thatā II 44 II
tena kuṇḍalinī suptā saṃtaptā saṃprabudhyate I
daṇḍāhatā bhujaṅgīva niśvasya ṛjutāṃ vrajet II 45 II
bilaṃ praviṣṭeva tato brahmanāḍyantaraṃ vrajet I
tasmān nityaṃ mūlabandhaḥ kartavyo yogibhiḥ sadā II 46 II

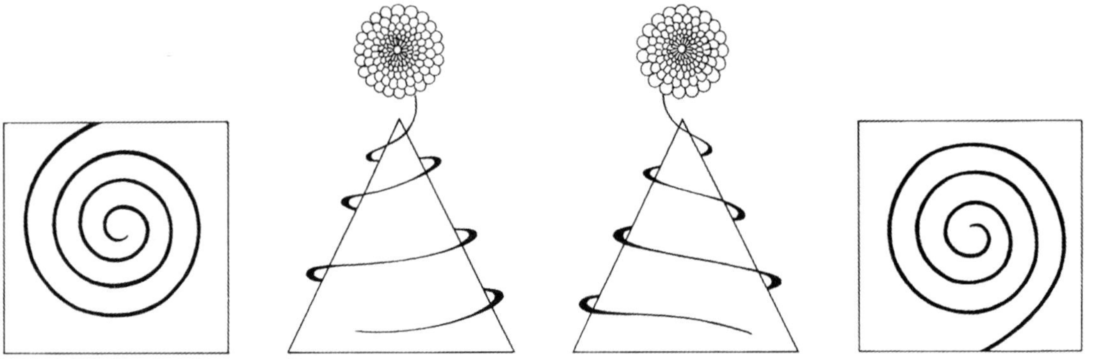

꾼달니니의 상승과 회귀도. 꾼달리니는 근본 짜끄라인 물라드하라 짜끄라에서 상승해서 정수리의 사하스라라 짜끄라에서 만개한 후 재차 근본 짜끄라로 내려와 똬리를 틀고 잠을 잔다.

하나씩 뚫으면서 상승해서 마침내 정수리의 사하스라라 짜끄라에서 절대자(쉬바)와 결합한다. 꾼달리니와 절대자의 합일은 사하스라라 짜끄라 가운데에서 흰색 발자국(쉬바)과 붉은색 발자국(샥띠)으로 묘사되고 있다.

우주의 섭리상, 발산하려는(하강하려는) 성향을 지닌 생명 에너지의 흐름은 나사처럼 안으로 감겨져 있어 원래 자리로 회귀하는(상승하는) 출발점과 얽혀 있다. 상승은 하강의 역순으로 진행된다. 숨이 채워지고 비워지는 반복 행위(들숨과 날숨의 교차) 그 자체가 우주의 리듬이고 바로 이것이 '잠들어 있는 꾼달리니에 내재된 근원적인 충동'을 자극시키는 파동이 된다. 꾼달리니가 자극을 받게 되면 그녀(꾼달리니)는 잠에서 깨어나 똬리를 풀고(즉 활성화되어) 마치 독이 오른 뱀처럼 곧게 일어나 모든 짜끄라를 하나씩 관통해서 '라야요가(layayoga) 혹은 삼매(samādhi, 몰입) 속에서 바로 그 샥띠(śakti, = 꾼달리니)가 쉬바(Śiva)와 융합할 때까지' 상승한다.

소리의 방정식 체계, 즉 만뜨라 요가가 완성되는데 딴뜨라가 기여했던 공로는 지대한 것이다. 일반적인 말은 소리를 통해서 그 의미를 표현하는 의미 전달 체계로서의 소리이지만 신령스런 소리인 만뜨라는 의미를 전달하는 것이 아니라 '소리 그 자체' 다시 말해서 '음파의 진동 그 자체'와 관련되어 있다. 물론 소리와 관련된 지식은 딴뜨라가 처음으로 만들어낸 것이 아니라 베다적 제의(yajña) 그리고 극도의 정확성이 필수적이었던 베다적 희생 제의에서 유래한 것이다. 우빠니샤드(upaniṣad)의 베단따(vedānta)적 명상도 쁘라나와(praṇava), 즉 옴(oṃ)과 관련된 신비스런 우드기타(udgītha, 문자적으로는 '궁극적 노래'를 의미함)를 지속적으로 강조한 바 있다.

샤이바 경전(śaivāgama)에 정통했던 최초의 대가 중 한 명인 난디께쉬와라(Nandikeśvara)는 산스끄리뜨 자모에서 나온 모든 소리들을 쉬바(Śiva)의 우주적 북(鼓)에서 생겨난 소리들 다시 말해서 소리를 창조 그 자체와 동일시하였다. 소리가 발설되는 것은 창조의 패러다임(전형)이고 소리가 소멸되는 것은 소리가 그 근원으로 재흡수되는 것이다. 이러한 사고방식은 인도의 음성학 그리고 기원전 3세기의 저명한 문법학자 빠니니(Pānini)의 어형론에 직접적인 자극을 받았지만 더 직접적으로는 나다(nāda, 소리적 진동)에 대한 고찰 그리고 나다와 스포따(sphota: 존재에 대한 자각과 현현)와의 관계에 대한 사색에 의해 정립되었다. 그래서 지금 여기서 살펴보는 딴뜨라 문헌, 즉 3-4천 년 전에 작성된 딴뜨라 문헌에서 이미 정교한 연구 작업과 기호체계가 정립되었던 것이다.

소리와 관련된 복합적인 가르침은 비밀스럽게 전수되었고 소리의 의미와 그 중요성을 알고 있는 영적인 대가들만이 그것을 활용하였다. 소리에 대한 지혜 중 일부는 기원후 10세기경에 문자화되기도 했지만 기본적으로 만뜨라는 스승에서 제자로, 구전으로 전수되는 것이고 또 비밀로 해야 하는 것이다. 이 이유에서 경험이 많은 만뜨라의 대가는 초심자의 영적 수준에 맞게끔 그리고 그에게 필요한 것이나 태도, 그가 믿는 신 등을 여러 가지를 고려해서 현재의 그에게 적당한 만뜨라만을 주는 것으로 알려져 있다.

딴뜨라 문헌에 따르면 만뜨라를 '일으키는 것'은 진동의 통로를 활성화하는 것이고 수행에 도움을 주는 어떤 초의식적 고양감을 불러일으키는 것이다. 단음절로 된 만뜨라 소리이건 혹은 만뜨라들이 결합된 소리(다음절)이건 만뜨라 그 자체는 '신령스러운 존재' 혹은 '그 존재가 지닌 에너지'를 깨울 수 있는 힘을 지니고 있다. 각각의 신격은 종자 만뜨라와 그것에 상응하는, 음절의 종자음을 가지고 있다. 그와 같이 종자 만뜨라인 훔(huṃ)은 근원적인 진동 혹은 '만뜨라의 소리를 모두 담고 있는' 꾼달리니 샤띠의 근원적 본성을 나타내는 '원자화된 형태의 소리'이다.(『라리따사하스라나마』

오대 요소의 결합도. 흙(地), 물(水), 불(火), 공기(風), 공간(空)이라는 오대 요소는 상승하는 순서대로 점점 더 미세해진다. 이 다섯 요소가 결합된 형태는 바깥의 사각형에서 안쪽의 빈두(점)로 향해 점점 들어가는 형태이다(사진: Ajit Mookerjee).

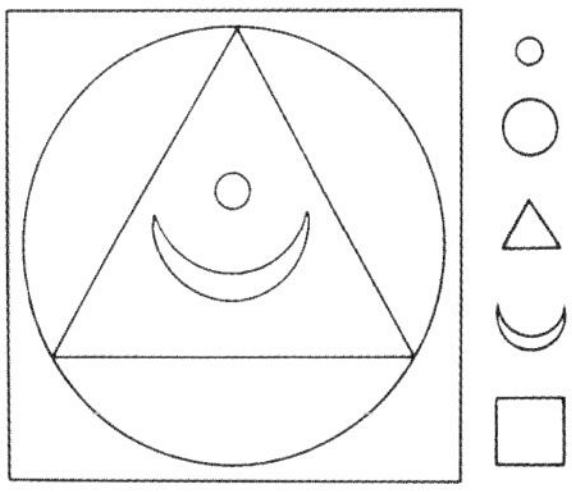

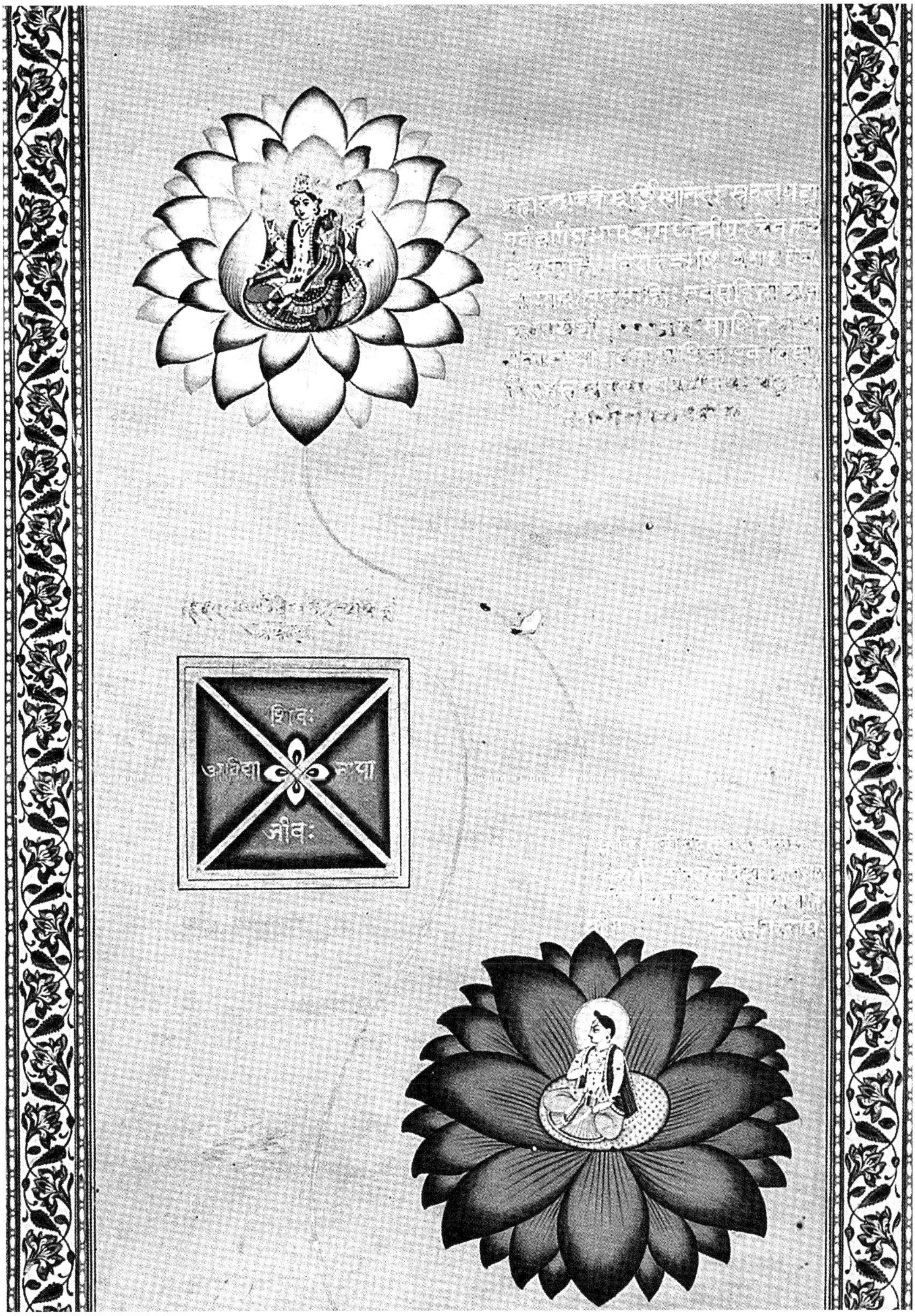

상승하는 꾼달리니에 대한 명상도. 꾼달리니 요가를 통해 꾼달리니가 상승하는 것을 묘사하는 명상도를 확대한 부분. 라자스탄, 18세기경, 종이에 채색(사진: Ajit Mookerjee)

(*Lalitāsahasraṇama*, 103송)

『여섯 짜끄라에 대한 해설』 중 제50송은 다음과 같이 말한다.

> 금계(yama)와 권계(niyama), [호흡 수련(prāṇāyāma)]과 같은 여러 종류의 영적인 수행을 실제로 실천함으로써 마음이 정화된 수행자(sādhaka)는 자신의 스승으로부터 해탈에 이를 수 있는 방법을 배워야 한다. 훔(huṃ)이라는 문자, 즉 [종자 만뜨라]에 마음을 집중함으로써 그는 꾼달리니를 각성시키고 그리고서 공기(pavana)와 불(火, dahana)로써 '입구가 닫혀 있고 따라서 보이지 않은 스와얌부링가(svayaṃbhūliṅga)의 중심'을 관통시켜 그녀를 브라흐마란드흐라로 끌어올린다.

꾼달리니를 각성시키는데 만뜨라 샥띠(문자적으로는 '만뜨라가 지닌 힘'을 의미함)의 작용에 대해서 말하자면, 규정대로 반복하는 종자 만뜨라는 수행자의 청각이 연속적으로 집중되고 유지되게끔 한다. 이와 같은 방식으로 만뜨라는 한 지점에 의식을 집중시키고 강화시켜서 그 압력으로 꾼달리니가 각성되게끔 자극한다. 그럼에도 불구하고 반드시 기억해야 할 것은, 만뜨라가 단순히 꾼달리니를 각성시킬 수 있는 기법으로서의 의미만을 지닌 것이 아니라는 것이다. 만뜨라를 외는 것은 그 자체가 '신성이 임재했다는 것을 현실로 보여주는' 실제적인 '존재 상황'이다.

미국의 연구가인 번바움(Bernbaum, Edwin)는 그의 논문 「상징의 기법」에서 다음과 같이 말한다.

> 만뜨라는 외부에 있는 어떤 마술적인 힘을 불어 넣어 주는 것이 아니다. 오히려 만뜨라는 평소 에고에 의해 억압되어 있던 개개인의 잠재력이 발현할 수 있게 해주는 것이다. 만뜨라를 올바르게 사용하면 만뜨라가 지닌 힘을 통제하고 지배할 수 있는 달인이 될 수 있고 또 무엇보다 에고를 느슨하게 만들어 그 자신을 '자기 안에 있는 우주'와 '자기를 둘러싼 우주'로 열리게 할 수 있다. 이것을 통제하는 것이 중요하고 따라서 딴뜨라적 요가엔 비밀스런 것이 많을 수밖에 없다. [3)]

최초의 소리가 나오는 진원지가 꾼달리니이고 이 이유에서 꾼달리

근원적인 진동인 옴(oṃ). 옴으로부터 만뜨라의 모든 종자음이 생겨난다. 라자스탄, 19세기경, 종이에 잉크(사진: Ajit Mookerjee)

니가 머물고 있는 물라드하라 짜끄라는 '모든 소리가 탄생하는 곳'으로 불렸다. 소리에는 조대한 것에서 시작해서 미세한 것에 이르기까지 네 단계가 있는데 바이카리(vaikharī, 형태로 드러난 소리), 마드흐야마(madhyamā, 미세한 형태의 소리), 빠쉬얀띠(paśyantī, 우주가 아직 드러나지 않은 형태라는 관점에서의 소리), 빠라(parā, 현현되지 않은 소리)가 그것이다. 바이카리는, 두 사물의 표면을 긁거나 혹은 현을 튕김으로써 생겨난 가청 범위 내의 소리이고 마드흐야마(산스끄리뜨어로 가운데를 의미함)는 '이미 들은 소리'가 내적인 진동으로 전이하는 단계의 소리이다. 빠쉬얀띠에서의 소리는 오직 '영적으로 각성된 사람들'만이 들을 수 있는 것이고 빠라(산스끄리뜨로 '초월적' 혹은 '피안'을 의미함) 단계에서의 소리는 들을 수 있는 범위를 넘어 선 것이다. 바로 이 빠라의 소리는 일반적인 침묵보다 더 깊은 것이다. 이것은 '들리지 않는 근본의 소리' 혹은 '잠재적인 소리'로 경험

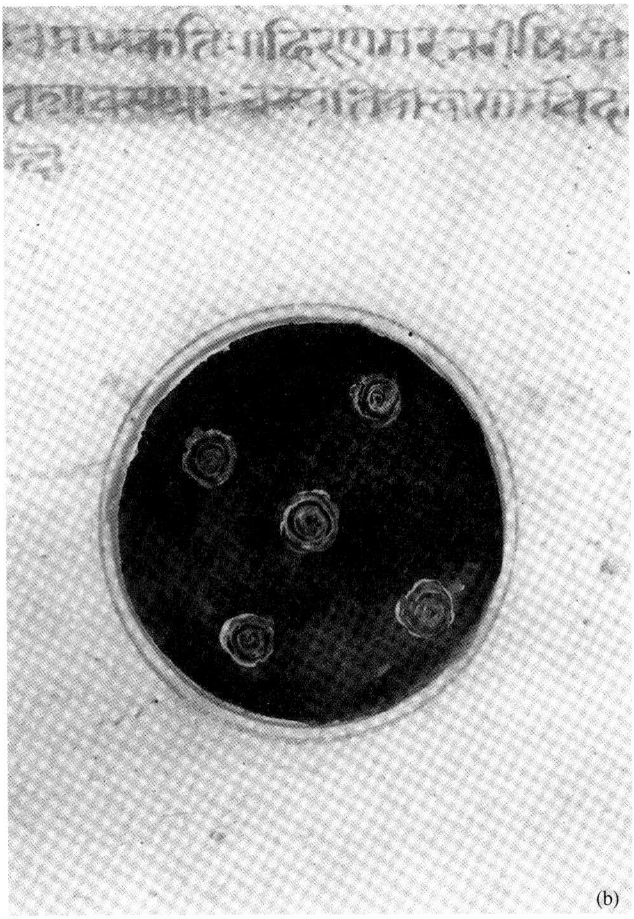

(b)

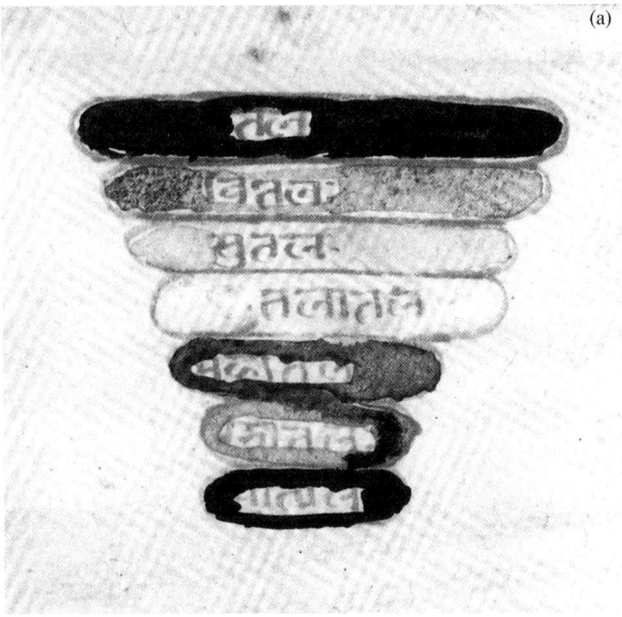

(a)

(d)

(c)

(b)

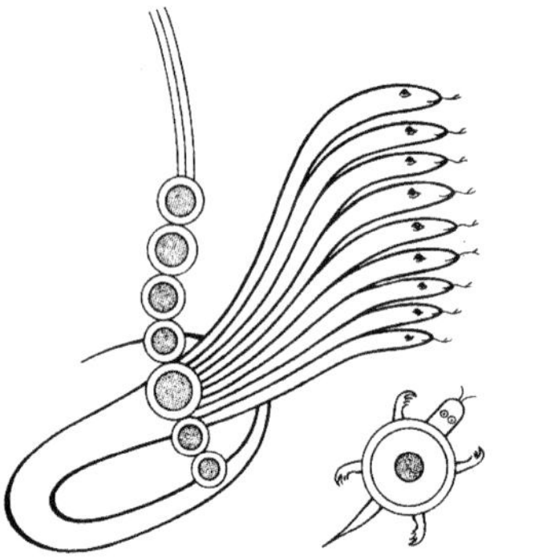

(a)

짜끄라들과 각 짜끄라에 상응하는 네 가지의 추상적인 명상 이미지. 각각의 짜끄라들은 주재신(남신)과 샥띠(여성적 에너지)를 지니고 있는데 (a)는 꾼달리니를 상징하는 뱀과 그것에 대한 추상적인 명상도이다. (b)는 특정 짜끄라의 남신과 그것에 대한 추상적인 명상도이고 (c)는 특정 짜끄라의 여신과 그것에 대한 추상적인 명상도이다. (d)는 사하스라라 짜끄라를 상징하는 천개의 연꽃잎 그리고 그것을 상징하는 추상적인 명상도이다. 라자스탄, 18세기경, 종이에 채색(사진: Ajit Mookerjee)

되는 내면의 데시벨이다. 여기서의 소리는 사실상, 진동이 없고 무한한 파장만을 지닌 소리이다. 꾼달리니 샤띠에 해당하는 것으로 바로 이 빠라이다.

(d)

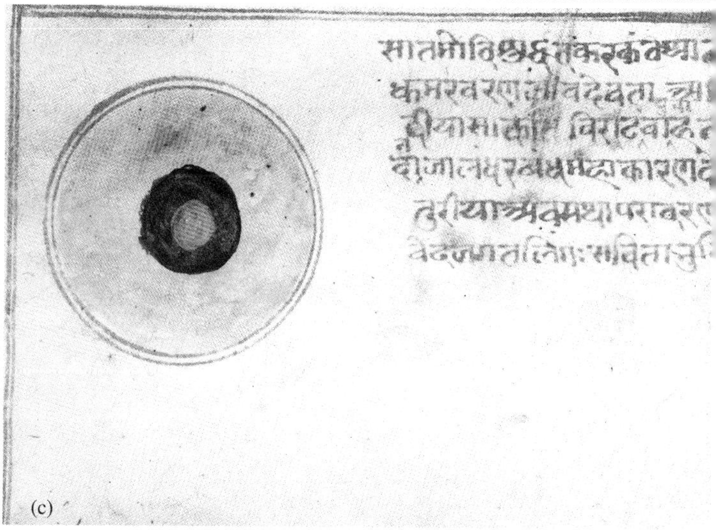
(c)

네 단계의 소리 이론에 의거해서 살펴보아야 할 것은 14개의 [산스끄리뜨] 모음[혹은 a를 공통 근원으로 하는 것]들이 어떻게 물라드하라에 있는 꾼달리니 샤띠와 함께 잠재 상태에서 깨어나 복부, 심장 그리고 최종적으로는 인후[센터]에서 기음 'ḥ'라는 첫 소리가 개화되어 나오는가이다. 목에서 처음 발성되는 비사르가(visarga), 즉 'ḥ'는 문자적으로 창조(srṣṭi)로 해석된다. 비사르가에 대응하는 짝이라 할 수 있는 아누스와라(anusvāra 혹은 bindu) 'ṃ'은 비유적으로 언어의 '철수(소멸, saṃhāra)'로 말해진다. 또한 아누스와라 [혹은 빈두] 'ṃ'은 '태양(sūrya)'으로 불리고 비사르가 'h'는 '달'(soma)로 불리고, 모음 a, i, u, ṛ, ḷ, e, o와 ā, ī, ū, ṝ, ḹ, ai, au는 각각 '태양 광선들'과 '달의 광선들'로 불리고 또 양자는 각각 낮과 밤 그리고 삥갈라 나디와 이다 나디와 관련된다.[4)]

꾼달리니가 각성될 때 수행자는 우주적 소리를 듣게 된다. 꾼달리니가 물라드하라 짜끄라로 옮겨갈 때는 귀뚜라미 소리가 들리고, 그녀가 스와드히스타나 짜끄라로 갈 때는 발목에 매달린 방울 소리가 들리고 마니뿌라 짜끄라에서는 종소리를, 아나하따 짜끄라에서는 피리 소리를 듣게 되고 마지막으로 꾼달리니가 비슛드하 짜끄라로 갈 때는 우주적 소리인 '옴(oṃ)', 즉 '소리적인 의식으로서의 쉬바 샤띠가 처음으로 현현한 소리'인 옴(oṃ) 소리가 들린다. 소리로서의 우주 의식을 올바르게 알고 이해하는 것은 궁극적인 의식 상태를 획득하게 해준다.

만뜨라가 지닌 힘이 '존재에 대한 자각을 깨우고 또 고양된 의식 상태를 유지시키고 있을 동안' 그 상태를 유지하기 위해 그 전부터 선행되어야 할 중요하고 필수적인 유지 수단이 있는데 그것이 니야사(nyāsa)[11]와 무드라(mudrā, 手印)[12]이다. 딴뜨라 수행자들은 니야사와 무드라를 '요가에 올바르게 입문하게끔 해주는 방법'으로 간주하였다. 니야사는, 수행자가 의식적으로 신성한 공간으로 들어갈 수 있게끔 해주는 의식 절차이다. 니야사는 몸을 깨끗이 하고 정화하는 것인데, 몸과 몸의 중요 부분들 그리고 새롭게 탄생해야 할 신체 부위에 손가락 끝을 댐으로써 그 부분을 민감하게 만든다. 니야사에 의해서 비로소 신체는 '잠에서 깨어나' 신성한 역할을 할 수 있게끔 준비된다. 무드라(手印)와 병행해서 이제 몸은 신에게 바쳐진다. 여기서의 무드라는 자신의 몸을 바치고 맡긴다는 마음이 의식화된 신체 언어이다. 이제 '몸이 자기의 것이라는 생각'은 사라지고 인간의 몸은 신이 머무는 순수한 처소가 되어, 신이 '바로 이 순수하고 거룩한 자신의 처소'에 들어올 수 있도록 초대된다.

딴뜨라 수행자들은 육체를 '잠재된 상태에서 반드시 깨어나야만 하는 것'으로 믿는다. 칸나(Khanna)는 그의 저서 『얀뜨라』에서 다음과 같이 말한다.

> 그것은 신체를 우주화하는 것 그리고 요가 수행으로 단련된 신체를 내적 자각의 '도구'로 활용함으로써 그리고 잠재된 미묘한 에너지를 활성화시키는 것에 의해서 성취된다. ……딴뜨라에서 인간과 우주의 관계는 역전되어 이

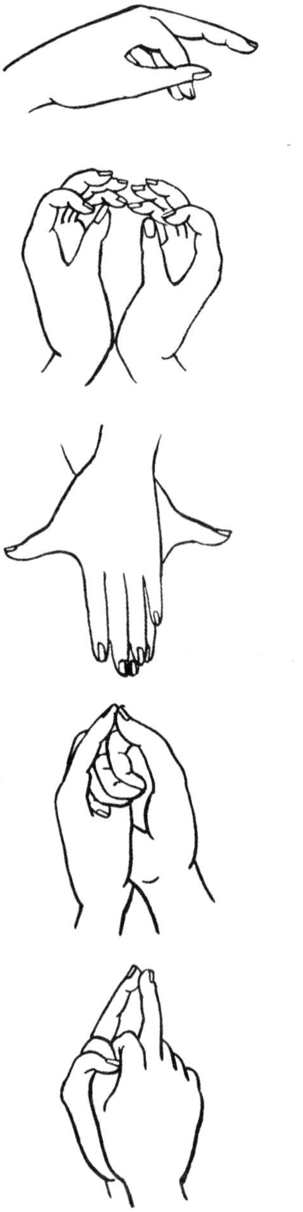

다양한 수인(手印, mudrā)들. 딴뜨라 수행자들은 수인들을 꾼달리니 요가에 입문하는 수단 중 하나로 간주한다. 위에서부터 순서대로 사슴(mṛga) 무드라, 연꽃(padma) 무드라, 물고기(matsya) 무드라, 통합(saṃhāra) 무드라, 곤봉(gadā) 무드라이다.

---

11 니야사는 제신(諸神)들이 우리 몸 속 곳곳에 들어갈 수 있게끔 의식적으로 투사하는 것이다. 수행자는 자신의 몸을 만지면서 자신이 만지는 신체 부위에 신들을 투영하는데, 이것은 말하자면 '자신의 육체에 잠들어 있는 신성한 힘이 각성될 수 있게끔 수행자가 자신의 몸을 딴뜨라적인 만신전(萬神殿)으로 만드는 것'이라 할 수 있다.

12 무드라(mudrā)의 종류는 크게 손가락의 모양과 관련된 무드라(手印)와 하타요가적 무드라가 있다. '은혜를 베풀고 소원을 들어준다는 표시의 수인(施願印, varamudrā)', '공포를 없애 주는 수인(abhayamudrā)' 등이 전자에 속하는데 이와 같은 수인(무드라)은 기원 전후의 간다라 불상에서도 발견된다. 하타요가 문헌에서 언급된 무드라는 수인과는 무관한 것으로 '비밀스럽고 강력한 행법'을 의미하는데 그 유형은 '들숨 후 그 숨을 참은 상태에서' 회음, 복부, 목을 수축하는 무드라, 감로의 소실을 방지하는 무드라(케짜리, 비빠리따 까라니), 정액의 보존과 관련된 무드라(바즈롤리, 사하졸리) 등이 있다.

제 인간 그 자체가 바로 우주가 된다. 우주의 위계에서 인간은 이제 자신이 지닌 하찮은 능력조차 영원한 가치를 지닌 것으로 바꿀 수 있는 힘을 갖춘 존재, 다시 말해서 '인간 혹은 인간의 몸'이 바로 '무한한 힘이 스스로를 표현할 수 있는 도구(yantra)'로 간주될 만큼 그리고 신의 영역에 있는 힘을 인간의 영역으로 옮길 수 있는 능력을 갖춘 존재로 간주될 만큼 승격되었다.[5)]

딴뜨라 의례에서 니야사와 밀접하게 관련을 맺는 것은 손가락의 모양(무드라, 手印)이다. 의례에서 취하는 제스처(=무드라) 하나하나는 수행자에게 새로운 마음을 일으켜 고도로 집중할 수 있게끔 신성한 힘을 불러일으킨다. 예를 들어 요니 무드라(yonimudrā)는 샥띠의 얀뜨라를 상징하는데 이 무드라는, 자신과 샥띠의 에너지를 융합시키기 위해 신성에게 기원하는 목적으로 사용된다. 한편, 바즈롤리(vajrolī), 아쉬비니(aśvinī), 사하졸리(sahajolī), 케짜리(khecarī) 그리고 마하무드라(mahāmudrā)는 샥띠를 자극하는(śakticālana) 무드라인데, 꾼달리니를 각성시키기 위한 무드라들은 좌법(āsana), 호흡수련(prāṇāyāma), 만뜨라(mantra)와 병행해서 실행된다.[13]

눈앞에 있는 물질적 세계로서의 신체는 이제 순수해지고 에고가 탈각되고, 마음은 균형을 잡고 예민해지게 되고 영혼은 깨어 있게 된다. 신의 가호를 기원한 후 마침내 자신의 내부에 감겨져 있는 에너지(꾼달리니)가 각성되어 상승할 때 딴뜨라 요가의 실제적 드라마도 시작된다. 고요함에 의해 '깨어 있는 상태와 꿈꾸는 상태 그리고 깊은 숙면 상태를 넘어선' 네 번째 상태에 도달한다는 상캬요가(sāṃkhyayoga)에서 전개된 사상 체계[14]와 달리 꾼달리니 요가는 역

13 바즈롤리(vajrolī) 무드라와 사하졸리 무드라는 남녀의 성적 결합과 관련된 무드라인데, 이 무드라는 생명에너지인 정(精)을 체내로 환수하는 기법이다. 아쉬위니(aśvinī) 무드라의 경우 문헌에 따라 행법이 약간 다르기는 하지만 대체적으로 숨을 마시면서 괄약근을 조이고 숨을 내쉬면서 괄약근을 푸는 것을 반복하는 것을 의미한다. 케짜리 무드라는 혀를 뒤집어 목구멍 안으로 넣어 두 개의 구멍을 막는 것이다. 마하무드라는 오른발을 옆으로 펴고 왼쪽 발을 구부려 발꿈치로 회음한 후 숨을 마시고 그 숨을 참은 상태에서 상체를 숙여 오른쪽 엄지발가락을 잡는 것이다. 마하무드라와 마헤 베드하, 마하 반드하, 물라 반드하, 잘란드하라 반드하, 웃디야나 반드하는 반드하(목, 복부, 회음을 조이는 것)를 병행하고 또 들숨 후 그 숨을 최대한 참는다는 점에서 일련의 세트로 간주될 수 있다. 자세한 것은 부록을 참조.

14 저자의 요지는, 독존과 같은 심리적 고요함을 추구하는 상캬적 요가(고전 요가)와 달리 꾼달리니 요가가 굉장히 역동적이다는 것이다. 사위설(四位說)은 『만두캬 우빠니샤드』에서 최초로 언급되고 일반적으로 베단따 학파의 이론으로 간주된다. 빠딴잘라 요가가 뚜리야(제4위) 상태를 추구한다는 것은 원전에서 발견되지 않는다.

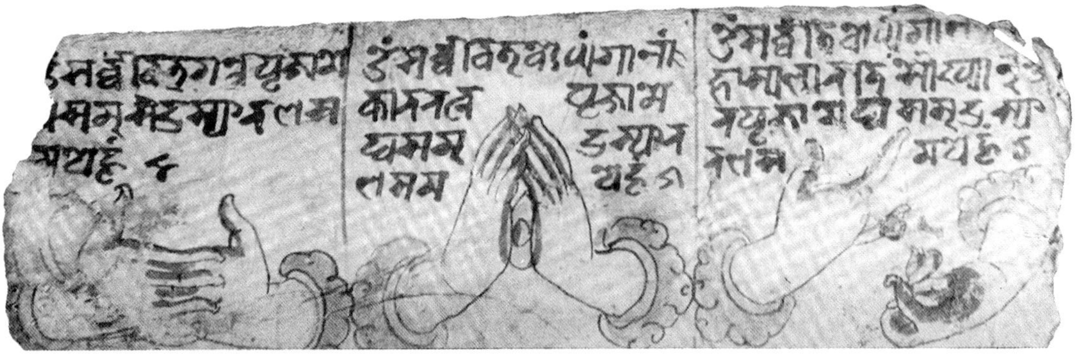

다양한 수인(手印, mudrā)들. 위쪽 그림의 가운데 수인은 선정인(dhyānamudrā)이고 아래의 그림 중 왼쪽 수인은 요니 무드라(yonīmudrā)이다. 네팔, 18세기경, 종이에 잉크와 안료(사진: Baroda Museum, Baroda)

동적이고 생리적인 방법이다.

자아라는 우주적 중심축으로 되돌아갈 때 수행자의 의식은 위로 상승한다. 무의식과 잠재의식 그리고 표층 의식의 경험이라는 단계들은 마치 꽃이 피듯 열린다. 존재한다는 감정에 덮여지고 한정된 무거운 짐의 압박에서 벗어나 점차적으로 더 열리고 제한받지 않게 되고 고양된다. 인간을 상식적 수준의 지식이나 행위에 결박시키는 육체적이고 정신적인 속박들은 모두 진리를 추구하는 데 이바지하게끔 전환되어야만 한다. 자아를 통한 이와 같은 상승 여행은, 꾼달리니라는 에너지를 정련하고 정제해서 결국 여섯 번째 짜끄라로 알려진 '명령의 센터'(아갸 짜끄라)에 도달할 때 꾼달리니는 완전한 질적 변화를 겪게 된다. 말하자면 이 상태는, '형태가 있고 지각할 수 있는 조대한 것(sthūla) 것'에서 미세한 것(sūkṣma)을 거쳐 마침내 '원인적인

것'(parā), 즉 '꾼달리니가 브라흐마란드흐라에서 조우하게 될 궁극적 존재'로 등정하기 위한 마지막 발판이자 완성된 존재를 '열어 주는' 도약대이다.

딴뜨라에 따르면 각각의 짜끄라들은 세상을 구성하는 근본 요소로 알려진 요소(땅, 물, 불, 공기, 공간이라는 오대 요소) 중 하나와 상응하고 또 그것의 모사라 할 수 있는 인간을 구성하는 근본 요소 중 하나와 각각 상응한다. 물라드하라 짜끄라는 견고성(地)을, 스와드히스타나 짜끄라는 유동성(水)을, 마니뿌라 짜끄라는 타오르는 것(火)을, 아나하따 짜끄라는 기체(風)를, 비슈드하 짜끄라는 공(空)을 대표한다. 물라드하라 짜끄라에서 비슈드하 짜끄라까지 상승하면서 점차 요소가 가벼워지는 것으로 볼 수 있다.

비슈드하 짜끄라에서는 사대 요소(地水火風)를 넘어선 추상적인 영역, 즉 공(空, ākāśa)이라는 진공의 원리에 도달한다. 이 단계에서 비로소 경험적 세계를 넘어설 수 있는데 그것은 말하자면 '개념의 세계'를 넘어서는 것이다. 융(C.G. Jung)은 원형(혹은 꿈이나, 신화 그리고 창조적 영혼 안에 있는 집단 무의식에 보유된 잔존 이미지)이라는 언어를 사용해서 이러한 여행을 시각화한 것이 만달라(maṇḍala), 즉 체험의 원뿔이라고 말했다. 그는 만달라를 구체의 원주 혹은 원뿔의 토대에서 나선형으로 내부로 그리고 위로 등반해서 존재의 중심에 있는 존재점 혹은 꼭대기 체험으로 보았다.

우리의 육체가 역동적인 힘을 얻게 되고 의식 상태가 변혁되고 또 우리가 영적으로 숭고해질 수 있는 것은 오직 '꾼달리니 샥띠가 각성되고 또 그녀가 진로를 바꾸어 아래쪽에서 위쪽의 정수리(사하스라라 짜끄라, 역주)로 상승해서 쉬바(Śiva)와 합일함으로써 형언할 수 없는 환희(ānanda)를 온몸으로 체험한 이후에 가능하다. 수행자는 조대한 요소에서 미세한 것으로 스스로를 끌어올려 초월적 경험 속에서 쉬바-샥띠의 합일을 실현하고 '우주적 인간'이 된다.

그림Ⅲ

그림Ⅳ

그림Ⅲ. 니야사(nyāsa)를 행하고 있는 요가 수행자. 만뜨라를 외면서 손가락을 신체의 여러 부위에 대고 있으면 만뜨라의 공명과 함께 신적인 힘이 점차 몸으로 투입된다. 라자스탄, 1858년, 종이에 채색(사진: British Library, London)
* 이 사본은 대영 도서관에 소장된 '118장으로 구성된 도해 사본' 중 88번 폴리오에 있는 그림이다(사진 왼쪽의 연필로 88로 표시됨). 이 사본은 3-86폴리오까지는 84개의 체위법(84아사나) 그림을 수록하고 있고 87-177 폴리오까지는 24개의 무드라 그림을 수록하고 있는데, 이 사진은 24개의 무드라 중 2번째인 드라바니 무드라(drāvanīmudrā)이다.

그림Ⅳ. 불의 제단에 있는 샥띠와 함께 있는 꾼달리니. 이 그림은 불이라는 요소를 상징하는데 불과 관련된 짜끄라는, 라끼니(Lākinī)라는 샥띠가 지배하는 마니뿌라 짜끄라이다. 라자스탄, 19세기경, 종이에 채색(사진: Ian Wichers, Hamburg; Tokyo Gallery, Tokyo)

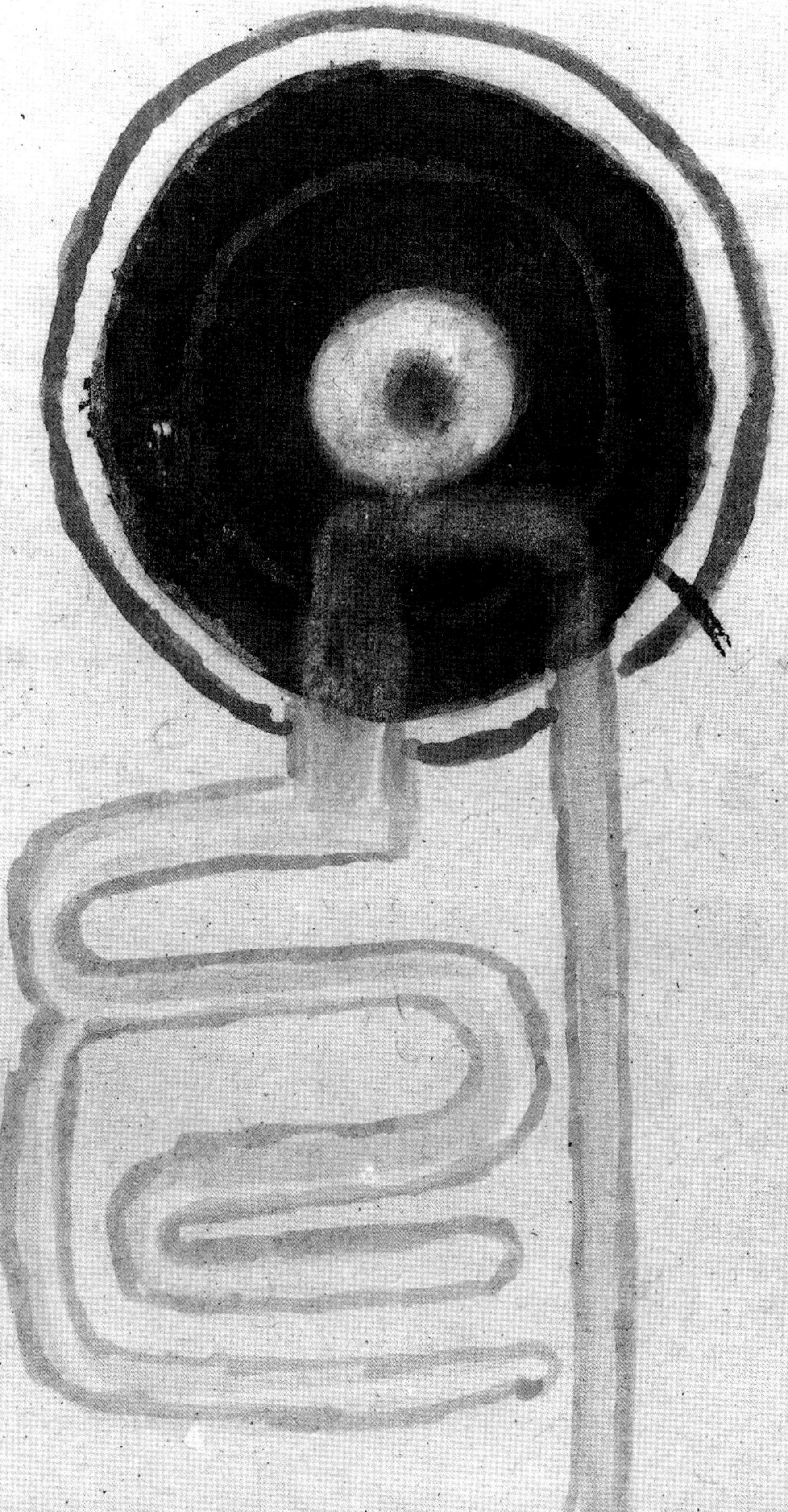

III. 짜끄라:
에너지가 응축된 곳

सुप्ता कुण्डली गुरोः प्रसादेन यदा जागर्ति बुध्यते
तदा सर्वाणि पद्मानि षट्चक्राणि भिद्यनते भिन्नानि भवन्ति ।
ग्रन्थयोऽपि च ब्रह्मग्रन्थिविष्णुग्रन्थिरुद्रग्रन्थयो भिद्यन्ते भेदं
प्राप्नवन्तीत्यन्वयः ॥२॥

잠들어 있는 꾼달리니가 스승의 은총에 의해서 깨어날 때, 즉 각성될 때
그때 모든 연꽃들, 다시 말해서 여섯 개의 짜끄라들이 열리고, 개화한다.
[그때] 결절들, 즉 브라흐마-결절, 비슈누-결절, 루드라-결절도 파괴된다.

『월광』(*Jyotsnā*) 제3장 2송

짜끄라를 묘사하는 두루마리 그림 중 초기의 것은 대체로 상징적인 이미지들을 배제한 채 짜끄라를 단순한 소용돌이 형태로 묘사하고 있다. 하지만 짜끄라를 연꽃으로 표현한 경우가 더 많고 또 연꽃으로 표현하는 것이 일반적이다. 꾼달리니가 각각의 짜끄라에 도달하면 각각의 연꽃은 만개하고 꽃봉오리는 위로 향하게 되고, 그녀가 그 다음 짜끄라로 상승하면 연꽃은 꽃잎을 오므리고 꽃봉오리는 아래로 쳐진다. 이것은 짜끄라의 에너지가 활성화되는 것 그리고 짜끄라가 꾼달리니와 감응한다는 것을 상징한다. 꾼달리니가 상승하는 순서대로 각각의 연꽃(짜끄라)들이 지닌 꽃잎 수도 증가하는데 연꽃의 수가 증가하는 것은 각 짜끄라들이 지닌 에너지가 점점 상승한다는 것 혹은 각 짜끄라들이 지닌 진동수가 증가한다는 것으로 간주될

만뜨라 '흐림(hṛm)'이라는 글자와 더불어 에너지의 소용돌이로 표현된 꾼달리니의 우주적 형태. 라자스탄, 19세기경, 종이에 채색(사진: Ajit Mookerjee)

수 있고 꽃잎 수가 증가되는 활동은 하나의 에너지가 가능태에서 다른 것으로 '변신하는 활동'으로 간주될 수 있다.

일반적으로 연꽃잎에 새겨져 있는 산스끄리뜨 문자들은 '소리의 진동'을 암시하는데 연꽃잎마다 새겨져 있는 문자들이 다르다는 것은 각각의 짜끄라에서 작용하는 에너지의 강도 역시 각양각색이라는 것을 암시한다. 이와 유사하게 각각의 짜끄라들은 자신의 진동수와 일치하는 고유한 색상을 취하고 있다. 또한 각각의 짜끄라들은 자신에게 알맞은 꽃잎 수와 그것에 상응하는 색상을 지니고 있다. 물라드하라는 4개의 꽃잎을 지닌 붉은 연꽃으로 표현되고 스와드히스타나는 6개의 꽃잎을 지닌 주홍색 연꽃으로, 마니뿌라는 10개의 꽃잎을 지닌 푸른 연꽃으로, 아나하따는 12개의 꽃잎을 지닌 진홍색 연꽃으로, 비슛드하는 16개의 꽃잎을 지닌 흐릿한 보라색 연꽃으로, 아갸는 2개의 꽃잎을 지닌 순백색으로 그리고 마지막의 사하스라라 짜끄라는 1,000개의 태양빛과 같은 색의 1,000개의 잎을 가진 연꽃으로 표현되고 있다.

1. 물라드하라 짜끄라(mūlādhāracakra, 근본 자리의 짜끄라)

물라드하라는 척추 기부의 천골 신경총에 있는 것으로 육체적인 경험의 근원이 되는 짜끄라이다. 물라드하라 짜끄라는 4개의 붉은 꽃잎을 가지고 있는데 각각의 잎에는 '빛나는 노란색 혹은 황금색'으로 와(va), 샤(śa), 샤(ṣa), 사(sa)라는 산스끄리뜨 문자(데와나가리)가 새겨져 있다. 노란색의 정사각형은 땅(地)이라는 원소를 상징하는데 그 안에는 종자 만뜨라인 람(laṃ)이 새겨져 있다. 4개의 문자(va, śa, ṣa, sa)는 근원적인 진동을 상징하고 또 아빠나(apāna)라는 생명의 숨(prāṇa)[1]과 관련된다. 정사각형 내부의 중심부에 있는 역삼각형은, '검은 색 혹은 붉은 색으로 된 스와얌부 링가(svayaṃbhūliṅga)를 세 바퀴 반을 감은 채 잠들어 있는 꾼달리니'를 포위하고 있다. 연꽃 내부엔 물라드하라 짜끄라를 관장하는 신 브라흐마(Brahmā)와 그의 샥띠인 다끼니(Ḍākinī)가 그려져 있다. 브라흐마는 진홍색이고 4개

1 쁘라나(Prāṇa), 아빠나(Apāna), 사마나(Samāna), 우다나(Udāna), 뷔야나(Vyāna)와 같은 다섯 생기(生氣) 중에서 아빠나는 '아래로 흐르는 성향의 숨'(apāne 'dhogamanaśīle vāyau…… *Jyotsnā*. III. 66)이다.

복부에 있는 마니뿌라 짜끄라
(maṇipūracakra)

배꼽 아래에 있는 스와드히스타나
짜끄라(svādhisthānacakra)

회음부에 있는 물라드하라 짜끄라
(mūlādhāracakra)

의 얼굴을 가지고, 3개의 눈과 4개의 팔을 가지고 있는데 각각 삼지창, 신주병(神酒가 들어 있는 항아리), 염주를 들고 마지막 손은 '공포를 없애는 수인(手印)(無畏印, abhayamudrā)'을 취하고 있다. 브라흐마(Brahmā)는 조대한 신체 혹은 물질계를 지배하는 신이다. 그 옆에는 브라흐마의 샥띠인 다끼니가 있는데, 다끼니는 분홍빛으로 빛나는 네 개의 팔로 각각 해골이 달린 막대기, 삼지창, 칼, 신주병을 잡고 있다. 물라드하라 짜끄라는 땅(地)의 요소가 상징하는 바, 저항력과 딱딱함이라는 특질과 관련된다. 이 짜끄라를 상징하는 동물은 목에 검은 띠를 두르고 있는 거대한 코끼리이다. 물라드하라 짜끄라는 오유(五唯, tanmātra: 색, 성, 향, 미, 촉) 중에서 냄새(香)와 관련된다.

2. 스와드히스타나 짜끄라(svādhisthānacakra)

스와드히스타나는 성기 윗부분의 척추에 위치해 있는 것으로 개개인의 인간성을 구성하는 모든 것을 관장하는 짜끄라이다. 이 짜끄라는 여섯 개의 주홍색 꽃잎을 가지고 있으며 꽃잎 각각엔 바(ba), 브하(bha), 마(ma), 야(ya), 라(ra), 라(la)라는 산스끄리뜨 문자가 새겨져 있다. 꽃잎 안쪽에는 물(水)의 요소를 상징하는 반달 그리고 종자 만뜨라 왐(vaṃ)이 함께 있다. 왐(vaṃ)이라는 종자 만뜨라 위에는 짙은 푸른색으로 빛나고 4개의 팔과 3개의 눈을 지니고 네 손으로 각각 소라, 몽둥이, 바퀴, 연꽃을 들고 있는 주재신 비슈누(Viṣṇu)가 있다. 비슈누는 우주에 퍼져 있는 생명력을 지배한다. 비슈누 옆에는 그의 샥띠인 라키니(Rākinī) 혹은 차키니 샥띠(Chākinīśakti)가 있는데 라키니는 짙은 푸른색에 3개의 눈을 지녔고 4개의 팔로 삼지창, 연꽃, 북, 끌을 잡고 붉은 연꽃 위에 앉아 있다. 이 짜끄라와 관련된 동물은 '밝은 회색이나 녹색의 마까라(makara, 악어와 비슷한 바다 괴물)'인데 마까라는 물(水)의 상징물로서 바다의 신 바루나(Varuna)가 타고 다니는 동물이다. 스와드히스타나 짜끄라는 맛(味)의 요소를 지배하고 다섯 가지 생명 에너지 중에서 쁘라나(prāṇa)를 지배한다.

3. 마니뿌라 짜끄라(maṇipūracakra)

마니뿌라는 태양신경총에 있는 '보석의 도시'로 10개의 꽃잎에 각

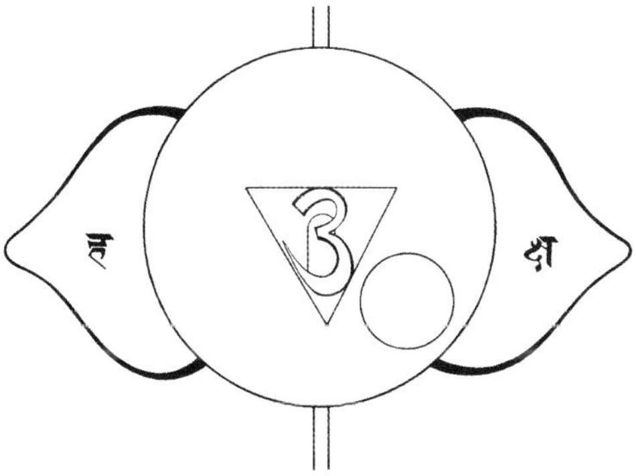

미간에 있는 아갸 짜끄라(ājñācakra)

목 주변에 위치한 비슛드하 짜끄라 (viśuddhacakra)

심장 부위에 있는 아나하따 짜끄라 (anāhatacakra)

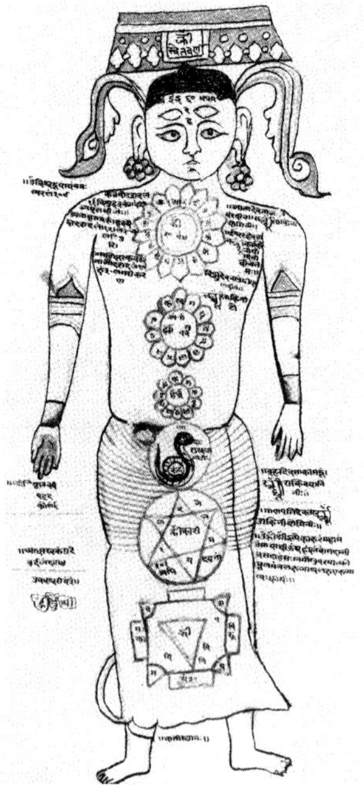

짜끄라도(圖). 라자스탄, 1900년, 종이에 잉크(사진: Arturo Schwarz, Milan)

각 다(ḍa), 드하(ḍha), 나(ṇa), 따(ta), 타(dha), 다(da), 드하(dha), 나(na), 빠(pa), 파(pha)라는 산스끄리뜨 글자가 새겨져 있다. 연꽃의 중심에는 '떠오르는 태양과 같이 빛나는' 붉은 색 역삼각형이 있는데, 붉은 역삼각형은 불(火)의 요소를 상징한다. 마니뿌라 짜끄라의 종자 만뜨라는 람(raṃ)이다. 이 짜끄라의 주재신은 루드라(Rudra)이다. 그의 피부는 붉은 색이고 4개의 팔을 지녔는데, 두 손으로 각각 불, 염주를 들고 나머지 두 손은 소원을 들어준다는 표시의 시원인(施願印, varamudrā)과 공포를 없애는 수인(無畏印, abhayamudrā)을 취한 채 황소 위에 앉아 있다. 루드라는 정신 세계를 상징한다. 그에게서 생겨난 에너지는 라키니 샥띠(Lākinīśakti)이다. 라키니 샥띠는 짙은 푸른색에 3개의 얼굴과 3개의 눈과 4개의 팔을 지녔는데, 두 손은 각각 불과 번개를 들고 나머지 두 손은 각각 소원을 들어준다는 표시의 시원인(施願印, varamudrā)과 공포를 없애주는 무외인(無畏印, abhayamudrā)을 취하고 있다. 빠딴잘리(Patañjali)는 『요가경』(*Yogasūtra*) 제3장 29경문에서 "이 짜끄라를 명상하면 신체의 구조와 그 기능을 알 수 있다. 왜냐하면 마니뿌라는 생명력의 짜끄라이기 때문이다"라고 말했다. 마니뿌라 짜끄라는 오대 요소 중에서 색(色)의 요소와 관련되고 또 불꽃처럼 위쪽으로 팽창하려는 불(火)의 요소와 관련된다. 이 짜끄라와 관련된 동물은 불의 신 아그니(Agni)가 타고 다니는 '회색 혹은 붉은 벽돌색의 숫양'이다. 마니뿌라 짜끄라는 다섯 가지 생기(prāṇa) 중에서 사마나(samāna)를 지배한다.

4. 아나하따 짜끄라(Anāhatacakra)

아나하따는 '부서지지 않음'을 의미하는데 이 짜끄라는, 심장이 있는 척추 중앙에 있다. 주홍색 혹은 진홍색의 12 꽃잎엔 각각 까(ka), 카(kha), 가(ga), 그하(gha), 나(ṅa), 짜(ca), 차(cha), 자(ja), 즈하(jha), 냐(jña), 따(ṭa), 타(ṭha)라는 문자가 새겨져 있다. 종자 만뜨라는 얌(yaṃ)이다. 연꽃 안에는 '천만 개의 섬광처럼 환한 황금색' 삼각형이 있고 그 안에는 바나 링가(bāṇaliṅga)가 있다. 육각별 위에는 주재신 이샤(Īśa)가 있다. 그는 빛나는 흰색 혹은 붉은 벽돌색이고 3개의 눈과 두 팔을 지녔는데, 두 손은 각각 소원을 들어준다는 표시의 시원인(施願印, varamudrā)과 공포를 없애는 수인(無畏印, abhayamudrā)

을 취하고 있다. 이샤는 '시공간적으로 다양한 현상적 실재를 점차적으로 드러내는, 전 우주계'를 상징한다. 그의 에너지는 까끼니 샤띠(Kākinīśakti)로 불린다. 까끼니 샤띠는 빛나는 노란색이고 1개의 얼굴에 3개의 눈과 4개의 팔을 가지고 있는데 두 손으론 각각 올가미와 해골을 들고 나머지 두 손으론 각각 소원을 들어준다는 표시의 수인(施願印, varamudrā)과 공포를 없애는 수인(無畏印, abhayamudrā)을 취하고 있다. 아나하따 짜끄라는 바람(風)의 요소와 촉감(觸)의 요소와 관련된다. 이 짜끄라와 관련된 동물은 검은 색의 영양이고 그것이 상징하는 것은 '가벼운 물질'이다. 이 동물은 베다에서 바람의 신인 바유(Vāyu)가 타고 다니는 것이다. 이 짜끄라와 관련된 생명의 숨은 쁘라나(prāṇa)이다.

5. 비슛드하 짜끄라(Viśuddhacakra)

비슛드하의 의미는 '순수'인데, 이 짜끄라는 인후 뒷쪽의 숨골과 척추와의 접합점에 위치해 있다. 16개의 흐릿한 보라색 꽃잎엔 16개의 모음 아(a), 아(ā), 이(i), 이(ī), 우(u), 우(ū), 리(ṛ), 리(ṝ), 리(ḷ), 리(ḹ), 에(e), 아이(ai), 오(o), 아우(au), 암(aṃ), 아하(aḥ)가 각각 새겨져 있다. 연꽃 안에는 흰색의 원과 삼각형이 있고 그 안에 종자 만뜨라 함(haṃ)이 새겨져 있다. 주재신은 아르드하와나리쉬와라(Ardhavanārīśvara, 자웅 동체적 측면)로서의 사다쉬바(Sadāśiva)인데, 몸통의 오른쪽 절반은 흰색의 쉬바(Śiva)이고 왼쪽의 절반은 황금색의 샤띠(Śakti)이다. 사다쉬바는 5개의 얼굴에 3개의 눈을 가졌고 삼지창, 도끼, 칼, 바즈라, 불, 뱀의 신, 종, 몽둥이, 올가미를 들고 있고 한 손으론 공포를 없애는 수인(無畏印, abhayamudrā)을 취하고 있다. 에너지는 사끼니(Sākinī)인데, 빛나는 흰색 피부에 5개의 얼굴에 3개의 눈을 가졌다. 사키니는 네 개의 팔을 가졌는데 각각 올가미, 몽둥이, 활, 화살을 잡고 있다. 비슛드하 짜끄라는 허공(空, ākāśa)의 요소와 관련되며 청각과 관련된 소리 요소를 지배한다. 이 짜끄라와 관련된 동물은 '천상의 달(月) 같이 흰 코끼리'이고 목에 띠를 두르지 않고, 여섯 개의 코를 가진 아이라와따(Airāvata), 즉 베다의 신 인드라(Indra)가 타고 다니는 동물이다. 이 짜끄라는 생명의 숨 중 우다나(udāna)를 지배한다.

6. 아갸 짜끄라(Ājñācakra)

'명령'을 의미하는 아갸(ājñā)는 두 눈썹 사이(미간)에 있는 짜끄라로서 '명상을 통해 도달된 다양한 집중 상태를 통제하고' 또 한 개인의 성품 전체를 통제한다. 아갸 짜끄라는 2개의 꽃잎을 가졌으며 꽃잎에 각각 하(ha)와 크샤(kṣa)라는 문자를 담고 있다. 연꽃 안에는 달처럼 흰 역삼각형이 있고 그 안에는 종자 만뜨라 옴(oṃ)과 이따라링가(itaraliṅga)가 있다. 아갸 짜끄라의 주재신은 사하스라라 짜끄라의 주재신과 동일한 빠라마쉬바(Paramaśiva)이다. 아갸 짜끄라에서의 빠라마쉬바는 빈두(bindu)의 형태로 표현되는데 이것이 상징하는 것은 쉬바와 샥띠의 불가분성, 스스로 빛나는 의식의 우주적 동일성이 만유에 편재한다는 것 그리고 모든 것을 초월하고 모든 것을 통합한다는 것이다. 그의 에너지는 하끼니(Hākinī) 혹은 싯드하깔리(Siddhakāli)인데, 하키니는 달과 같이 흰 6개의 얼굴에 3개의 눈을 가졌고 6개의 팔 중 네 손으로는 각각 책, 두개골, 북, 염주를 들고 있고 두 손으론 각각 소원을 들어준다는 표시의 시원인(施願印, varamudrā)과 공포를 없애는 표시의 무외인(無畏印, abhayamudrā)을 취한 채 흰 연꽃 위에 앉아 있다. 아갸 짜끄라는 마음의 다양한 인식 능력과 관련되어 있다. 정신적인 이미지와 추상적인 관념은 이 단계에서 경험된다. 이곳에서는 처음엔 분리되지 않았고 또 보이지도 않았던 존재가 창조를 위해서 둘로 나타난다.

이다와 삥갈라 나디는 물라드하라 짜끄라에서 수슘나와 분리되었지만 바로 이 아갸 짜끄라에서 수슘나와 만나고 여기서 재차 그들은 분리되어 이다는 왼쪽 코로, 삥갈라는 오른쪽 코로 들어간다.

7. 사하스라라 짜끄라(Sahasrāracakra)

사하스라라는 '천(千)'를 의미하는데 이 짜끄라는 정수리에서 손가락 네 마디 위쪽에 있는 것으로 '천 개의 연꽃잎'을 가진 짜끄라이다. 사하스라라 짜끄라는 브라흐마란드흐라(브라흐만의 동굴, brahmarandhra)로도 불리는 곳으로 꾼달리니 샥띠와 쉬바가 만나는 곳이다. 천 개의 꽃잎들 각각엔 모든 산스끄리뜨 자모들로 상징되는 잠재적 소리 50개가 모두 새겨져 있다. 사하스라라 짜끄라는 모든 색깔을 동시에 지니고 모든 감관과 그것의 작용을 지니고 있고 또 그

그림 V

그림Ⅴ. 마니뿌라 짜끄라를 상징하는 불과 숫양. 각 짜끄라를 상징하는 전통적인 동물 혹은 각 짜끄라를 지배하는 신의 의미를 고찰함으로써 꾼달리니가 이동하는 경로에서 일어나는 현상들에 대해 더 잘 알 수 있다. 태양신경총에 있는 마니뿌라 짜끄라는 시각적인 것(色), 빛 그리고 빛을 발하려는 힘, 불타오르는 것(火)과 같은 특성과 관련된다. 이 짜끄라를 상징하는 동물은 숫양. 즉 불의 신 아그니(agni)가 타고 다니는 숫양이다. 데칸지역, 1800년경, 종이에 채색(사진: Ajit Mookerjee)

그림Ⅵ. 마니뿌라 짜끄라에 대한 바이쉬나바 계열의 버전. 마니뿌라 짜끄라를 지배하는 주재신과 그의 샥띠가, 그들이 탈 것인 신화적 새 가루다(garuḍa) 위에 올라가 있다. 1800년경, 종이에 채색(사진: Ajit Mookerjee)
* 도해의 윗부분에 데와나가리로 "여섯 번째인 마나뿌라 짜끄라(manapūraṃ cakraḥ 6)"라고 기록되어 있다. 10개의 꽃잎엔 각각 다(ḍa), 드하(ḍha), 나(ṇa), 따(ta), 타(dha), 나(da), 드하(dha), 나(na), 빠(pa), 파(pha)라는 종자음이 새겨져 있다.

그림 Ⅵ

그림 Ⅶ

그림 Ⅷ

힘은 모든 곳에 편재한다. 사하스라라 짜끄라의 형태는 다양한 차원을 초월하면서 상승하는 원이고 마지막엔 '우주를 초월하고 또 우주를 넘어선 초월적 공(空)을 의미하는' 마하빈두(mahābindu) 형태로 되어 있다. 뒤집어져 있는 연꽃은 미세신의 우주적 광채가 쏟아진다는 것을 상징한다. 사하스라라 짜끄라는 가장 본질적인 의식의 중심점으로, 모든 양극성이 통합되는 것을 체험하는 장소이자 변화무쌍한 윤회의 세계를 초월하고 또 시공간의 제약에서 벗어나는 초월성이라는 역설적인 행위가 마침내 성취되는 곳이기도 하다.

『간드하르와 딴뜨라』(*Gandharvatantra*) 제11장에 따르면 물라드하라 짜끄라에서 아나하따 짜끄라로 상승하는 꾼달리니는 마치 불에 녹고 있는 금처럼 빛나는 '불의 꾼달리니'로 알려져 있다. 아나하따 짜끄라에서 비슈드하 짜끄라로 상승하는 꾼달리니는 백만 개의 태양과 같이 빛나는 '태양 꾼달리니'로 알려져 있고, 비슈드하 짜끄라에서 수슘나 나디의 끝으로 상승할 때는 백만 개의 달빛처럼 빛나는 '달 꾼달리니'로 알려져 있다. 수슘나 나디를 떠난 꾼달리니는 모든 소리와 빛을 포괄하는 초의식이 된다고 말해졌다.

하지만 본질적인 것은 각 짜끄라들에 대한 복잡한 상징들이 아니라 미세신 내에서 각 짜끄라들의 기능과 역할, 다시 말해서 각각의 짜끄라들이 '수슘나 나디를 통해 정수리(브라흐마란드흐라)로 상승하려는 꾼달리니'의 여행에 매순간 관여한다는 것이다.

짜끄라들은 영혼(psyche)에 대한 하나의 상징적인 이론을 대표하는 것이다. 상징을 통해서 우리는 어떤 사물을 영묘한 측면(sūkṣma)에서 바라 볼 수 있다. 말하자면 우리는 짜끄라를 통해서 시ㆍ공간에 제약되지 않는 4차원적인 관점에서 영혼을 바라볼 수 있는 것이다. 짜그라들은 하나의 전체로서의 영혼을 직관적으로 표현한 것이고 우주적 관점에서 영혼을 상징화한 것이다.

융(Carl G. Jung)의 표현대로, 개별적 존재가 되는 과정에서 사유, 감정, 지각, 직관이라는 네 가지 기능이 균형을 이룰 때 영혼은 '전체'가 된다. 짜끄라 체계에서 각 짜끄라가 지닌 에너지는, 상승하는 순서대로 땅(地), 물(水), 불(火), 공기(風) 그리고 공(空)이라는 요소로 대변된다. 이 다섯 소용돌이 각각은 새로운 '특질'을 나타내며 각각의 요소는 다른 요소들과 상생하거나 상극하는 활동을 한다. 근본

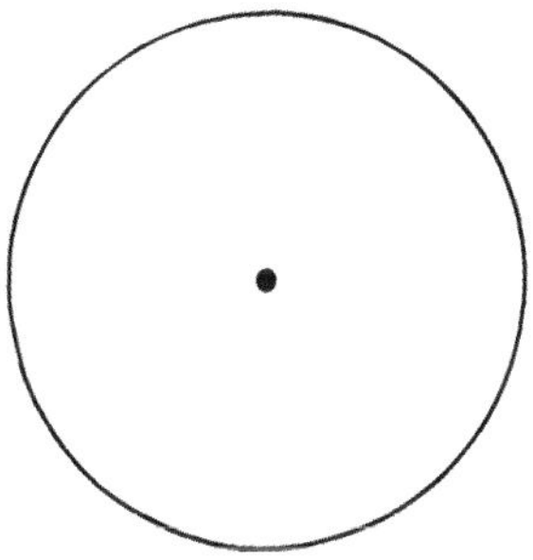

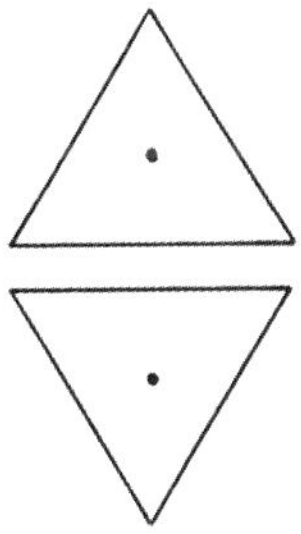

위로 향한 삼각형은 남성적인 원리(陽)를 상징하고 아래로 향한 삼각형은 여성적인 원리(陰)을 상징한다. 그리고 음양이라는 두 원리가 결합한 형태는 근원점인 빈두(bindu)가 한 가운데에 있는 둥근 원으로 상징된다.

그림 Ⅶ. 뿌루샤까라 얀뜨라(puruṣākārayantra). 짜끄라들이 연꽃으로 묘사되지 않고 추상적인 형태의 에너지 소용돌이로 표현되어 있다. 우주적 인간의 몸 속에서 의식이 상승하는 것을 표현하고 있다. power diagram. 라자스탄, 18세기경, 종이에 채색(사진: Hans Wichers, Hamburg)

그림 Ⅷ. 쉬바와 결합하기 위해 위로 상승하는 꾼달리니. 각 짜끄라들은 각각의 고유한 소리 진동과 색깔을 가지고 있다. 네팔, 17세기경, 종이에 채색(사진: C. L. Bharany, New Delhi)

우주적인 여행이 완성되었다는 것을 묘사한 그림. 네팔, 1860년경, 종이에 채색(사진: Bharat Kala Bhavan, Varanasi)

짜끄라인 물라드하라는 땅(地)의 요소와 관련되는데 그것의 '특질'은 견고함, 비활동적인 것이다. 이 단계에서는 다른 어떤 상태로 변화하려거나 혹은 팽창하려는 의욕을 갖지 못하고 현 상태에 만족하며 그대로 머물고자 하는 경향이 강하다. 하지만 마치 나무의 뿌리가 본성상 성장할 수 있는 가능성을 지니고 있는 것과 마찬가지로 '땅(地)이라는 요소로 상징되는 이 짜끄라'는 정체성이라는 측면과 동시에 '자각을 확대하려는 성향'이라는 양면성을 지닌다.

두 번째 짜끄라인 스와드히스타나는 자신에게 상응하는 물(水) 요소의 특성대로 '아래로 내려가려는 성향'을 지닌다.

세 번째 짜끄라인 마니뿌라는 불(火)이라는 요소의 특성대로 불꽃과 같이 '위로 상승하고 태우려는 움짐임'을 지닌다.

네 번째 짜끄라인 아나하따는 공기(風)와 관련되는데, 이 짜끄라는 '바람'의 특성대로 여러 방향으로 순환하고자 하는 경향이 강하고 그 자체가 다른 어떤 것이 될 가능성이 있다. 여기서 '공기'라는 것은 '생명력'을 의미하는 것이 아니라 '소리를 전달하는 매개물'로 공간 속에 가득 찬 대기를 의미한다. 아나하따라는 말이 '부서지지 않는(anāhata) 소리', 즉 감관의 영역을 넘어선 소리라는 것을 의미하듯이 이 짜끄라는 불가사의한 우주적 진동을 발산한다.

다섯 번째 짜끄라인 비슛드하는 공(空)이라는 요소와 관련되는데 이것은 다른 네 가지 요소(땅, 물, 불, 공기)를 담고 있는 공간(容器)

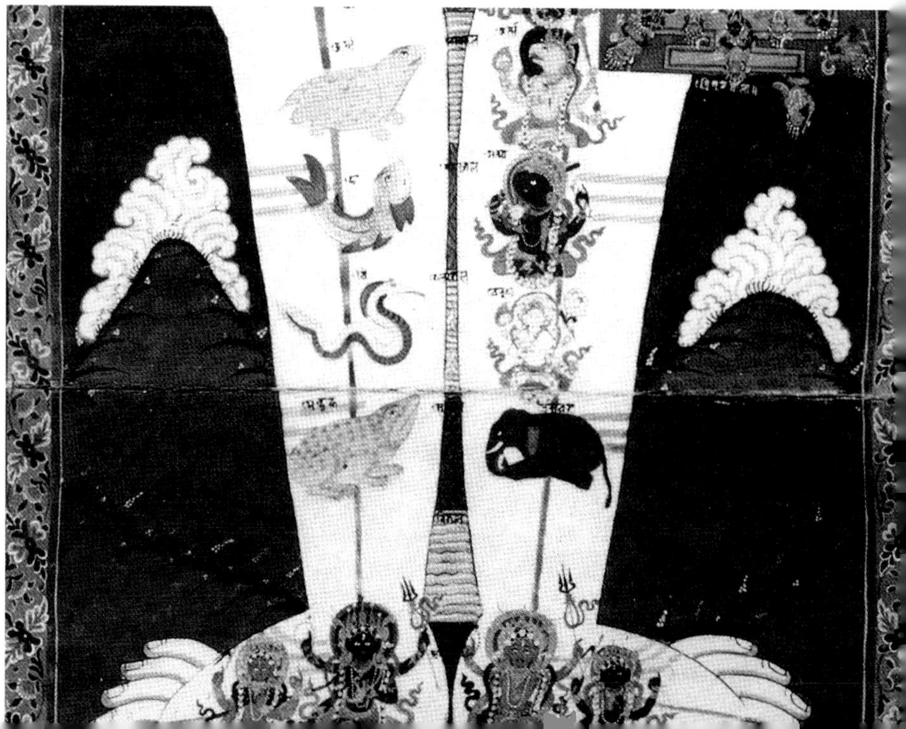

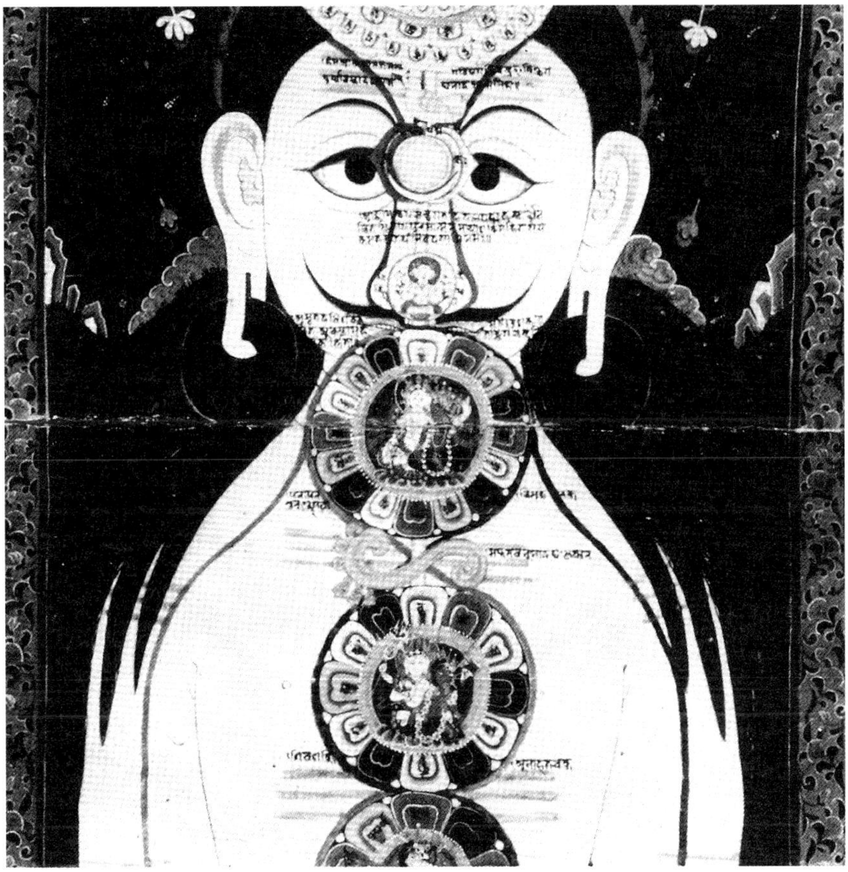

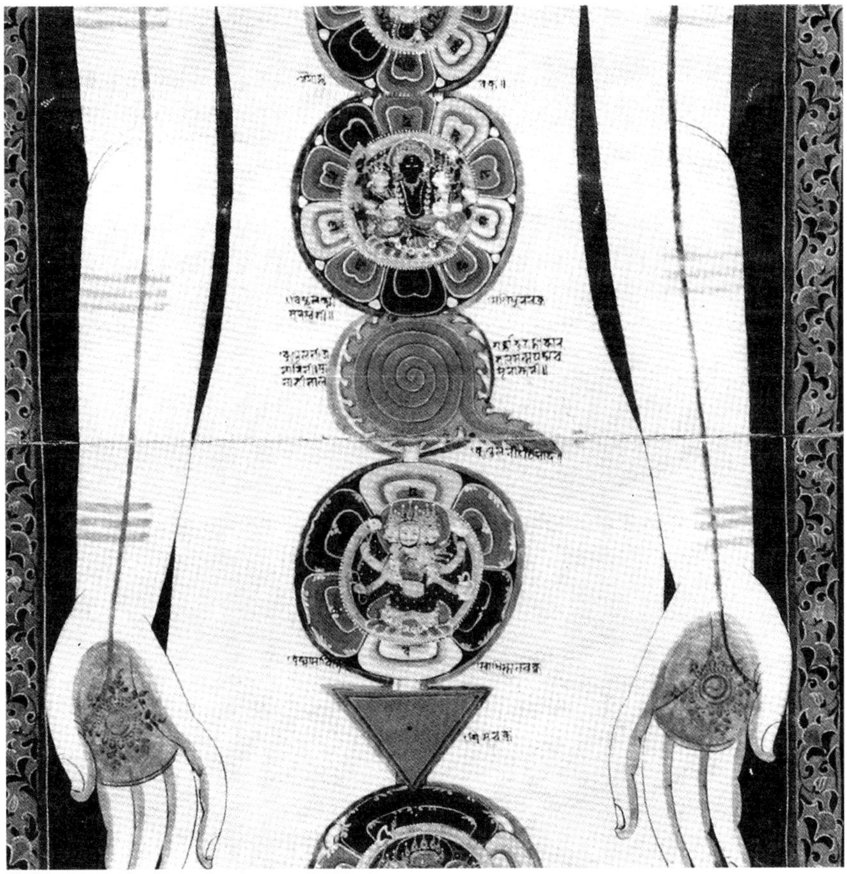

꾼달리니의 상승은 발가락에서부터 시작하고(p.64의 아래쪽 그림) 물라드하라와 마니뿌라 짜끄라를 지나서(p.65의 아래쪽 그림) 아나하따에서 아갸 짜끄라(p.65의 위쪽 그림)에 이르기 까지를 묘사하고 있는데 각 짜끄라들은 그것과 관련된 상징을 담고 있다. 도해 필사본에서 확대한 부분임, 네팔, 1760년경, 종이에 채색

근원적인 소리 에너지인 옴(oṃ)은 궁극적 빈두(bindu, 점)에서 발산된다. 라자스탄, 1900년, 종이에 잉크와 안료(사진: Ajit Mookerjee)

과 같은 것이다.

꾼달리니가 상승하는 과정은 한 방향으로 혹은 위쪽이나 아래쪽으로 움직이는 단선적인 것이 아니라 각 단계들마다 밀고 당기는 힘이 작용하는 변증법적인 것이다. 꾼달리니라는 에너지는 일직선으로 돌진하는 것이 아니라 단계별로 그것의 상승을 가로막는 다양한 에너지들의 결절(granthi)[2]을 풀면서 상승한다. 각각의 결절을 뚫어야만 새로운 변혁이 일어날 수 있다.

융이 지적했듯이[6)] 딴뜨라의 가르침에 따르면, 뿌루샤(puruṣa)는 가슴 부근에 있는 네 번째 짜끄라인 아나하따 짜끄라에서 처음으로 나

2 결절(granthi)은 꾼달리니의 각성과 상승을 막는 장애물이다. 하타요가 문헌에 따르면 결절은 3개가 있는데 물라드하라 짜끄라에 있는 것이 브라흐마 결절(brahmagranthi)이고, 아나하따 짜끄라에는 비슈누 결절(viṣṇugranthi), 아갸 짜끄라(혹은 비슛드하 짜끄라)에는 루드라 결절(rudragranthi)이 있다.

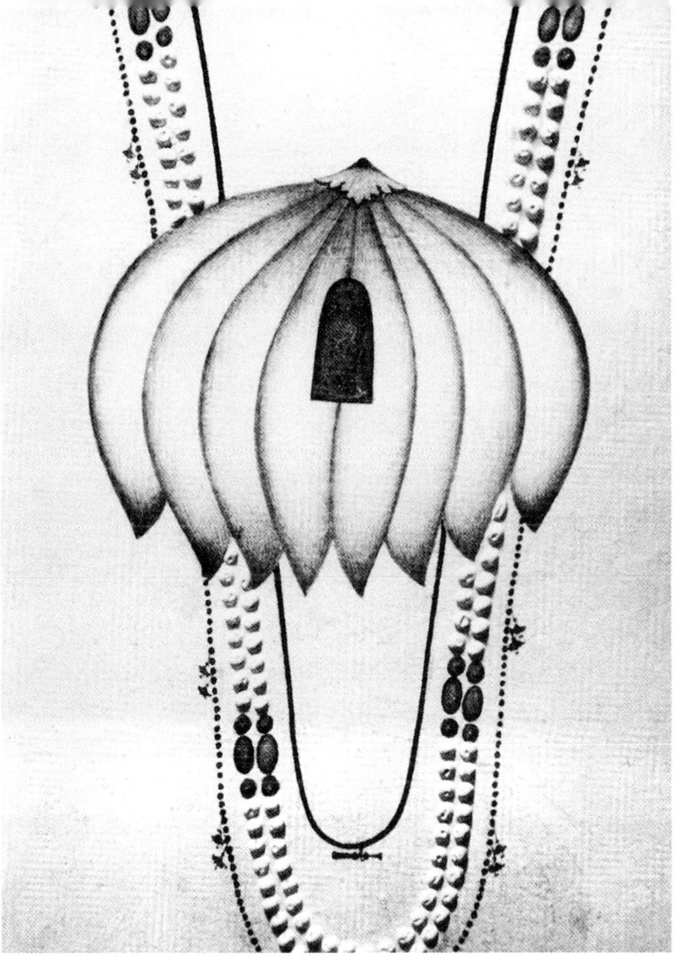

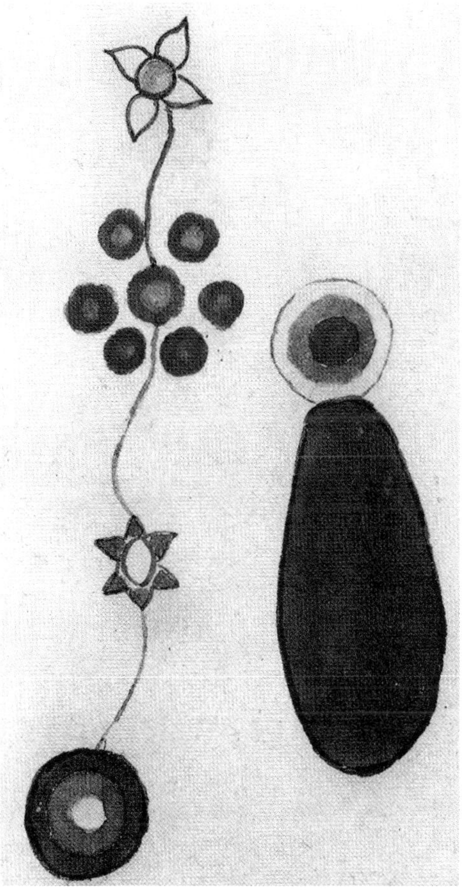

타난다. 여기서의 뿌루샤는 인간의 본질, 참 자아, 지고한 인간이다. 수행자는 자신의 느낌과 생각을 인식하면서 바로 그 뿌루샤를 '본다'. 이것은 자신의 몸 안에 '자기 자신이 아닌 어떤 존재가 있다는 것'을 처음으로 어렴풋하게나마 알아차리는 것이다. 자신의 몸 안에 있는 바로 그 존재는 '자기 자신'보다 더 위대하고 더 중요한 것이지만 순전히 심리적으로만 존재하는 것이다.

바로 이 아나하따 짜끄라 안에 있는 육각별 모양으로 맞물린 두 개의 삼각형은 전통적으로 남성적 원리(위로 향한 삼각형)와 여성적 원리(아래로 향한 삼각형)가 결합했다는 것을 상징하며 여기서 음양은 우주적, 보편적인 원리를 담고 있는 것이다.

아나하따에서 다섯 번째 짜끄라인 비슛드하로 도약하기 위해서는 자신에게 일어난 모든 심리적인 '사실들'이 물리적 현실과 무관하다는 것을 알아야만 한다. 만약 어떤 사람이 이 단계에 도달한다면 그는 아나하따 짜끄라를 떠나려고 할 것인데 그것은 이미 '물질적이고

왼쪽: 잎을 아래로 향한 연꽃 안에 있는 바나 링가(bāṇaliṅga). 잎이 아래로 향한 연꽃잎은, 꾼달리니가 그 다음 짜끄라로 상승함으로써 그 짜끄라의 에너지가 방출되었다는 것을 상징한다. 심장부에 위치한 아나하타 짜끄라에 있는 심령적인 장애인 바나 링가(bāṇaliṅga)는 연꽃 가운데에 있는 것으로 상징된다. 라자스탄, 18세기. 종이에 채색(사진: Ajit Mookerjee)

오른쪽: 비슈누 결절(viṣṇugranthi)에 대한 현대적 그림. 라자스탄, 종이에 채색, 현대(그림: R. C. Sharma, Jaipur)

외적인 사실과 내적이고 심리적 사실과의 결합'이 해체되었기 때문이다.[7] 공(空)이라는 요소는 비슛드하 짜끄라와 관련되는데 나머지 다섯 요소들 위에 있는 것이고 또 그것들을 초월해 있는 것이다.

여섯 번째 짜끄라인 아갸 내부에 있는 삼각형 속의 옴(oṃ)이라는 음절은 '모든 존재의 생성(창조)과 소멸이 연결되어 있다는 것'을 상징한다. 옴(oṃ)은 그것으로부터 만물이 유출되는 소리적 진동이고 또 우주적 주기의 종말(겁)엔, '유출된 바로 그 만물'이 결국 다시 되돌아가는 곳이다.

여섯 짜끄라들과 관련된 요소(땅, 물, 불, 공기, 공)들을 비롯해서 그 외의 상징들을 한 개인 내부에서 작용하는 적극적인 측면(陽)과 소극적 측면(陰)이라는 양극성을 언급하는 것으로 이해할 수 있다. 꾼달리니가 심령적 센터(짜끄라)를 따라 단계적으로 상승할 때 입문자는 여러 가지 소리와 빛 그리고 색깔에 대한 환영이 교차되는 것을 경험한다. 두 눈썹 사이(미간)에 있는 여섯 번째 짜끄라인 아갸의 차원에서는 한 개인의 변증법적 활동이, 그 에너지들을 조화시킬 수 있는 명령의 힘에 의해서 통제된다. 융이 연구했던 주제대로 개체화의 과정에서 한 인간의 내부에서 일어나는 양극성의 장벽을 치료사의 도움으로 극복하듯이 그와 같이 꾼달리니 요가에서도 입문자는 스승의 지도로 오랜 도제 생활을 통해 낮은 짜끄라들의 변증법적 진행을 조절하는 법을 배워야 한다. 융의 논의에서 알 수 있듯이 일단 환자가 균형을 회복하면 심리적 개체화는 완전히 새로운 자각으로 끝난다. 요가에서도 그와 같이, 숙련자가 아갸 짜끄라의 단계에서 모든 활동이 균형을 잡을 때 완전한 심리적 변혁을 얻게 된다.

일곱 번째이자 마지막 짜끄라인 사하스라라는 오대 요소나 색상, 소리와 관련되지 않는다. 연꽃으로서의 사하스라라는 천 개의 잎을 가졌지만 그것과 관련된 특별한 상징물도 없다. 이미 아갸 짜끄라의 '흰 색', '옴' 그리고 우주적 의식이라는 요소를 넘어 설 수 있는 것은 없으며 만약 그것조차 초월할 수 있는 것이 있다면 그것은 절대자 브라흐만뿐이다. 따라서 아갸 짜끄라를 초월해서 사하스라라 짜끄라에 도달한다는 것은 상징적으로 해탈이 있다고 말해진 '브라흐만의 세계'에 도달하는 것과 같다. 이 이유에서 어떤 사람이 여타의 여섯 짜

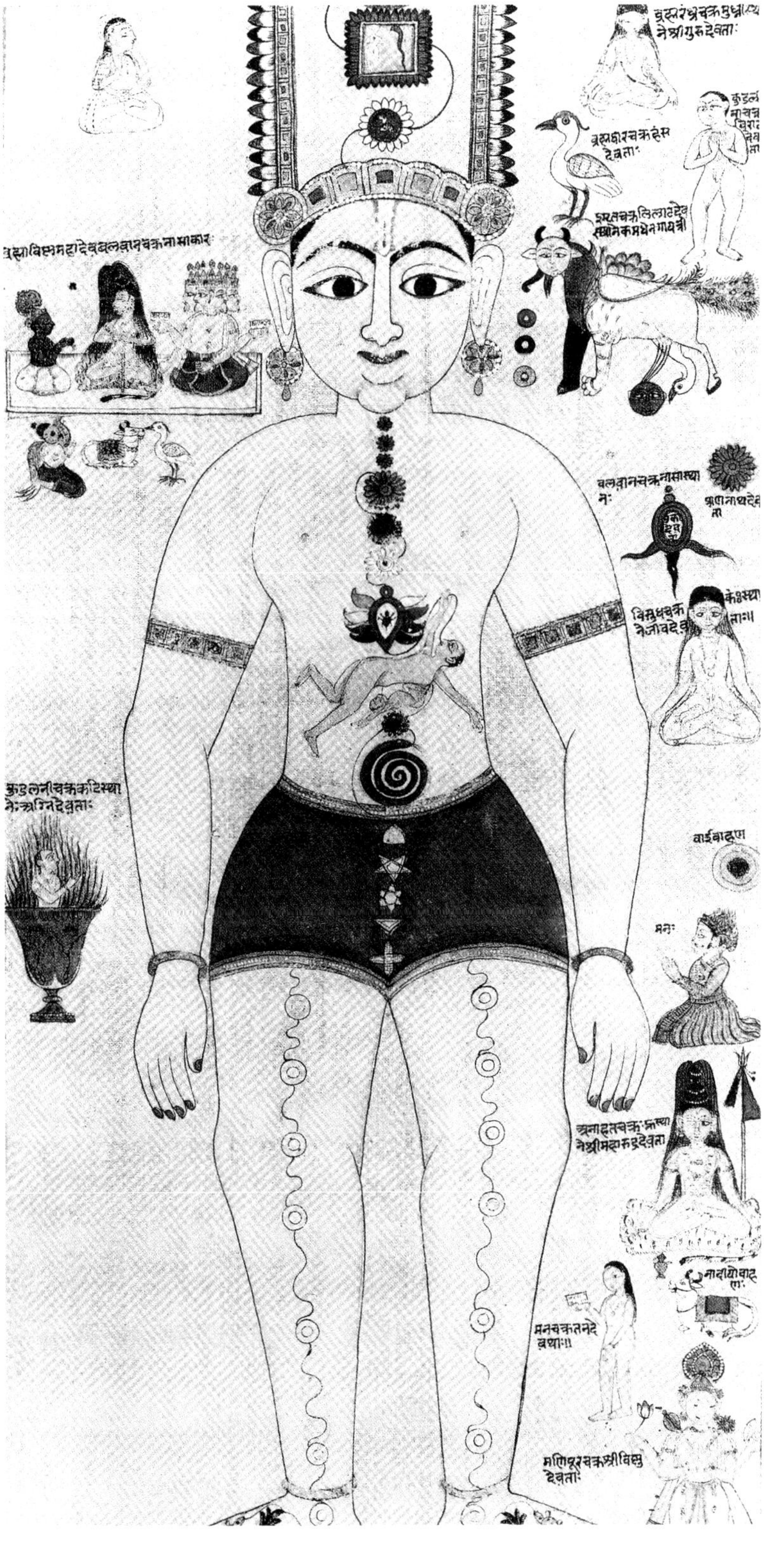

우주로서의 인간(puruṣa). 라자스탄, 1700년경, 헝겊에 채색(사진: J. C. Ciancimino, London)

* 뿌루샤 내부에 7개의 짜끄라가 그려져 있고 좌우의 여백에는 각 짜끄라를 지배하는 신격과 상징물이 묘사되어 있다. 뿌루샤의 머리 위에 있는 화관이 사하스라라 짜끄라를 의미하는데 가운데의 정사각형 안에 쉬바와 꾼달리니가 있다는 것은 꾼달리니가 쉬바와 합일했다는 것을 의미한다. 왼쪽 귀 옆에는 세 신이 있고 그 위에는 데와나가리로 "코에 있는 발라반 짜끄라를 지배하는 세 신 브라흐마, 비슈누, 마헤데와(brahmaviṣṇumahadevabalavancakranasakara)"가 적혀 있고 그 아래는 각자의 탈 것이 그려져 있다. 오른쪽 제일 위에는 "정수리에 있는 브라흐마란드흐라의 신격 쉬리 구루(brahmaraṃdhracakramūrdhnīsthāne śrī gurudevatā)"라는 글자와 쉬리 구루가 그려져 있다. 그 아래엔 백조(함사)와 "브라흐마드와라 짜끄라의 신격인 함사"(brahmadvāracakrahaṃsa devatā)가 적혀 있고 오른쪽엔 "꾼달리니 짜끄라의 신격인 비라뜨(kuṇḍalīnācakravirāt(j) devatā)"라는 글자와 함께 비라쯔(varāj)가 그려져 있다. 그 아래엔 "이마에 있는 아므리따 짜끄라(aimṛtacakra)의 신 까마드헤누 가야뜨리(amṛtacakralilāṭadevasthāne kamadhenagāyatrī)"라는 글귀와 그것을 상징하는 동물이 있다. 그 아래엔 "코에 있는 발라완 짜끄라(balavāncakranāsāsthānaḥ)"라는 글자와 상징이 있고 오른쪽엔 "신격인 쁘라나 나타(prāṇanāthadevatā)"라는 글자가 있다. 오른쪽 팔뚝 옆에는 "목부분에 있는 비슛드하 짜끄라의 신격인 지와(Jīva)(viśud(d)hcakrakaṃṭhasthāne jīvadevatāḥ)"라는 글자와 지와가 그려져 있다. 그 아래엔 바이와하나(Vāīvāhaṇa)와 세 개의 원이 있고 그 아래엔 "마나스(manaḥ)"와 신격이 그려져 있다. 그 아래엔 "심장부근에 있는 아나하따 짜끄라의 신격인 쉬리 마하 루드라(anāhatacakraḥ hṛsthane śrī mahārūdradevatā)"라는 글자와 루드라가 그려져 있고 아래엔 그가 타고 다니는 황소 난디(nandi)가 있다. 옆에는 "마나스 짜끄라의 신격인 따나(Tana)(manacakratanadevatthā)"라는 글자와 그림이 그려져 있다. 제일 밑에는 "마니뿌라 짜끄라의 신격인 쉬리 비슈누(maṇipūracakraśrīviṣṇudevatāḥ)"라는 글자와 비슈누가 그려져 있다. 꾼달리니 짜끄라는 마니뿌라 짜끄라의 배꼽 아래에 있고 왼쪽에는 꾼달리니 짜끄라의 신격이 불의 신 아그니(agni)라는 것을 상징하는 불이 있고 "둔부에 있는 꾼달리니 짜끄라의 신격(kuṇḍalinīcakrakaṭisthāne agnidevatā)"이라는 글귀가 적혀 있다.

끄라와 사하스라라 짜끄라의 차이점을 강조하기 위해 사하스라라 짜끄라를 정수리 위에 있다고 한 것은 지당한 말이다. 이것을 가장 잘 묘사한 도상에서도 뒤집어진 연꽃이 마치 아우라(aura)로써 미세신의 온몸을 적시는 빛을 발산하는 것으로 묘사하고 있다.

『샤라다띨라까』는 사하스라라 짜끄라 도착한 꾼달리니가 그 다음으로 하는 여행에 대해서 말한다.

> 번개처럼 빛나고 세 가지 구나(특질, guṇa)로 구성된 꾼달리니 샥띠는 '미현현, 즉 영원한 환희와 신령스런 감로 한 가운데서 [초월적 센터인] 빈두(bindu, 点)의 형태를 한 채 쉬바가 머물고 있는 빛나는 곳(사하스라라 짜끄라)'을 통과한 후 [재차] 천만 개의 달과 태양처럼 빛을 내며 그녀의 휴식처인 물라드하라로 돌아간다.
>
> 『샤라다띨라까』 5장 제67송

꾼달리니가 각각의 짜끄라에 얼마만큼 머물러 있을지는 수행자 자신의 집착 그리고 그가 지은 업(業)에 달려 있다. 꾼달리니의 상승을 가장 방해하는 장애물은 근본 짜끄라인 물라드하라와 네 번째인 아나하따 그리고 다섯 번째인 아갸 짜끄라이다. 이 세 짜끄라엔 각각 브라흐마(brahmā), 비슈누(Viṣṇu), 루드라(Rudra)라는 결절(매듭, granthi)이 있고 또 각각 스와얌부(svayaṃbhū), 바나(bāṇa), 이따라(itara)라는 링가(liṅga)와 같은 심리적 장애물이 있다. 산스끄리뜨어 링감(liṅgaṃ)은 '용해되다'는 어근 리(√lī)와 '간다'는 의미의 어근 감(√gam)이 결합된 것인데 그것이 상징하는 것은 '용해되어서 재차 전개한다'는 것이다. 브라흐마 결절(brahmāgranthi)을 제거하는 것은 전체성 속에 확립된다는 것을 의미하고 비슈누 결절(viṣṇugranthi)을 제거하는 것은 '우주적 생명 원리가 존재한다는 것'을 자각하는 것을 의미하고 루드라 결절(rudragranthi)을 제거하는 것은 '불이(不二)의 경지, 일원성의 실현, 우주적 환희를 획득한다는 것'을 의미한다.

각 짜끄라를 상징하고 있는 동물들을 분석했던 융에 따르면[8] 물라드하라 짜끄라의 '뿌리를 지탱하는' 검은 코끼리는 인간의 의식을 지탱하는 무한한 충동 그리고 의식 세계를 구축하기를 종용하는 힘과 같은 것이다. 물론 물라드하라의 요소는 땅(地)이고 그 힘은 대지를 지탱하는 힘이라 할 수 있다.

융은 꾼달리니가 스와드히스타나 짜끄라에 도착할 때 거대한 바다 괴물인 마까라(Makara)와 만난다는 것에 대해서도 말한다. 코끼리가 육상의 동물이듯이 바다 괴물은 물 속 동물이다. "마까라는 우리를 의식으로 몰아넣고 또 의식 세계에 머물게 하는 힘"을 상징한다. 스와드히스타나 짜끄라에서 이것에 대한 두려움은 이 힘이 엄청나게 무겁고 광대하다는 것에서 기인한다. 공포는 진보를 방해하므로 반드시 제거되어야만 한다. "의식 세계에서의 가장 큰 축복은 무의식의 세계에선 최악의 저주가 된다. ……따라서 마까라는 그대를 잡아먹는 용으로 변한다."

스와드히스타나에서 마니뿌라 짜끄라로 올라가면 동물은 마까라에서 숫양으로 바뀌게 되는데, 여기서 동물이 지닌 힘은 불의 신 아그니(Agni)가 타고 다니는 신령스런 것으로 변한다. "숫양, 즉 백양궁은 화성이 지배하는 것이고 화성은 열정과 충동, 성급함, 폭력성 등등으로 불타오르는 행성이다." 숫양은 황소와 달리 큰 희생 제물이 아니라 작은 동물이다. "이것이 의미하는 것은, 열정을 희생하는 것이 그다지 비싼 대가가 아니라는 것이다. 당신이 맞닥뜨리게 된 검고 작은 동물은 그 앞 짜끄라(=스와드히스타나)의 심연에 있던 바다 괴물과 달리 이미 큰 위험은 거의 사라졌다." '열정을 의식하지 못하게 되는 것'이 '열정이 식은 것으로 아는 것'보다 더 해롭다.

마니뿌라에서 아나하따 짜끄라로 이동하면 숫양 대신 영양이 등장한다. 영양도 희생제에서 제물로 사용되지만 두 동물엔 차이점도 있다. 영양은 예민한 동물이고 길들여지지 않는 야생 동물이다. 영양은 조심스럽고 교묘히 잘 빠져 나가고 무척 빠르다. 또한 새와 같은 특질도 있어 공기와 같이 가볍고 '중력에 구애받지 않는데' 이 동물이 상징하는 것은 '사고나 느낌 등 심리적인 활동이 가볍다는 것'이다. 심리적인 움직임 역시 붙들어 매기가 대단히 힘든 것이다.

융은 마니뿌라 짜끄라에서 아나하따 짜끄라로 '건너가는 것'이 어렵다고 한다. 그 이유는, 이 단계에서는 '자기 자신이 아닌 어떤 것'을 참 존재라고 인식하는 것, 다시 말해서 '영혼이 저절로 바뀐다는 것'을 자각해야 하는데, 이 사실을 알아차리고 또 인정하는 것은 굉장히 어렵기 때문이다. 왜냐하면 이 단계에서는 '당신이 여태 자기 자신으로 알고 있었던 바로 그 의식'이 사라진다는 것을 암시하기 때문이다. 이 단계에서 당신은 더 이상, 당신 집(몸)의 주인이 아니다. 융이 인정했듯이 '바로 이와 같은 정신적인 현상'을 '뿌루샤, 즉 우주적 인간을 처음으로 어렴풋하게나마 인식하는 것'으로 간주하는 것이 딴뜨라 요가이다.

비슛드하 짜끄라에서는 코끼리가 다시 등장한다. 여기서의 코끼리는 비슈누가 타고 다니는 흰색의 아이라와따(Airāvata)이다. 융에 따르면 여기서의 코끼리는 '폭발하기 쉬운 마음'을 지탱시켜 주는 신성한 힘을 상징한다. 우리를 물라드하라 상태로 태어나게 했던 것도 이 코끼리이다. 하지만 여기서의 코끼리는 물라드하라의 코끼리에서 질적인 변화를 겪었다는 것을 알 수 있다. 코끼리의 색깔은 검은 색에서 흰색으로 변해 있고 딛고 있는 것도 땅이 아니라 허공이다.

아갸 짜끄라에서는 상징 동물 대신에 링가(liṅga)가 있다. 이 짜끄

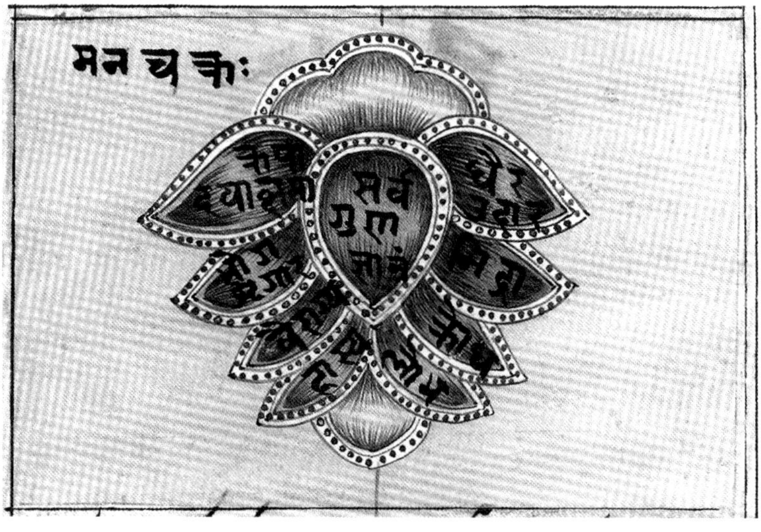

왼쪽: 마나스(마음) 짜끄라. 마나스 짜끄라는 아갸짜끄라 위에 위치해 있는데, 각각의 꽃잎에는 다양한 정신적 기능들이 설명되어 있다. 데칸, 18세기경, 종이에 채색(사진: Ajit Mookerjee)

* 이 도해의 제목은 왼쪽 상단에 데와나가리로 "마나스 도해(manacakraḥ)"가 적혀 있고 연꽃 잎엔 마음의 다양한 활동들이 기록되어 있다. 가운데 꽃잎엔 "sarvaguṇa, jñānam(모든 덕성과 지혜)"가 새겨져 있고 좌우의 첫 번째 줄의 꽃잎에는 각각 "kṛpādayā/ kṣamā(자비와 인내)", "dhaira / udāra(용맹함과 고양감)"가 새겨져 있고 두 번째 줄의 꽃잎엔 각각 "bhoga / śṛṅgāra(향락과 성욕)", "nidrā(수면)" 그리고 세 번째 줄에는 각각 "vairāgya(이욕)", "kordha(분노)" 그리고 마지막 줄의 좌우 꽃잎엔 각각 "hāsya(웃음)", "lobha(탐욕)"이 새겨져 있다.

오른쪽: 명상용으로 쉬바(śiva)와 삭띠(śakti =꾼달리니)의 결합을 표현한 만달라(maṇḍala) 네팔, 18세기경, 종이에 채색(사진: C. L. Bharany, New Delhi)

라의 꽃부리는 날개가 달린 씨앗처럼 보인다. 에고(ego)가 사라졌기 때문에 '심리적인 것은 더 이상 남아 있지 않고 바로 우리가 그것의 내용물이 된다.' 아갸 짜끄라에 있는 링가는 물라드하라 짜끄라에 있던 링가와 달리 검은 씨앗이 아니라 '활활 불타오르는 흰 빛, 완전한 의식'이다.

아갸 짜끄라에서도 여전히 자아에 대한 관념 다시 말해서 신이라는 '대상'과는 분명하게 구별되는 자아에 대한 경험이 남아 있다. 하지만 사하스라라 짜끄라에서는 자아와 신이 다르지 않다. "따라서 아갸 짜끄라에 도달한 이후에 도착해야 할 종착지는 인식의 대상도 없고 신도 없고 오직 브라흐만만이 있는 곳이 될 것이다. 바로 그곳(사하스라라 짜끄라)은 오직 하나만이 있고 둘이 없는 곳이므로 뭔가를 겪거나 느낄 것도 없다."

하리다스 차우드후리(Haridas Chaudhuri)는 『존재, 진화와 불멸성』에서 짜끄라들의 통합된 기능에 대해서 다음과 같이 말한다.

> 물라드하라 짜끄라는 땅이라는 에너지에서 나온 자식으로서의 요가 수행자가 지닌 자아 개념을 강화시켜 주는 데 필요한 앎을 제공한다.
>
> 스와드히스타나 짜끄라는 리비도(libido)와 달리 본능적인 충동을 섣부르게 억압하거나 혹은 금욕적으로 없애는 것을 방해한다.
>
> 스와드히스타나는 본능적인 충동이 존재할 수밖에 없는 이유를 드러냄으로써 '삶이라는 짜여진 구조 내에서 욕망이 자신의 온당한 목표를 성취할 수 있게끔 하고' 그리고선 적절한 시기에 그들을 영묘하고 빛나는 영적 에너지(오자스, ojas)로 변형시킨다.
>
> 힘의 중심지인 마니뿌라 짜끄라는 '이 세상에서 진리와 사랑의 승리를 확립시킬 수 있는 의심할 바 없는 능력들'의 근원으로서의 '앎'을 제공한다.
>
> 아나하따 짜끄라에서 사랑은 '존재하는 즐거움'에서 '베푸는 즐거움'으로 전환되고 '홀로 독자적으로 존재한다는 즐거움'은 '자신을 표현하고 공유하는 즐거움'으로 전환된다.
>
> 지혜로 빛나고 사랑으로 고양된 상태인 목에 있는 비슛드하 짜끄라는 '있는 그대로의 사물' 즉 그들만의 고유하고 독특한 특성을 있는 그대로 전달하는 효과적인 수단으로 언어를 사용한다.

지혜의 짜끄라인 아갸는 우주적 의식으로 빛을 발하고 우주를 하나의 통일된 전체로 드러낸다. 이렇게 하면서도 우주라는 바탕 화면 위에 있는 다채로운 색상과 변화의 무한한 풍부함을 덮어 버리거나 숨기는 것이 아니다. 한 찰나의 직관 속에서도 무한한 다양성을 포함하고, 영원한 현재 속에서 무한한 시간의 흐름을 포함한다.

왕관의 자리인 사하스라라 짜끄라는 모든 낮은 센터들을 완벽하게 조화시키고 또 '존재가 일시적인 것이 아니라는 것과 무한한 심연으로 되어 있다'는 빛나는 통찰을 준다. 그러면서도 바로 이와 같은 통합적인 전망은 '초월적인 통찰이 우주의 전체상과 유리되거나 혹은 우주를 차별적인 것으로 간주할 여지'를 주지 않는다.[9)]

딴뜨라의 상징체계에서 삼매의 상태는 쉬바와 삭띠의 결합이다. 만약 이와 같은 완벽한 결합이 '영원하다는 것을 아는 것'이라면 그렇다면 수행자, 다시 말해서 '돌아올 수 없는' 이 경지를 성취한 수행자는 살아 있으면서 해탈한 생해탈자로서 누리는 대자유의 상태에서 결코 퇴락될 수 없을 것이다.

IV. 에너지의 전환

स्वेचछया वर्तमानोऽपि योगोक्तैर्नियमैर्विना।
वज्रोलीं यो विजानाति स योगी सिद्धिभाजनम् ।।८३।।
तत्र वस्तुद्वयं वक्ष्ये दुर्लभं यस्य कस्यचित्।
क्षिरं चैकं द्वितीयं तु नारी च वशवर्तिनी ।।८४।।
मेहनेन शनैः सम्यगूर्ध्वाकुञ्चनमभ्यसेत् ।
पुरुषोऽप्यथवा नारी वज्रोलीसिद्धिमाप्नुयात।।८५।।

요가에서 규정하는 권계(금욕 등)를 지키지 않고 내키는 대로 생활할지라도
바즈롤리 [무드라]를 아는 요가 수행자는 완성을 이룬다.
바즈롤리 [무드라]를 수련하는데 있어
누구에게나 얻기 어려운 두 가지를 말하고자 하는데
첫 번째는 우유이고 두 번째는 의지대로 행동하는 여인이다.
성기로 조심스럽게 [정(精)을] 정확히 위로 끌어 올리는 것을 수련한다면
남자는 물론이고 여인도 바즈롤리 [무드라]를 완성할 수 있다.

『하타요가의 등불』(*Haṭhayogapradīpikā*) 제3장 83–85송

자아를 실현하는 과정에서 꾼달리니의 각성과 동일시되는 최고의 목표는 '샥띠라는 여성적 힘의 소우주적인 버전'으로 파악된다. 딴뜨라 수행자들은 샥띠(=꾼달리니)가 지닌 힘과 우주적 의식을 동일시하는데, 그 이유는 그녀(꾼달리니)에서 남성적 원리(陽)와 여성적 원리(陰)라는 한 쌍이 산출되었기 때문이다.

이것을 자각하기 위해서 딴뜨라의 성적인 체위법(남녀가 성적으로 결합한 요가적 동작)들은 '명상과 같은 종류의 수행에서 요구하는 것과 마찬가지의' 강력한 심리적–육체적 훈련법으로 발전되었다. "우리를 넘어지게 하는 것, 바로 그것을 딛고 우리는 일어서야 한다"는

딴뜨라적인 성적 교합인 라따사드하나(latāsādhanā). 카주라호, 중인도, 12세기경(사진: Archaelolgical Survey of India, New Delhi)

좌도 딴뜨라 수행자들이 짜끄라 뿌자(cakrapūjā)를 실행했던 64 요기니 사원. 라니뿌르-즈하라이알(ranipur-jharial), 오리사, 11세기경(사진: Bala Chowdhury, London)

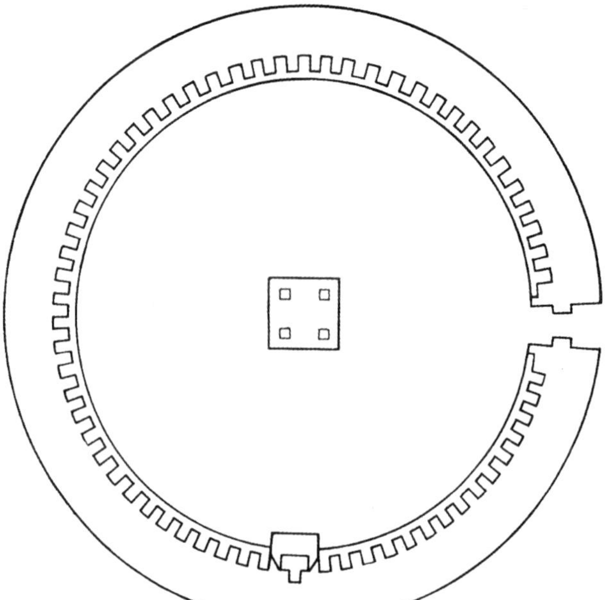

'64 요기니 사원'의 평면도. 원형으로 안쪽의 벽엔 칸막이로 벽감을 만들어 그 속에 각각 요기니의 다양한 여상(像)을 안치하고 있다. 한 가운데의 사각형엔 '브하이라와(bhairava)로서의 쉬바'상을 담고 있는 사당이다.

말에서 알 수 있듯이 딴뜨라에 따르면 '딴뜨라적 요가 체위'(남녀의 성교)를 통해서도 꾼달리니 샥띠를 각성시킬 수 있다. 우주적 차원에서 '음양이라는 양극성의 결합'은 생물학적 차원에서는 남녀의 성적인 결합을 의미한다. 물론 여기서의 성적 결합은 '일반적으로 오해된 그것'이 아니다.[1]

대대로 성행위는 출산 혹은 천박한 육체적 쾌락과 관련된 것으로만 알려져 왔다. 하지만 딴뜨라 수행자는 성 에너지에 엄청난 잠재력이 있다는 것을 자각했고 딴뜨라 아사나(성교)를 통해 성 에너지를 전환시켰고 또 성적 합일을 우주적 자각이라는 차원으로 승화시켰다. 딴뜨라는 남녀의 성교 그 자체를 신성한 것으로 간주하였고 또 성교가 심신의 상태에 어마어마한 영향력을 행사할 수 있는 생명력의 근원이자 또 그것에 의해 보다 높은 우주적 차원에 감응할 수 있는 생명력의 근원으로 간주하였다.

딴뜨라는 남성과 여성의 육체적 결합을 쉬바와 샥띠의 창조적 결합으로 승화시킬 수 있는 수행법으로 설명한다. 꾼달리니를 각성시킬 수 있는 딴뜨라 수행법들 중에서도 가장 중요한 것은 우도(右道, dakṣiṇamārga) 수행법과 좌도(左道, vāmamārga) 수행법이다.

좌도 딴뜨라 수행자는 빵짜마까라(pañcamakāra, 五摩事) 의식을 행하는데 여기서의 빵짜마까라는 m이라는 글자로 시작하는 다섯 가지 행위, 즉 마드야(madya, 술), 망사(māṃsa, 고기), 마츠야(matsya, 물고기), 무드라(mudrā, 볶은 곡식), 마이투나(maithuna, 성교)를 의미한다. 이 중에서 둥근 원(圓) 안에서 실행되는 집단적인 성교 의식은 '짜끄라 뿌자'(cakrapūjā: 원형 예배)로 알려져 있다. 좌도 딴뜨라의 기본적인 원리는 욕망과 격정을 피하거나 꺼림으로써

딴뜨라 아사나 의식(마이투나, 성교)에서 숭배되는 나체의 여성은 더 이상 육체와 피로 구성된 몸으로 간주되지 않는다. 그녀는 여신 그리고 우주의 근원적 힘이 구현된 샥띠로 간주된다.

1 하타요가 문헌은 바즈롤리 무드라와 그것의 변형인 사하졸리 무드라를 설명하는데 이 두 가지 무드라는 남녀의 성적 결합을 포함하는 비밀스런 무드라이다. 이 무드라에서 핵심적인 것은 정액을 누설하는 것이 아니라 그것을 체내로 회수하는 것이다. 하지만 누구나 바즈롤리 무드라를 수련할 수 있는 것은 아니다. 『하타요가쁘라디삐까』는 바즈롤리에 성공할 수 있는 조건에 대해서 다음과 같이 말한다.
"마음이 평정심(삼매)을 얻고 바유가 가운데(수슘나)로 올라갈 때, 그때 아마롤리, 바즈롤리, 사하졸리가 이루어진다." (citte samatvam āpanne vāyau vrajati madhyame I tadāmalolī vajrolī sahajolī prajāyate. Hp. IV14)
『하타요가쁘라디삐까』에 대한 주석가 브라흐마난다는 IV. 71게송에 대한 주석에서 다음과 같이 덧붙이고 있다.
"아마롤리 등등[의 무드라]는 오직 삼매(samādhi)가 성취된 후에만 성취된다."(amarolyādikaṃ samādhisiddhāv eva siddhyatīti Jyotsnā. IV. 71)

영적으로 진보할 수 있다는 것이 아니라 오히려 '우리를 쓰러뜨리는 바로 그 힘'을 해탈의 수단으로 전환함으로써만 가능하다는 것이다.

꾼달리니 요가는 '위에서 아래로 흐르는 꾼달리니 샥띠의 흐름'을 바꾸어 위쪽으로(정수리의 브라흐마란드흐라, 역주) 상승시킴으로써 마침내 꾼달리니를 쉬바, 즉 우주적 의식과 합일하게 하는 것이다. 샥띠와 쉬바의 합일이라는 목적을 이루기 위해서는 우리 몸의 생리적인 기능 역시 호흡수련과 무드라를 통해 점차적으로 변혁되어야 한다.

딴뜨라의 체위 의식(성교)[10]은 이성 파트너와 함께 실행된다. 이 의식에 참여하는 여성은 '우주에 있는 역동적인 여성 원리라고 할 수 있는 샥띠(śakti)'의 모상으로 간주된다. 바로 이 '경건한 여인'은 영원한 여성성이 지닌 모든 본성이 축약되어 눈앞에 나타난 것으로 간주된다. 의식에 들어가기에 앞서 스승(guru)의 도움을 받아 장소와 길상스런 날짜와 시간을 선택해야 한다. 이 의식은 바이라비(bhairavī, 여성 구루)로 부터 전수받는 것이 바람직하다. 딴뜨라 수행자들은 이 의식이, 방해받지 않고 오염되지 않고 수행적 분위기를 갖춘 한적한 곳에서 실행되어야 한다는 것을 강조한다. 올바른 분위기를 조성하기 위해서 먼저 목욕을 하고 정갈한 옷을 입은 후 경배의 자세로 앉아서 꽃이나 그 외의 의식 재료를 공양해야 하는데 그것은 니야사와 브후따 슛디(bhūtaśudhi, 몸과 요소의 정화)에 따라 실행된다. 좌도 수행(vāmācāra)에서는 이와 관련된 가르침을 문자 그대로 실행하지만 우도 수행(dakṣiṇācāra)은 그것을 비유적인 의미로 받아들인다.

빵짜마까라(오마사) 의식에서, 나체로 있는 여성은 더 이상 살과 피로 된 몸이 아니라 여신(女神), 다시 말해서 우주의 근원적 힘이 구현된 샥띠로 숭배된다. '신성이 전이된 존재는 현실과 유리된 저 높은 곳에 있는 창백한 존재가 아니라 우리가 보고 만질 수 있는 바로 이 세상 안에 있다.' 남성과 여성은 모두 완벽한 평정 상태로 하나가 되는 우주적 드라마의 일부분이다. 남성과 여성이 주고받는 몸짓은 사유와 감정을 서로 보충해주는 움직임이며 여기엔 추상적인 것이 들어갈 여지가 없고 그 대신 '만질 수 있는 인간으로서의 지속적인 유대만'이 있을 뿐이다. 따라서 여성이 여신으로 성육화되는 것을 경험하는 것은 '다른 방식으로는 절대로 볼 수도 없고 느낄 수도 없고 이해될 수도 없는 실재' 바로 그 실재가 무엇인지를 직접 보고, 느끼고, 알게 해주는 아주 특별한 계시로 간주된다.

'남성과 여성은 각자 서로에게서 자기 자신과 조우한다. 그 과정에서 그들은 점점 더 완벽하게 각자의 내면에 있는 자아와 연결된다. 성적인 요가 체위(성교) 과정의 절정에서 행하는 다양한 의식적 행위들을 통해 서로에게서 '자기 자신을 보는' 지속적인 행위는 결국 두 사람을 모두 정체불명의 인간으로 만들고 그 속에서 그들 각자의 개인적 에고는 공동의 목표를 위해 녹아 사라진다. 의례의 심상화 과정을 통해서 달인들은, 변증법적 원리로 대변되는 남성과 여성 모두가 '원'(圓)이라는 상징과 유사한 '통일성에 대한 존재론적 자각'을 성취할 때 신성에 몰입된다. "그가 나이다(so 'ham)" 혹은 "그녀가 나이다(sāham)", 왜냐하면 '나와 당신의 차이가 없기 때문이다.'[11]

성 에너지는 하타요가(haṭhayoga)에 의해서도 발현될 수 있고 또 연화좌(padmāsana), 달인좌(siddhāsana), 요니좌(yonyāsana), 라뜨야좌(ratyāsana)와 같은 체위들 그리고 바즈롤리(vajrolī), 사하졸리(sahajoli), 요니(yonī), 케짜리(khecarī), 아쉬위니(aśvinī), 마하무드라(mahāmudrā)와 같은 중요한 무드라(mudrā)에 의해서도 가능하다. 또한 회음부를 조이는 반드하(bandha)에 의해서도 가능한데 가장 효과적인 것은 웃디야나 반드하(uḍḍiyānabandha)와 물라반드하(mūlabandha)이다.

엘리아데(Mircea Eliade)는 그의『요가: 불멸성과 자유』에서 다음과 같이 말한다.

> 바로 이것은 하타요가 수행자들이 '해'와 '달'을 결합시켰을 때 하는 그것이다. 여러 차원에서 역설적인 일들이 동시에 일어난다. 샥띠(=꾼달리니)가 사하스라라 짜끄라에 있는 쉬바와 합일함으로써 요가 수행자는 우주적 진행과정을 거꾸로 돌리고, 태초의 전체성이라는 무차별적인 통합 상태로 회귀한다. '생리학적으로 보자면' 달과 태양의 결합은 쁘라나(prāṇa)와 아빠나(apāna)의 '결합'을 상징하는데 바로 이 쁘라나와 아빠나의 결합은 '호흡이 하나로 합쳐짐으로써', 즉 호흡이 멈춰짐으로써 성취된다. 마지막으로 성적 결합은 바즈롤리 무드라로써 '정액을 회수한다'.[12]

일반적으로 몸에 있는 가장 귀중한 피가 남녀의 생식 기관을 만들고 그리고 바로 그것에서 무한한 힘 오자스(ojas, 精)가 몸에 생성된다고 말해진다. 바로 이 '생명력'(élan vital)은 한 생명이 살아 있는 동안 저장되는데, 바로 이 생명력(ojas)에 의해서 소우주이자 대우주로서의 인간 구조가 그 실체를 드러낸다.

비베까난다(S. Vivekananda)는 말한다.

> 요가 수행자들은 인간의 몸에 있는 생명력 중 최고의 것을 '오자스(ojas)'라고 부른다. 바로 이 오자스는 뇌에 저장되어 있는데 뇌에 오자스가 많으면 많을수록 인간은 더 강하고 더 총명하며, 영적인 힘도 더 강력하다.[13)]

미쉬라(Mishra) 박사는 다음과 같이 말한다.

> 혈액 속에서 끊임없이 나오는 내분비선의 분비물들이 오자스 샥띠(ojas śakti)를 만든다. 호르몬 에너지의 정수(essence)가 오자스이다. 오자스에는 두 종류가 있는데 빠라 오자스(parā ojas)는 심장으로 공급되는 것이고 아빠라 오자스(aparā ojas)는 혈관을 따라 끊임없이 순환하며 몸 전체에 자양분을 주고 정신적인 질병과 육체적 질병들을 치유하는 것이다.[14)]

아사나(āsana, 성교 체위)는 몸과 마음을 통제해서 심령적 에너지(psychic energy)가 나디(nāḍī)를 비롯한 생리적인 기관 속에서 자유롭게 순환할 수 있게 해주는 수단이다. 통합적인 명상적인 방법에 의해 존재 상태가 변혁되고 바로 이것에 의해서 그 속에 있는 낡은 이원성이 사라지고 인간은 완전히 새로운 존재로 태어난다. '성욕과 영성은 한 에너지가 지닌 양 극단이다.' "딴뜨라의 성적 결합은 우주 전체와 사랑에 빠지는 것이고 이것은 자기 자신을 우주 전체에 완전히 내주는 것이다"라고 라즈니쉬(Rajneesh)가 말했듯이 우리는 자기 자신을 내버림으로써 여성이 되고 그리고 우리 영혼의 심연에 있는 바로 이 여성성은 '유일성이라는 완벽한 체험'으로 용해되고 초월한다. 그리고 엄청난 에너지가 방출된다. 딴뜨라의 관점에서 보면 완벽한 상태의 인간이란 남녀가 한 덩어리로 융합된 존재이다. 남녀가 분리될 수 없다는 근본적인 통일성을 자각할 때 환희(ānanda)의 경지, 즉

그림Ⅸ. 자신의 '여성적 원리인 반야'와 결합한 금강. 꾼달리니라는 에너지는 일반적으로 위에서 아래로 흐르는 것이지만 꾼달리니 요가는 그 흐름을 바꾸어 꾼달리니를 위로 끌어올려서 최종적으로 우주적 의식(쉬바)과 합일하게 한다. 바로 이 궁극적 환희(ānanda)의 경지는 남성과 여성, 에너지와 의식, 쉬바와 샥띠와 같은 이원성을 초월한 상태이다. 티벳, 19세기경, 헝겊에 채색(사진: Ajit Mookerjee)

그림Ⅹ. 까메쉬와라(kāmeśvara)와 까메쉬와리(kāmeśvarī)로서의 쉬바-샥띠가 절반은 남성이고 절반은 여성이라는 자웅동체적 모습.
이것은 남성과 여성적인 원리와 그 속성들이 심리적으로 하나가 되었다는 것을 의미한다. 파하리 화풍, 18세기경, 종이에 채색(사진: C. L. Bharany, New Delhi)

그림 Ⅺ. 딴뜨라적인 아사나(체위). 성적인 결합이라는 의식을 통해서 성적인 에너지는 영적인 차원으로 전환된다. 깡그라 학파, 1850년경, 종이에 채색(사진: C. L. Bharany, New Delhi)

그림IX

그림 X

그림 XI

무한한 즐거움 혹은 끝없는 축복에 이를 수 있다. 바로 이 환희의 경지는 인간이 경험할 수 있는 것 중 해탈에 가장 가까운 것이다. 꾼달리니 샥띠의 각성이라는 신비로운 과정에 의해서 인간 내부에 있는 생명력은 잠재 상태에서 완전히 깨어난다.

『딴뜨라의 길(의례)』은 다음과 같이 말한다.

> 변혁을 이루고 영적으로 완전히 새롭게 태어난 사람에겐 더 이상 욕망이 남아 있지 않다. 따라서 자기 외적인 모든 것들은 수행 상황에 필요한 것 혹은 수행력을 일으키는 힘일 뿐이다. 그것들은 전체 속에서, 그 안에 있는 다른 부분들을 '연결시키는 것'일 뿐 그 이상의 것이 아니다. 그리고 "내 몸 밖에 있는 여인이 무슨 소용이 있을까? 이미 내 안에 여인이 있는데……"라는 딴뜨라의 가르침대로 궁극적 목표를 성취하는데 필요한 수단은 그것이 아무리 높다 한들 모두 우리 내면에 있는 것이다. 꾼달리니가 각성되었을 때 바로 그 꾼달리니, 즉 '내면에 있는 그 여인'은 수행자의 몸 안에서 '수백만 개의 번갯불처럼' 빛난다. 그러면 그는 반사된 모든 것처럼 그 자신이 빛난다고 생각할 것이다. 그는 그렇게 반사된 모든 객관적인 세상이 자기 안에서 파도처럼 출렁인다고 생각할 것이다.[15)]

이와 같은 결정적인 체험은 우리의 영적 삶에서 가장 중요한 순간 중 하나이다. 내면적인 수행과 신체적 수행은 모두 필수적인 것이다. 그 이유는 이미 오래 전부터 요가 수행자는 몸과 마음을 수련함으로써 우리가 살고 있는 '힘의 망'을 새롭게 이해하게끔 해주는 진실을 알았기 때문이다.

때때로 환각제를 사용하는 것도 원하는 결과를 얻게 해주는 것으로 묘사되었다. 스와미 사뜨야난다(Swami Satyananda)는 약초를 사용하는 것도 적절하다는 것을 언급한다.

> 요가 문헌에 따르면 의식을 각성시킬 수 있는 네 번째의 방법은 약초를 사용하는 것이다. 하지만 산스끄리뜨어 아우샤디(auṣadhi)를 마약으로 [이해해서는] 안 될 것이다. 약초를 통해서도 부분적인 각성이나 혹은 완전한 각성을 일으킬 수 있다. 다시 말해서 약초로써 이다(iḍā)와 삥갈라(piṅgalā)의 각성과 같은 부분적인 각성을 이룰 수 있고 또는 수슘나의 각성과 같은 완

젊은 수행자인 쉬바가 대마 잎으로 독한 환각제(bhāṅg)를 만들고 있다. 깡그라 화풍, 1850년경, 종이에 채색(사진: B. Sharma, New Delhi)

전한 각성도 이룰 수 있다. 이것이 아우샤디로 알려진 것이다. 하지만 이와 동시에 염두에 두어야 할 것은, 인간에 있는 잠재력 혹은 생명력을 깨우는 데 사용될 약초는 오직 스승에 의해서 전수되고 스승의 도움으로 실행되어야 하지 스승 없이 해서는 안 된다고 말해졌다는 것이다. 왜냐하면 어떤 약초는 이다(iḍā)를 각성시키기도 하고 또 어떤 약초는 삥갈라 만을 각성시키고 또 어떤 약초는 이다와 삥갈라의 기능을 정지시켜 사람을 곧바로 정신병원으로 보낼 수 있기 때문이다. 따라서 아우샤디, 즉 약초를 이용한 각성은 위험 부담이 클 뿐만 아니라 효과가 신속하기는 하지만 신뢰할 수 있는 방법이 아니다. 오로지 약초는 전적으로 신뢰할 수 있고 또 특히 이 분야에 정통한 사람에 의해 전수되어야만 한다.[16]

쁘라나적 에너지로 충만해 있는 것으로 보이는 약초들을 선구적으

그림 XII

로 탐구하는 것은 도전정신으로야 높게 평가될 수 있겠지만 준비되지 않은 사람이 의식 상태를 변형시킬 요량으로 이것을 사용한다면 여러 가지 문제가 발생할 것이라는 것은 불 보듯 뻔하다.

> 약물에 의해 도달된 상태의 경우 특히 처음의 몇 경우, 여행은 대단히 통제하기 어려운 것으로 보였다. 어떤 사람은, 자신이 내면에서 멀리 떨어진 어떤 외진 곳에 버려졌다는 것을 느끼게 되는데 다시 되돌아갈 기회조차 없거나 혹은 심지어 중재할 수 있는 지역조차 발견하기 힘들었다.
>
> 약물은 그의 자각을 빼앗고 말하자면, 그를 알지 못하는 의식의 영역으로 내동댕이친다. 적절한 준비가 없다면 여행자는 완전히 방향을 상실할 것이다…… 마지막으로 말할 수 있는 것은 약물을 이용한 여행의 경우, 지속 시간이 한정되어 있다는 것이다. 언제나 내려가거나 혹은 되돌아오는 것을 반복할 뿐이다.[17)]

최상의 체험은 깊은 감정적 공명이 일어날 때 그리고 성교할 때의 상호 교감 혹은 아이를 출산할 동안에 일어날 수 있다. 이러한 상황에서 사람은 개인적 한계를 초월할 수 있고 순간적으로나마 꾼달리니가 각성됨으로써 동일성이라는 느낌을 경험할 수 있다. 하지만 성교와 출산이 최적의 상황에서 일어나고 또 우주적 특질을 가진다 해도 여기엔 다소간 애매한 구석이 있다. 성교를 하는 동안 배우자는 어렴풋하게나마 우주적 합일감을 경험할 수 있고 또 그들이 독립된 개체라는 느낌을 초월할 수 있다. 하지만 이와 동시에 성적인 결합은 새로운 개체 의식을 낳고 그녀 혹은 그를 우주적 의식과 유리시켜 개인성과 소외성을 증가시키는 방향으로 전개될 수 있다. 이와 유사하게 엄마는 아이를 출산하면서 우주적 감정을 경험하지만 신생아는 출산의 고통과 엄마로부터 분리라는 정신적 외상에 맞닥뜨리게 된다. 여기에 수반된 정서적인 고통이나 육체적인 고통은 그녀 혹은 그가 태아 상태에서 경험했던 미분화된 우주 의식으로부터 새로운 개체를 소외시키는 결정적 요인이 된다.[18)]

명상 수행가가 취하는 여행 역시 동일한 공간을 포함하는 것으로 보이지만 여기서의 여행은 한층 더 점진적이고 보다 더 명상가 자신

그림 XII. 천 개의 연꽃잎으로 상징되는 사하스라라 짜끄라에서 쉬바와 샥띠가 결합한 모습.
딴뜨라에서 핵심적인 개념은 궁극적 실재가 단일체이고 분리될 수 없는 전체라는 것이다. 우주적 의식으로서의 쉬바와 그의 힘 샥띠는 결코 분리될 수 없다. 왜냐하면 바로 이것이 남성적인 원리와 여성적인 원리라는 한 쌍을 산출했기 때문이다.
꾼달리니 요가에 대한 두루마리 그림에서 확대한 부분. 라자스탄, 18세기경, 종이에 안료(사진: Ian Wichers, Hamburg; Tokyo Gallery, Tokyo)

사하스라라 짜끄라: 꾼달리니 요가에 대한 도해 사본에서 확대한 부분.
라자스탄, 1800년경, 종이에 채색(사진: Ian Wichers, Hamburg; Tokyo Gallery, Tokyo)

의 통제대로 진행되는 것이다. 여행은 당연히 느리게, 보다 체계적으로 이루어질 때 명상을 통해 자신이 얻은 통찰에 더 쉽게 동화될 수 있다. 실제로 이러한 종류의 통합은 수년에 걸쳐 거의 자동적으로 일어난다. 이 경우엔 어떤 화학 약물을 사용하지 않았으므로, 체계적인 명상은 의식을 전환하는 화학적 수단을 사용하는 경향을 감소시키는 결과를 낳았고 명상은 일반적으로 보다 순수한 여행을 가능케 하는 것으로 간주되었다.[19)]

서양의 연구가인 슈바르츠(Schwartz, Gery E.)는 약물의 문제점을 다음과 같이 말했다.

> 만뜨라 명상을 계속하는 사람의 경우 그들의 일상생활에서 인격적인 완성도가 분명하게 증가했다는 증거가 발견되었다. 예를 들어 한 연구서는 이러한 종류의 명상을 실습하면서 약물을 사용한 집단의 83%가 약물의 사용을 포기했다는 보고가 있다.[20)]

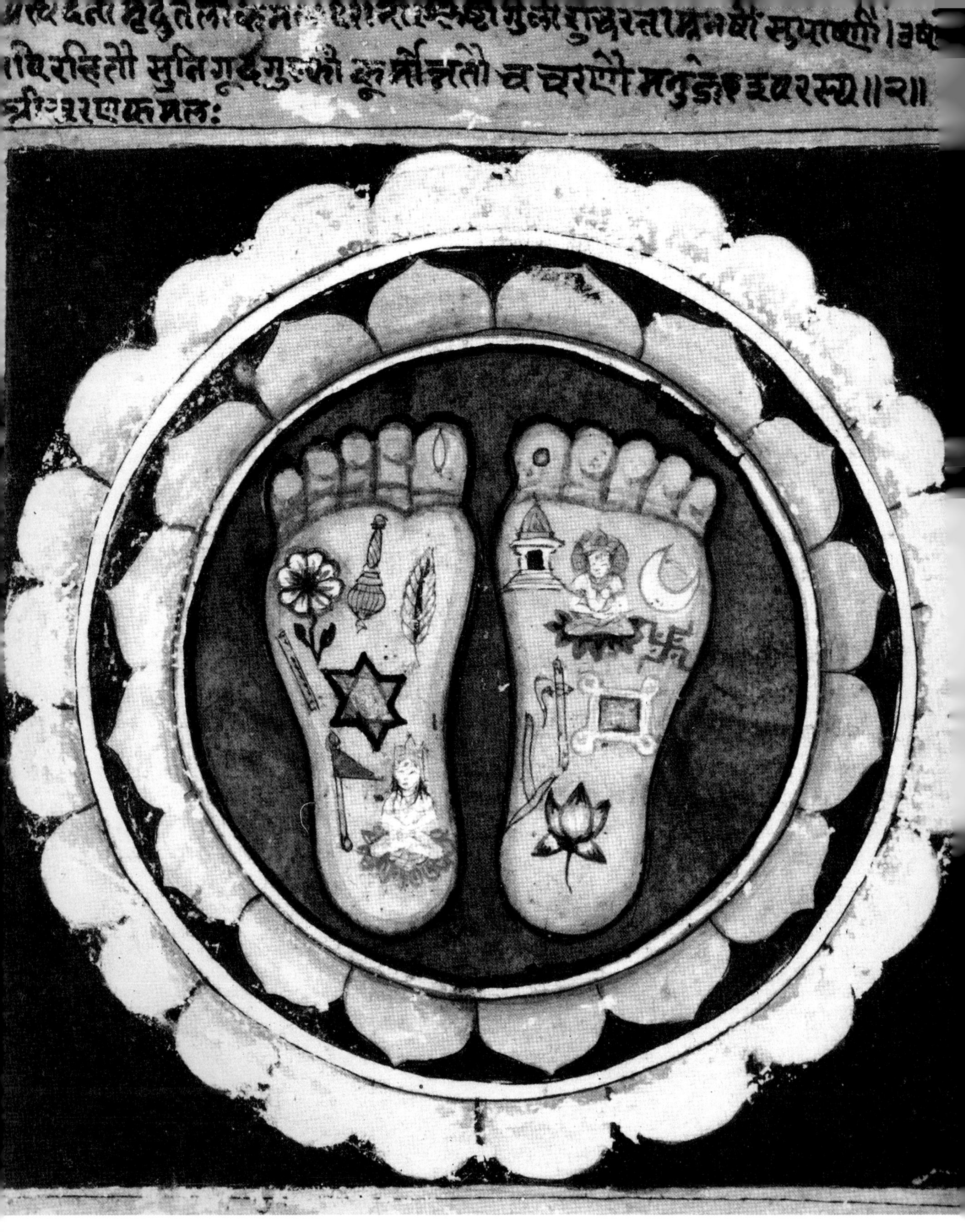

V. 전통적인 설명과 임상으로 살펴본 꾼달리니 현상

यावन्नैव प्रविशति चरन्मारुतो मध्यमार्गे
यावद् बिन्दुर्न भवति दृढः प्रणवातप्रबन्धात् ।
यावद् ध्याने सहजासदृशं जायते नैव तत्तवं
तावञ्ज्ञानं वदति तदिदं दम्भमिथ्याप्रलापः ॥११४॥

기(氣, māruta)가 중앙의 길(수슘나)로 흘러 들어가지 않는 한
기(prāṇa)를 통제해서 정(精)이 고정되지 않는 한
삼매를 통해 본연의 상태에 대한 진리를 체득하지 못하는 한
그런 자가 지혜를 말하는 것은 위선이고 거짓이고 헛소리일 뿐이다.

『하타요가의 등불』(*Haṭhayogapradīpikā*) 제4장 114송

꾼달리니가 짜끄라를 하나씩 관통하면서 상승할 때 몸과 마음에도 특별한 증후가 나타난다. 요가 수행자들은, 꾼달리니가 각성되기 전에 몸이 흔들리고 또 전류가 수슘나(suṣumnā)로 흐르듯이 엄청난 열이 폭발한 것 같다고 묘사하였다. 또한 꾼달리니가 상승하는 동안엔 폭포수와 같은 소리, 벌이 윙윙거리는 듯한 소리, 종소리, 피리소리, 방울이 딸랑거리는 소리와 같은 것이 내면에서 들린다고 말한다. 머리는 아찔해지고 입 안엔 침이 고이기도 하는데 이와 같은 현상은 요

비슈누(Viṣṇu)의 발. 힌두의 비밀스런 전통에서는 발꿈치와 엄지 발가락에 미세한 통로들이 있는데 이것은 척추 속에 있는 나디(수슘나, 역주)에 비견될 만큼 중요한 것이다. 발꿈치와 엄지발가락에 있는 통로를 통해서 근원적인 에너지는 체내로 들어간다. 라자스탄, 18세기경, 종이에 안료(사진: Ian Wichers, Hamburg; Tokyo Gallery, Tokyo)

가 수행자가 가장 깊고 미세한 내면의 소리, 즉 부서지지 않는 소리(anāhatanāda)를 들을 수 있을 때까지 계속된다. 눈을 감은 상태에서 수행자는 빛으로 이루어진 점(點)이나 불꽃, 기하학적 형상 등 다양한 형태를 보게 되고 마지막 단계에서 이 모든 것들은 가장 밝고 순수한 내면의 빛으로 용해된다.

전통적인 방법으로 꾼달리니 요가를 실천하고 있는 현대의 요가 스승 드흐야나 요기 마드후수단다스(Dhyānayogi Madhusudandas)는 수행자가 경험할 수 있는 무수한 징후와 증상을 다음과 같이 열거한다.

> 척추 안에서 뭔가가 스멀스멀 기어가는 느낌, 몸 전체에서 따끔거리는 느낌, 머리가 무거워지거나 혹은 아찔해짐을 느끼기도 하고 또 무의식적으로 웃음이나 울음이 나오기도 한다. 이상한 소음을 듣거나 또는 신이나 성자의 모습을 보기도 하며 천국에서 지옥에 이르기까지 꿈에서나 볼 수 있음직한 광경들이 꿈속의 화면처럼 나타난다.
>
> 육체와 관련된 증상으로는 복부 벽이 편평해지고 척추 쪽으로 당겨지고, 설사나 변비가 생길 수도 있고, 항문이 수축되어 안쪽으로 끌려 들어가고, 턱이 당겨져 목을 압박하기도 한다. 눈동자가 위로 향하거나 혹은 빙빙 돌기도 하며, 몸이 앞으로 혹은 뒤로 젖혀지는 경우도 있고 심지어 바닥에 뒹구는 경우도 있다. 실제로는 아주 가늘게 호흡하고 있는 것이겠지만 마치 호흡이 완전히 멈춘 것처럼 느껴지기도 한다. 마음이 비워지기도 하고 어떤 때는 자신의 몸을 위에서 내려다보는 목격자(witness)가 되기도 한다. 숨(prāṇa)이 두뇌 혹은 척추 속으로 흐르는 것을 느낄 때도 있다. 때로는 저절로 만뜨라와 노래를 읊조리거나 혹은 단순히 웅얼거리는 경우도 있다. 어떤 때는 아무리 눈을 뜨려고 해도 눈이 떠지지 않는 경우도 있다. 몸이 저절로 빙빙 돌거나 사방으로 꼬이기도 한다. 때때로 가부좌 자세에서 개구리처럼 뛰어오르기도 하고 뱀처럼 바닥을 기기도 한다. 어떤 때는 자신이 알고 있거나 혹은 전혀 모르는 요가 체위를 취하기도 하고 때로는 심지어 그가 춤을 전혀 모를지라도 고전적, 형식적 무용 패턴대로 손가락을 움직이기도 한다. 어떤 경우엔 방언을 내뱉기도 한다. 어떤 때는 몸이 마치 공중으로 떠오르거나 혹은 땅 속으로 깊이 가라앉았다고 느끼기도 한다. 또한 몸이 거인처럼 거대하게 커지거나 혹은 극도로 작아진 느낌을 가질 수 있고 몸이 흔

들리거나 떨거나 혹은 절룩거리기도 하고 혹은 돌처럼 단단해질 수도 있다. 때로는 눈을 감은 상태에서 눈썹을 찌푸리거나 얼굴을 찡그릴 수도 있다.

어떤 때는 식욕이 왕성해지고 어떤 때는 그 반대로 음식에 대해 혐오감을 느끼기도 한다. 심지어는 명상할 때가 아니라 일상생활에서도 온 몸에 있는 쁘라나 샥띠의 움직임을 느끼거나 혹은 가벼운 진동을 경험하기도 한다. 온 몸이 쑤실 때도 있고 또는 열이 오르거나 반대로 내리기도 한다. 경우에 따라서는 노곤해지고 만사가 귀찮아질 때도 있다. 때때로 명상 중에 소라 고동 부는 것과 같은 소리나 새소리 혹은 종치는 소리를 듣기도 한다. 명상을 하면서 마음속에 어떤 의문이 일어나기도 하지만 거의 자동적으로 답이 떠오르기도 한다. 경우에 따라선 혀가 입천장에 달라붙거나 혹은 목 안으로 빨려 들어가거나 또는 반대로 입 밖으로 내밀기도 한다. 침이 줄줄 흐르거나 혹은 반대로 침이 분비되지 않기도 하며 목구멍이 마르거나 혹은 바짝 타기도 한다. 턱을 끌어당기게 되고 또 시간이 조금 지나서는 그것을 풀기도 한다. 앉아서 명상하는 도중에 하품을 시작하기도 하며, 머리가 몸과 분리된 느낌을 가지거나 머리가 없어진 느낌을 받기도 한다. 어떤 경우엔 눈을 감은 상태에서도 자기 주변의 사물을 보기도 하고 다양한 종류의 직관이 떠오르기도 한다. 어떤 때는 자기 자신의 모습을 보기도 하고, 심지어 어떤 때는 자신이 죽어 있는 모습을 보기도 한다.

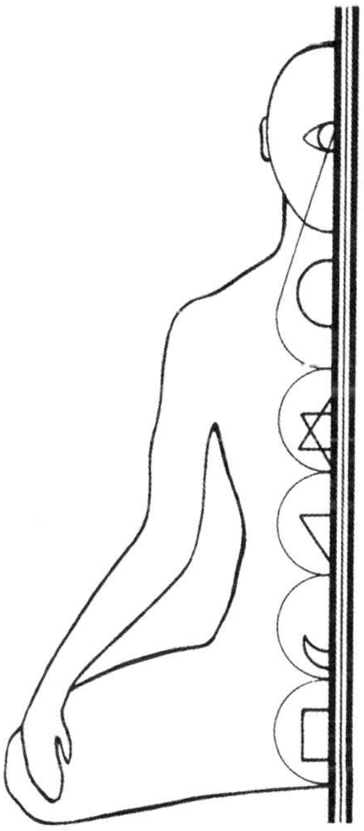

전통적인 설명에 따르면, 꾼달리니 요가를 수행하는 과정에서 일어나는 신체적인 증상은 천골-미저골 신경총이 있는 척추 아랫부분에서 시작해서 천골 신경총과 태양 신경총, 심장 신경총, 후두 신경총, 송과선, 대뇌피질로 이어진다.

이 모든 증상들은 꾼달리니 샥띠가 활동한다는 것을 의미한다. 하지만 모든 사람이 위에서 열거한 증상을 전부 겪거나 혹은 거의 대부분 똑같은 것을 경험하는 것은 아니다. 수행자의 상스까라(saṃskāra, 잠세력), 즉 '과거 행위에서 생성된 정신적 성향'에 따라서 그가 영적으로 진보하는데 필요한 것만을 샥띠가 경험하게 해주는 것이다.

영적인 스승에 의해 요가에 입문했던 스와미 묵따난다(Swami Muktananda)는 그의 자서전적인 이야기를 통해서 자신의 머리가 무거워지고 또 체내에서 열을 느끼고 또 척추 아래쪽의 통증, 무의식적인 운동, 몸 안에서 에너지가 흐르는 것, 비정상적인 호흡, 내적인 빛과 소리, 환영과 환청 그리고 그 외의 기이한 경험들을 묘사하였다.

꾼달리니가 각성되는 과정에서 묵따난다는 극도의 성적 충동을 경험했다는 것을 밝히고 있다.

매일매일 새로운 행위(kriyā)와 새로운 경험을 했다. 하루는 온몸과 감관이 온통 성적인 욕망에 사로잡히게 되었다…… 그때 나는 수끼(suki)에 있는 오두막에서 명상을 하고 있었는데, 명상 속에서 붉은 빛을 보았다. 행복했다. 그리고서 한참 명상하던 도중에 무척이나 창피스러운 일(kriyā)이 일어났다…… 명상을 하면서 느꼈던 사랑의 마음과 몰입감은 사라지고…… 그 대신 주체할 수 없는 성적 욕망이 밀려왔고…… 섹스 외에는 아무 것도 생각할 수 없었다. 온몸이 성욕으로 끓어올랐는데 지금도 그 고통을 설명할 수 없다…… 내 몸을 좀 더 허약하게 그리고 몸을 마르게 해야겠다는 결심으로 우유 마시는 것을 중단했고 물의 섭취도 줄였다. 하지만 밤에는 마음에서 일어나는 동요로 인해 도무지 잠을 이룰 수 없었다…… 누구에게도 알리지 않고 동쪽으로 길을 나섰다. 그리고서 엘로라(ellora) 근처의 그흐리쉬네쉬와라(ghrishneshvara)로 불리는 신성한 곳으로 향하던 중 나가드(nagad)라는 마을에 이르렀다…… 밖에서 두리번거리고 있을 때 두 눈은 작은 오두막(sādhanā)에 멈춰졌다. 그곳은 예전부터 요가 수행자가 예배를 드렸던 곳이었다…… 그 오두막 안으로 들어섰을 때 곧바로 두 발이 겹쳐져 연화좌를 취하게 되었고 그리고서 명상을 하기 시작했다. 사랑스런 붉은 아우라(aura)가 눈앞으로 다가왔고 그리고서 내면에서는 "저 벽장을 열고 그곳에 있는 책을 읽어라"라고 종용하고 있었다…… 나는 그 책을 꺼내서 펼쳐보았다. 나에게서 일어났던 바로 그 행위(kriyā)들을 묘사한 부분을 읽었을 땐 너무도 행복했다. 그 순간 모든 번민과 혼동 그리고 근심은 사라졌다…… 예배를 하기 위해 이곳에 며칠 더 머물렀다.

이제 나는 안다. 성욕이 일어나는 것이 바로 환정(煥精, ūrdhavareta)의 과정, 즉 '성욕이 정의 힘을 모아 샥띠의 길(śaktipāt, =수슘나, 역주)로 보내는 과정'과 관련된다는 것을…… 꾼달리니가 스와드히스타나 짜끄라를 통과할 때 엄청난 성적 욕망이 밀려오지만 그것은 '성적 에너지의 흐름을 위로 돌리게 하고' 결국 그럼으로써 수행자에게 남아 있는 욕망을 영원히 파괴하기 위해 일어나는 현상이다.[21]

반대쪽 그림: 무의식의 단계에서 상대적인 의식을 지나 우주적 의식에 이르기까지의 상승도

근래의 또 다른 자전적 기록으로는 고삐 끄리쉬나(Gopi Krishna)를 들 수 있는데, 그는 영적으로 준비되지 않은 상태에서 혹은 스승

의 도움 없이 저절로 꾼달리니가 각성되었을 때의 체험을 묘사하고 있다. 어느 날 그는 명상을 하며 고요히 앉아 있을 때 척추의 제일 아래쪽에서 이상야릇하고 유쾌한 느낌을 느끼게 되었다. 이 자극은 폭포수와 같은 굉음과 함께 투명한 빛줄기가 척추를 타고 그의 머리로 들어와 그의 모든 의식이 '빛의 바다로 몰입'될 때까지 계속해서 반복되었다. 하지만 그 후에는 불안과 고통이 뒤따랐고 수년 동안 고삐 끄리쉬나는 환영과 빛 그리고 몸과 마음의 고통을 계속해서 경험했다. 그는 한 예를 그의 『꾼달리니』에서 다음과 같이 묘사하였다.

매순간 열은 상승하였고 참을 수 없는 고통 때문에 온 몸과 얼굴은 식은 땀으로 범벅이 된 채 몸부림쳤고 온몸이 이곳저곳으로 뒤틀렸다. 하지만 열은 계속 오르고 마치 빨갛게 달아 오른 수많은 쇠못들이 내 몸을 관통하듯이 곧 이 열들은, 날아다니는 불똥처럼 몸속의 내장과 세포 조직을 태우고 끓일 것 같았다. 가장 심한 고문이 시작될 때는 침대에서 떨어지지 않기 위해 또 비명을 지르지 않기 위해 두 주먹을 꽉 쥐고 입술을 깨물었다. 심장의 박동은 더 증가하고 더 격렬해져 거의 발작 상태처럼 되었을 때는 이제 곧 심장 박동이 멈추거나 혹은 폭발할 것처럼 느껴졌다. 살과 피는 이와 같은 압력을 못 이겨 한 순간에 괴멸될 것 같았다. 그것은 마치 신경계로 퍼지고 뇌로 흘러들어가는 맹독과 처절하게 싸우는 몸을 생각하는 것이 더 수월하게 이해될 것이다. 하지만 이 싸움은 너무도 일방적인 것이고 그 광폭함은 몸을 완전히 해체시킬 만큼 치명적인 것이어서 결국엔 내가 파멸될 것이라는 것에 대해서는 일말의 여지조차 가질 수 없었다. 장기와 신경계 등 체내의 모든 기관들은 무시무시하게 교란되었고 너무나 급박하고 고통스러워서 어떻게 이 맹공으로부터 냉정함을 유지할 수 있을지조차 떠오르지 않았다. 신체 안에서 불타는 이 폭발의 격류로 인해 예민한 몸 구조 전체가 불타고 괴멸되었다.

그는 이와 같은 악몽 이후의 일에 대해서 말한다.

꾼달리니가 있는 자리에서 발산된 생명력의 불꽃은 줄어들지 않았고 귀에는 기이한 소리를 채우고 머리엔 기묘한 빛을 채우면서 신경계를 거쳐 온몸 구석구석으로 퍼져 나갔다. 하지만 이번의 흐름은 뜨겁거나 태우는 것이 아니라 따뜻하고 기분 좋은 것이었고 이 흐름은 정말로 기적과 같이, 고통받았던 세포와 장기를 어루만지고 원기를 보충시켰다……

마음의 눈으로 나 자신을 볼 때마다 '끊임없이 진동하고 있는, 내 머리 안팎에 있는 환한 빛'을 본다. 그 빛은 마치 극도로 미세하고 빛나는 물체가 분사된 것처럼 척추를 타고 위로 오르면서 두개골로 퍼져 형언할 수 없는 빛으로 두개골을 채우고 감싸고 있다. 이 빛나는 광륜(光輪)의 크기와 광도가 늘 일정한 것이 아니다. 이 빛은 가득 차기도 하고 기울기도 하고 또 빛날 때도 있고 조금 어두워질 때도 있고 또 그 색깔이 은색에서 금색으로 또는 그 반대로 바뀌기도 한다. 이 빛이 커지거나 혹은 더 밝아질 때는 귀에서 들리던 기이한 소리, 다시 말해서 한 번도 귓가를 떠나지 않았던 바로 그 기이한 소리도 점점 커지고 강렬해진다. 마치 이해할 수 없는 어떤 것이 나의 관심을 끌려고 하는 것 같다. 이 광륜의 모양도 정지된 것이 아니라 끊임없이 움직이는데 춤추고 뛰어오르거나 소용돌이치거나 혹은 휘감기기도 하는데 마치 비물질적인 어떤 것의 빛나는 입자, 헤아릴 수 없을 정도로 많은 미립자로 이루어진 빛나는 것이 위 아래로, 이쪽저쪽으로 움직이고 원으로 결합되어 나타나기도 하고 빛이 가물거리는 웅덩이처럼 나타나기도 한다.[22)]

라마끄리쉬나(Rāmakṛṣṇa)는 여성 구루 브라흐마니(Brāhmaṇī)의 지도로 꾼달리니 요가를 수련했고 의례를 올리면서 약속받았던 바를 3일 만에 이루었다. 그는 자신의 경험을 깡충깡충 뛰는 것, 밀어 올리는 것, 지그재그로 움직이는 것으로 표현했다. 그는 꾼달리니가 상승한다는 것을 곧바로 알아차렸는데 훗날 그는 제자들에게 꾼달리니의 다양한 움직임을 물고기 같은 것, 새와 같은 것, 원숭이와 같은 것 등등으로 설명했다. 그는 자신의 체험을 토대로 짜끄라를 다음과 같은 방식으로 표현한다.

경전들은 일곱 개의 의식 센터(=7개의 짜끄라)가 있다고 한다. 마음이 세속적인 것에 집착하고 있을 때 의식은 낮은 차원의 신경총 즉 미저골, 천골 그리고 태양 신경총에 머물게 된다. 여기에서는 고귀한 이상이나 순수한 사유가 존재하지 않는다. 아직까지는 욕망과 탐욕에 잠긴 상태이다.

네 번째 의식 센터는 심장부에 있다. 마음이 이 센터로 올 때 영적인 각성이 일어난다. 이 단계에서 인간은 신의 광채를 볼 수 있는 영적인 눈을 가

우주를 미혹시키는 존재로서의 여신(Devī). 여신(Devī)의 大-마야(mahāmāyā), 즉 마법이 만들어 낸 허구적인 '실재'는 명상 수행을 통해서 반드시 극복되어야 한다. 빠하리 Pahari 화풍, 18세기경, 종이에 안료(사진: C. L. Bharany, New Delhi)

지게 되고 또 신의 아름다움과 영광을 찬탄하며 감화하게 된다. 이때부터는 더 이상 세속적인 쾌락을 추구하지 않는다.

다섯 번째 의식 센터는 목 부분에 있다. 마음이 이 단계에 도달하면 인간은 무지와 어리석음에서 벗어난다. 그리고 그는 오직 신과 관련된 것만 이야기한다. 하지만 신과 관련 없는 세속적인 이야기를 듣게 되면 안절부절하게 되고 세속적인 이야깃거리를 회피하게 된다. 마음이 여섯 번째 센터인 눈썹 사이(미간)에 도달하면 인간은 신적인 의식으로 몰입한다. 하지만 여전히 그에게는 자기만의 에고 의식이 남아 있다. 신의 지고한 모습을 보았으므로 그는 실성한 듯 희열에 빠지고 또 신과 더 가까이 있기를 갈망하고 그와 하나가 되기를 갈망한다. 하지만 그에겐 여전히 양자를 구별시키는 에고가 있으므로 합일이 불가능하다. 신을 등불의 불빛으로 비유할 수 있다. 당신은 그 불빛이 지닌 따스함을 볼 수 있고 따라서 그 온기를 느끼려고 하지만 그것을 방해하는 유리 때문에 그것을 잡을 수 없다. 두뇌에 있는 센터가 일곱 번째이다. 이 단계로 상승할 때 삼매가 성취된다. 삼매라는 초월적 의식 속에서 그는 자신과 신이 하나라는 것을 자각한다.[23)]

라마끄리쉬나는 가까운 제자들에게 자신의 꾼달리니 체험을 자세히 설명하려고 했다.

오늘은 한 치의 비밀도 없이 모든 것을 다 털어 놓으려 한다.

그리고서 그는 두 눈썹 사이, 즉 미간을 가리키며 말했다.

마음이 이곳에 도달할 때 삼매가 일어나고 그 속에서 최고의 자아를 직접적으로 알게 된다. 하지만 이 단계에서도 '최고의 자아'와 '개인적 자아'를 구별 짓는 얇고 투명한 막이 남아 있다. 그 후에 수행자가 경험하는 것은……

이와 같이 말한 후 자아실현에 대해 자세히 설명하려는 바로 그 찰나에 라마끄리쉬나는 삼매에 빠져들었다. 삼매에서 깨어나 그는 다시 최고의 자아를 설명하려 했지만 그 순간 그는 재차 삼매에 몰입하고 말았다. 몇 번이나 이와 같이 시도했지만 끝내 설명할 수 없게 되자 그는 울음을 터트리며 말했다.

모든 것을 다 말해주고 싶은데…… 어떤 것도 감추지 않고 다 말해주고 싶은데……

하지만 그는 결국 설명할 수 없었다.

사라다난다(Saradananda)는 『위대한 거장, 라마끄리쉬나』에서 다음과 같이 옮겨 적고 있다.

"누가 과연 그것을 말로 설명할 수 있을까? '나와 당신이라는 바로 이 구별 자체가 사라진 상태'를 어떻게 말로 설명할 수 있단 말인가. 그것(꾼달리니)이 이곳(자신의 목을 가리키며)을 넘어선 이후에 내가 경험했던 것을 설명하려고 할 때마다 그리고 내가 목격했던 것을 생각할 때마다 마음이 곧바로 그것에 몰입되어 버리므로 그것을 설명하는 것이 불가능해진다. 마지막 센터인 사하스라라 짜끄라에서 의식과 대상 사이의 구별이 사라진다. 이 상태는 자신의 정체성과 의식의 영역이 '분리될 수 없는 하나의 전체'로 융해된다." [24)]

라마끄리쉬나에게 이 세상 만물은 모두 쉬바와 샥띠(Śiva-Śakti)의 유희로 보였다. 그에게는 물질과 에너지 사이의 장벽이 사라졌고 심지어 한 알의 모래와 한 닢의 풀조차 에너지의 진동으로 보였다. 그에게 우주는 수은 혹은 은으로 된 호수와 같은 것으로 보였고 그의 눈에 우주의 궁극적 원인은 매순간 무한히 많은 우주를 방사하고 있는 거대하고 빛나는 삼각형으로 보였다.

드흐얀요기(Dhyanyogi)는 다음과 같이 말한다.

명상 속에서 모두가 똑같은 현상을 경험하는 것은 아니다. 우리가 하는 명상의 세계에서 그러한 획일성을 찾으려 해서는 안 될 것이다. 각자에게 일어나는 현상은 자신의 잠세력(saṃskāra, 잠재적 인상), 즉 '과거의 행위가 남긴 정신적 흔적'에 따라 그 양상이 다르다. 어떤 수행자는, 꾼달리니가 위로 상승하면서 샥띠빠뜨(śaktipāt, 꾼달리니 샥띠가 흐르는 길, 즉 수슘나, 역주)를 타고 여섯 개의 짜끄라, 즉 연꽃들을 모두 관통한 후 삼매에 들어간다고 말한다. 어떤 사람은 여섯 짜끄라가 관통되는 것을 자각하지 못하기도 하는데 그것은 아마도 끄리야 [요가 수행을 통해 몸 안에서 무의지적으로 일어나는] 샥띠가 아무렇지도 않게 미세하기 움직이기 때문일 것이다. [25)]

명상에 들지 않은 상태에서 꾼달리니가 각성되면 모든 짜끄라들을 한꺼번에 경험할 수 있을 것이나. 왜냐하면 최고의 경지는 그것보다 낮은 체험을 모두 포괄하기 때문이다. 라마끄리쉬나는 말한다.

내가 여섯 살 혹은 일곱 살쯤 되었을 때, 유월인지 칠월인지 가물가물 거리긴 하지만, 하루는 바구니에 든 쌀 튀기를 먹으면서 좁다란 논둑을 걷고 있었는데 하늘을 올려 보니 아름다운 짙은 먹구름이 있었다. 먹구름은 점차 퍼져서 곧 온 하늘을 뒤덮을 태세였고 그것을 배경으로 새하얀 두루미 무리가 머리 위로 날아가고 있었다. 그 광경은 너무나 대비를 이루어 내 마음을

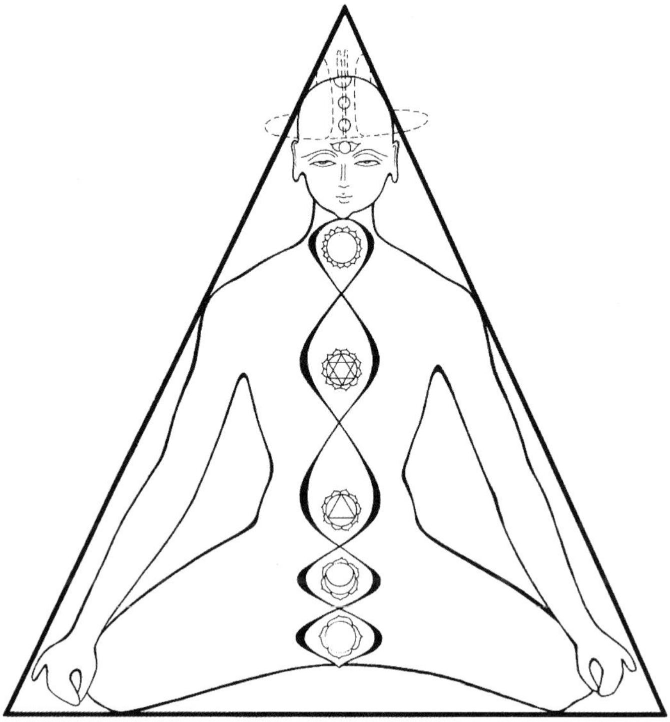

깊은 명상에 몰입해 있을 동안 두뇌의 뇌반구 주위에는 진동하는 자기장이 일어난다.

아주 먼 곳으로 끌어갔다. 정신을 잃고 쓰러졌고 바구니에 든 쌀은 사방으로 쏟아졌다. 몇몇 사람들이 곤경에 빠진 나를 발견하고서 나를 안고 집으로 데려다 주었다. 그때가 처음으로 삼매경에서 의식을 완전히 잃어버렸던 때였다.

라마끄리쉬나의 전 생애를 통해 '신을 자각하는 의식'은 아무렇지도 않게 일어나 그를 삼매로 들게 했다. 만년엔, 마치 낯익은 끄리쉬나 그림에서와 같이 나무에 몸을 비스듬하게 기대고 있는 영국인 소년을 흘낏 보고서도 삼매에 들어 신과 교감하기도 했다.

또 어떤 경우엔 절망을 통해 신비로운 광경을 체험하기도 했다.

라마끄리쉬는 꼴까따(kolkata, calcutta) 북부에 있는 깔리 사원(kālī temple)의 사제가 되었고 영적인 명상을 수련했지만 그는 원하는 것을 이룰 수 없었고 하루는 신성한 어머니, 깔리(Kālī) 여신에게 기도했다.

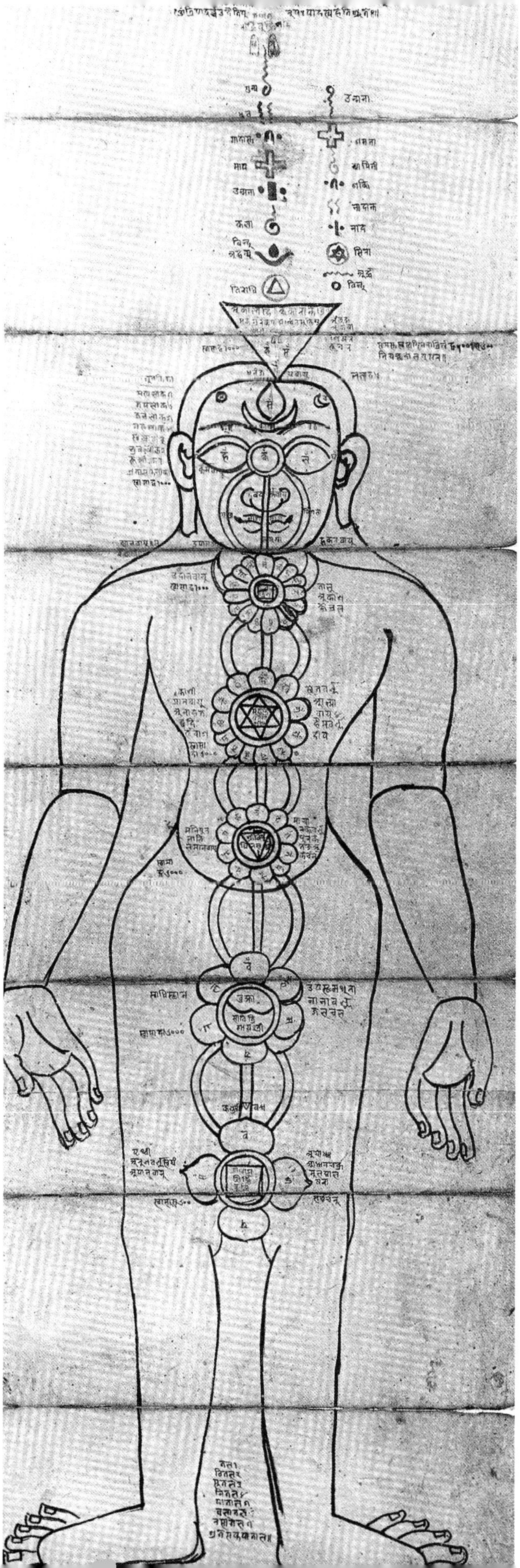

사하스라라 짜끄라에 도달된 이후에 진행되는 단계에 대한 묘사도. 네팔, 19세기경, 종이에 잉크(사진: Arturo Schwarz, Milan)

당신은 진정으로 존재하는 것입니까 아니면 환상일 뿐입니까? 지금 저는 당신을 만날 수 있다고 상상하면서 스스로를 바보로 만들고 있는 것입니까?

그는 육체적 고통과 큰 불안감을 겪기 시작했다.

저는 당신에게서 버림받은 것을 더 이상 참을 수 없습니다. 더 이상 살 가치가 없습니다.

갑자기 그의 시선은 깔리 사원에 있던 칼과 마주쳤다. 생을 끝내겠다고 결심하고 마치 미친 사람처럼 뛰어올라 칼을 움켜쥐었다.

그때 갑자기 정결한 어머니, 깔리 여신이 내 앞에 나타났고 나는 의식을 잃고 바닥에 쓰러졌다. 사원에 있던 건물들과 사원 그리고 모든 것들이 흔적 없이 시야에서 사라졌다. 그 대신 내가 볼 수 있었던 것은 끝없고 무한하고 빛나는 축복의 바다였다. 내 눈으로 볼 수 있었던 것은 빛나는 파도가 사방에서 굉음을 내며 나를 삼켜버릴 듯 미친 듯이 돌진한다는 것이었다. 숨이 찼다. 나는 급류에 휘말려 들어갔고 의식을 잃었다. 내 몸 외부에서 무슨 일이 일어났는지 알지 못한다. 하지만 내 안에서는 완전히 새롭고 희석되지 않는 축복이 끊임없이 흐르고 있었고 나는 신성한 어머니 깔리 여신이 임했다는 것을 느꼈다.

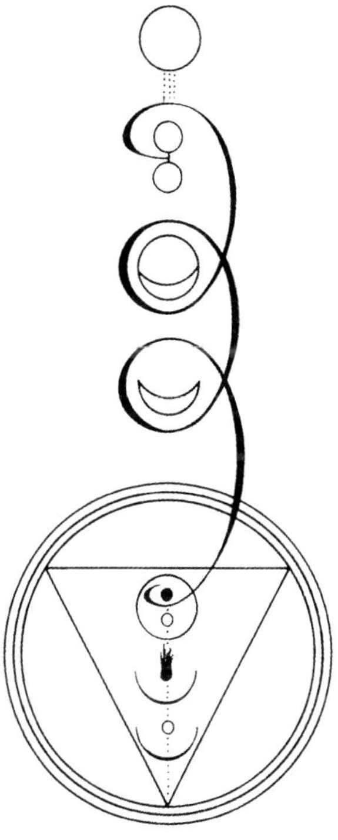

에너지가 변형되는 과정들. 트랜스 버발(trans-verbal), 트랜스 퍼스널(trans-personal) 단계를 지나 공으로 용해된다.

콜린 윌슨은 이것을 다음과 같이 말했다.

장시간의 명상은, 그가 자신의 목표를 잃어버릴 때까지 그의 기력을 소진시킨다. 자살하고자 하는 결심은 '잠들어 있는 생명 에너지가 모두 각성된다는 것'을 본능적으로 알리는 급작스런 신호이다. [26)]

초능력은 꾼달리니 요가를 수행함으로써 나타날 수 있는 현상 중 하나이다. 또한 초능력은 꾼달리니 에너지가 각성되면서 자연스럽게 일어나기도 하는 것이다. 잠재된 능력을 활성화시키면 먹지 않아도 살 수 있는 능력, 분신술, 죽은 후에 살아나는 것, '행성과 별, 은하와 전 우주와 같은 하늘 세계를 아는 것', 중력을 극복하는 것, 공중 부

반대쪽 그림: 각각의 짜끄라 그리고 그 짜끄라들 각각에 있는 신과 샥띠 그리고 발과 다리에 있는 에너지 통로(나디)를 그린 도상. 네팔, 현대, 종이에 채색 (사진: Arturo Schwarz, Milan)

양, 공간 이동 등과 같은 초능력(siddhi)이 생긴다. 유명한 딴뜨라 나타(nātha) 요가 수행자들의 생애에 대한 이야기엔 이와 같은 초능력들을 상당히 많이 담고 있다. 대중적으로 널리 알려진 전설은, 나타(nātha) 파의 성자들이 지금도 히말라야의 외진 곳 혹은 깊은 숲 속에서 '미세한 형태'로, '물질을 초월한 몸'으로 살고 있다는 것이다. 저명한 딴뜨라 학자인 고삐나트 까비라즈(Gopinath Kaviraj) 박사는 근래에 몇몇 요가 수행자를 만났고 그들과 함께 있었던 개인 경험을 기록한 바 있다.[27] 그에 따르면 즈요띠지(Jyotiji)는 자신의 육체를 남겨둔 채 곧잘 외계로 여행하는 요가 수행자이다. 이와 유사하게 께다르나트(Kedarnath)는 자신의 세속적인 몸을 남겨두고 먼 지역으로 여행할 수 있는 능력을 가진 어린 소년이다. 그는 돌아온 후 자신이 경험했던 것을 설명하기도 했다. 처음에 그의 부모와 그의 친구들은 그가 정신적 장애가 있는 줄 알고 백방으로 치료히고지 했다. 하지만 그 소년은 그가 완전히 깨어 있는 상태에서 자신의 몸을 떠난 것이라고 주장하였고, 또 파란만장한 공간 여행을 다녀온 후에도 그의 기억은 그대로였다.

까비라즈(Kaviraj) 박사가 기록한 기묘한 경험은 다음과 같다.

> 하루는 바라나시(Varanasi, Banaras)의 다샤스와메드하 그하뜨(Daśāsvamedha Ghāt) 근처의 시장에서 께다르(Kedar)는, 붉은 몸의 유별난 인물이 자신을 응시하고 있는 것을 알았다. 그 사람은 갑자기 께다르를 툭 치고선 사라졌다. 께다르는 집에 귀가한 후 고열에 시달렸다. 고열 상태에서 그는 돌아가신 그의 부친과 부친의 스승(guru)을 보았는데 그들은 께다르에게 몸에서 나오라고 했고, 그는 설명할 수 없는 어떤 힘에 의해서 자신의 몸 밖으로 나왔다.
>
> 명상 수행 중에 께다르는 온 주변에 있는 밝은 빛을 볼 수 있었다. 신체 에너지를 극도로 미세하게 움직일 수 있었다. 그는 다른 모든 경지를 얻었고 그는 그가 지닌 비상한 능력으로 천상의 세계를 여행할 수 있었다.

싯드하이 요가 수행자(Siddhāi yogi, 초능력을 지닌 요가 수행자)들이 요가의 힘으로써 중력을 극복한 증거는 도처에 있다. 그들은 자신을 비물질적 존재로 만들지 않고서도 체중을 줄여 공중으로 부양하고 또 가고 싶은 장소로 이동할 수 있었다. 우주적 에너지에 정신을 집중함으로써 자신을 아주 가볍게 만들었다고 느낄 수 있는 경지에 도달할 때 요가 수행자는 '자신의 에테르적 몸에 의지해서 혹은 태양 광선을 타고' 여행할 수 있다. 비록 이러한 현상은 꾼달리니 요가를 수련하는 과정에서 일어나는 것이지만 딴뜨라 수행자들은 이와 같은 초능력을 '보다 높은 의식 세계를 얻거나 해탈을 가로막는 장애물'로 간주한다.

꾼달리니 체험에 대한 전통적인 설명과 현대의 임상적 결과물이 일치하지 않기 때문에 서구의 학자들은 자신들이 발견한 것을 설명하기 위해서 '생리적 꾼달리니(physico-kundalini)'라는 모델을 제시한 바 있지만 현재까지 꾼달리니에 대한 체계적인 임상적 연구나 과학적 조사는 거의 이루어지지 않았다. 생리적 꾼달리니라는 개념은 '인간의 생리 체계에서 일어나는 파동 주파수 현상에 대한 연구를 통해서 의식의 변형 문제를 접근했던' 미국인 연구가 아이작 벤토프(Itzhak Bentov)가 제시한 연구 방식에서 유래한다.

딴뜨라 문헌을 통해 이미 잘 알고 있듯이, 꾼달리니가 각성될 경우 특이하고 강력한 생리적 반응이 연속해서 일어나는데, 그것을 통해서 우리는 특이한 생리적 변화를 예측할 수 있다. 대부분의 명상가는 명상 중에 특이한 현상이 일어날지라도 그것을 명상 과정에서 일어나는 자연스런 현상으로 간주하고 과도하게 경계하지 않는다. 하지만 명상을 하지 않는 사람들이나 혹은 꾼달리니에 대한 정보를 접할 수 없었던 사회나 문화권에 속한 사람일지라도 어떤 환경적인 자극에 의해서 유사한 반응이 일어날 수 있다. 벤토프의 실험[28]은 기계적인 진동이나 전자기적인 파동 혹은 소리의 진동에 노출되었을 때도 유사한 반응이 일어난다는 것을 보여준다. 결과적인 징후들은 의학적 관심을 끌기도 했지만 아직까지 그것이 무엇이고 왜 그런 현상이 일어나는지는 풀리지 않았고 이해되지 않았다. 다양한 실험을 통해서 꾼달리니 현상이 신경계의 착란과 전혀 무관하다는 것을 밝혔고 또 의식의 변형이 신체적 리듬과 생물학적 자기장의 변형과 관련된다고 밝힌 사람이 아이작 벤토프이다.

심전계를 이용한 벤토프의 연구 결과에 따르면, 깊은 명상에 몰입한 채 앉아 있는 피실험자의 뇌파는 일정한 주기를 지닌 사인 곡선

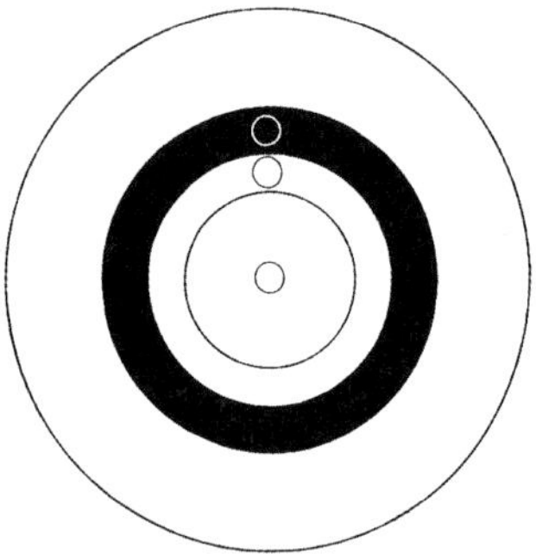

모든 단계들을 담고 있는 사하스라라 짜끄라를 표현한 그림. 가장 안쪽의 원(圓)인 사하스라라 만달라(sahasrāramaṇḍala) 속에 있는 마하빈두(mahābindu)는 초의식(cit)의 영역이고 그 다음의 원인 따따스타 만달라(tatasthamaṇḍala) 속에 있는 라자빈두(rajabindu)는 '수 억개의 은하계를 포함하는 최고의 의식(citākaśa) 속에 있는 경험적 마음'을 상징한다. 그것보다 바깥에 있는 원인 마야 만달라(māyāmaṇḍala) 속에 있는 따마빈두(tamabindu : tama=검은 색)는 전체 안에 둘러싸인 현상세계(bhūtākāśa)를 상징한다.

형태로 나타낸다. 벤토프는 이것을 '명상 중에 심장에서 나온 주요 동맥인 대동맥의 '정상파(standing wave)'가 진행되는 것으로 보고 이것이 신체의 리듬으로 나타난다고 설명하였다. 바로 이 공명하는 진동자인 심장의 동맥 체계는 차례대로 두뇌, 대뇌의 뇌실이나 피질과 같은 생물적 진동자를 같은 리듬으로 동조하게 만들어 모두 뇌자기장의 변화에 영향을 준다.

함께 작용하는 바로 이 체계는 대뇌의 감각 피질에서 진동하는 '흐름'을 자극하게 되고 그것이 마지막으로는 뇌의 각 반구가 맥동적 자기장을 생산하는 곳에 극성을 준다. 벤토프는 다음과 같이 말한다.

> 머리에서 방사되는 이 자기장은 마치 안테나처럼 움직이면서 주변에 있는 전기장이나 자기장과 상호 작용한다. 우리는 머리를 '뇌에서 공명하는 여러 가지 진동 중에서 특별한 하나에 주파수를 맞추고 동시에 송신과 수신을 주고받는 안테나'로 간주할 수 있다.

벤토프는 '꾼달리니' 현상을 신경계가 새롭게 진화하는 과정에서 일어난 현상으로 간주할 수도 있다고 주장한다.

> 우리 몸에 있는 바로 이 자기장적 안테나가 행성이나 태양과 같은 보다 넓은 세계에 대한 정보를 가져다 줄 것이고 또 지구물리학적 현상이나 징조를 보다 효과적으로 해석하게 해 줄 것이다.

벤토프는 '감각자극 피질 증후군' 혹은 '꾼달리니 현상'과 관련해서 피실험자가 겪었던 일련의 신체적 느낌을 설명하면서 다음과 같이 말한다.

> 발가락이나 발목이 마비되거나 욱신거리는 것과 같은 일시적인 감각 이상이 생기고 경우에 따라서는 촉감이나 고통이 감소되거나 혹은 심지어 발이나 다리에 부분적인 마비가 온다. 이 증상은 대부분 왼쪽에서 시작해서 순서대로 발, 다리, 엉덩이로 상승해서 얼굴을 포함해서 신체 왼쪽을 모두 포함한다. 일단 엉덩이 주위에 이 증상이 나타나면 일반적으로 아래쪽 요추와 천골이 간헐적으로 진동하거나 혹은 일정하게 진동하는 것을 경험하게

된다. 그 다음엔 척추를 따라 경부에서 머리의 후두까지 상승하는 느낌을 받는다.

머리와 목에 압력이 쌓이는 것은 고통이 시작된다는 신호 그 자체로 간주될 수 있는데 보통은 일시적인 현상으로 그치고 말지만 때로는 그것이 지속되는 경우도 있다. 동일한 압력이 척추를 따라 흉부 그리고 머리와 눈에서 느껴질 수도 있다. 그리고서 따끔거림은 얼굴에서 목으로 내려오기도 하는데 이때 가슴과 목 사이를 세차게 왔다 갔다 하는 공기압을 느낄 수 있다. 호흡이 발작적이고 특히 내쉬는 숨이 거칠어진다. 귀에서 고음 혹은 방울 소리가 들리는 것을 느끼기도 하고 시야 교란이나 시력 장애 혹은 일시적인 시각 상실을 겪기도 한다. 내부에서 일어나는 변화는 마지막으로 복부 쪽으로 내려가게 된다.

벤토프는 '각성된 꾼달리니'가 일으키는 연속적인 증상을 생물학적으로 설명할 수 있는 가능성으로, 순환성 '전류'에 의해 대뇌의 감각 피질이 자극되는 것으로 설명한다. 더 나아가 그는 다음과 같이 말한다.

그 자극이 쾌감의 센터를 담고 있는 부위를 통과하거나 관통하면서 이동한다. 그때 쾌감의 센터가 자극될 때 명상가는 황홀경의 상태를 경험한다. 이 상태에 도달하기 위해서는 수 년 동안 체계적으로 명상을 수행해야 하거나 혹은 다시 말하는 바이지만, 어떤 사람들은 저절로 그것을 겪기도 한다.

꾼달리니를 체험하면서 겪게 되는 특징적인 현상들은 대부분 고전 문헌에 설명되어 있다. 하지만 고전 문헌에서 설명된 것 중 몇 가지는 현대의 임상적 관찰에서 확인된 것과 다르다. 예를 들어 현대의 임상 연구가들은 '에너지가 움직이는 감각'이 다리에서 척추를 타고 정수리로 올라가고 그리고 얼굴로 내려와서 목을 타고 복부에서 끝난다고 말하지만 고전 문헌에서는 에너지가 척추 아래 부분에서 각성되고 척추 안쪽으로 상승해서 정수리에 도달할 때 여행이 완성된다고 말한다.

이와 유사하게 꾼달리니가 척추 아랫부분에서 각성된다는 고전 문헌의 설명은 "발에서 욱신거리던 어떤 것이 머리까지 올라왔다"

는 라마끄리쉬나의 경험담과도 다르다. 이와 같은 상이점은 꾼달리니 요가에 대한 전통적인 그림들, 특히 오래된 두루마리 그림(scroll-painting)들을 살펴보면 그 해답을 찾을 수 있을 것이다. 무의식의 심연은 일반적으로 거대한 뱀 셰샤(Śeṣa)로 묘사된다. 세샤라는 말은 '잔존물'을 의미하는데, 그것은 세 세상(three worlds)을 창조하고 남은 찌꺼기에서 태어났기 때문에 그렇게 불렸다. 셰샤가 지닌 천 개의 머리는 거대한 두건으로 확대되고 뱀 꼬리에 기대어 반쯤 잠에 든 나라야나(Nārāyaṇa), 즉 비슈누(Viṣṇu)의 침상 같은 모양을 하고 있다. 꾼달리니 요가를 묘사하는 두루마리 그림들은 오직 셰샤만을 묘사하는데, 여기서의 셰샤 역시 '끝이 없는' 아난따(ananta)와 동일시된다. 무의식의 원형으로서의 셰사는 태초의 바다 깊은 곳에서 올라와 '비슈누의 초기 화신(化身)이라 할 수 있는 물고기(matsya), 거북이(kūrma), 멧돼지(varāha)'를 기치면서 인간과 만나고 그리고서 결코 피할 수 없는 통제 센터인 물라드하라(근본) 짜끄라로 들어가 그 속에서 깨어나기 전까지는 잠들어 있는 것이다.

한편, 몇몇 그림들은 꾼달리니가 최고의 짜끄라, 즉 사하스라라 짜끄라에 도달했을 때도 진행을 멈추지 않는다는 개념도 표현하고 있다. 여기서 꾼달리니는 일곱 번째인 가장 높은 의식 상태에 들어감으로써 초의식이 되어 가장 위대한 우주적 모험, 즉 인간의 의식 세계를 확장시켜 주는 실제적인 여행에 동참한다.

켄 윌버(Ken Wilber)는 다음과 같이 말한다.

> 여섯 번째 짜끄라인 아갸 짜끄라(ājñācakra)에서 의식은 초개인적(trans-personal)으로 변하기 시작한다. 이제 의식은 언어를 초월하고 개체성을 초월한다……. 이것은 완전한 초월, 절대적인 초월이고 형태 없는 의식, 한계 없는 빛 속으로 들어간다. 여기엔 의식 그 자체와 별개로는…… 자아도 없고, 신도 없고, 최후의 신도 없고, 주관도 없고 객관적 사물도 없다. 모든 형태가 완벽한 것으로 되돌아 갈 때까지 그리고 형태 없는 것으로 철저히 몰입할 때까지 각 단계에서 의식과 자각의 동일성은 증가한다.[29]

까쉬미르 샤이비즘(Kashimir Śaivism)에 따르면 최고의 실재인 짜이딴야(Chaitanya, 순수 의식)는 다름 아닌 빠라마쉬바(Paramaśiva,

그림 XIII

그림 XIII. 비슈누의 휴식. 비슈누가 근원적인 뱀인 세샤(Śeṣa) 혹은 아난따(Ananta)에 기댄 채 휴식하고 있다. 이것이 상징하는 것은 우주적 잠에 빠져있는 최고의 존재, 무의식 혹은 지하 세계이다. 비슈누의 배꼽에서 창조자 브라흐마가 나와서, 해체된 세계의 카오스적인 물 위에 있는 부정(不淨)적인 힘들과 직면해 있다. 깡그라 화풍, 18세기, 종이에 채색(사진: Ian Wichers, Hamburg; Tokyo Gallery, Tokyo)

그림 XIV

그림 XIV. 휴식하는 쉬바, 우주적 에너지인 데비(Devī)의 품 안에서 근원적인 의식인 쉬바(Śiva)가 휴식하고 있다. 데비(혹은 꾼달리니)는, 아직 현현하지 않은 쉬바를 각성시키는 위대한 드라마에서 가장 근원이 되는 힘이다. 빠하리 화풍, 18세기, 종이에 채색(사진: C. L. Bharany, New Delhi)

최고의 쉬바)이다. 그림들은 상승하는 순서로 다양한 단계들을 묘사하는데 그 순서는 빈두(Bindu), 반달(Ardhacandra), 로드히니(Rodhinī), 나다(Nāda), 나단따(Nādānta), 샥띠(Śakti), 뷔야삐까(Vyāpikā), 니르와나(Nirvāṇa), 운마니(Unmanī) 그리고 마지막은 궁극적 경진인 마하빈두(Mahābindu, 초우주적이고 초월적인 空)인데, 마하빈두는 노자(老子)의 표현대로 '모든 것을 담고 있는 텅 빔(虛)'을 의미한다. 꾼달리니 요가 수행자는 이러한 의식 단계들을 통과해야만 초의식 단계에 도달할 수 있다. 마하빈두 혹은 빠라빈두(Parābindu, 초월적인 공)를 자각하는 것은 오직 꾼달리니가 각성된 이후에야 가능하다.

까비라즈(Kaviraj) 박사는 저명한 나타요기(Nāthayogi)였던 고라크나트(Goraknāth, 1120년경)의 말에 의거해서 짜끄라 체계를 언급하면서 이것을 넘어선 20개의 공(空)이 있다고 말한다.

> 필사본 〈불가사의한 신과 잠들어 있는 샥띠〉(*Devatā Acintyanātha and the Śakti Avyaktā*)는 21개의 브라흐마안다(brahmāṇḍa)들 위에 있는 '위대한 공(空)의 상태(paramaśūnyasthāna)'에서 최후의 해탈이 일어난다고 말한다. 이 위대한 공(śūnya)을 넘어서야 요가 수행자는 '오고 감', 즉 생사의 수레바퀴에서 영원히 자유로워진다.[30)]

하지만 이 말을 '사하스라라 짜끄라 외에 꾼달리니가 진행하는 또 다른 단계나 별도의 부분이 있는 것으로 이해해서는 안 될 것이다. 위 설명이 말하고자 하는 것은 꾼달리니의 각성이 보다 더 넓은 영역까지 직접적으로 관련된다는 것이다. 진보는 전체 안에서, 즉 사하스라라 짜끄라 내에서 일어나는 것이다.

> 요가 우빠니샤드(Yogopaniṣad)는 짜끄라의 구조를 인간의 발에서부터 시작해서 온몸 전체를 포괄하는 것으로 설명한다. 발에서 무릎까지는 땅(地) 원소로 된 층이고 무릎에서 항문까지는 물(水) 원소, 항문에서 심장까지는 불(火) 원소, 심장에서 미간은 풍(風) 원소로 된 층이다. 미간에서 정수리는 공(空) 원소 층인데 이것은 둥근 형태이고, 하얀 연기와 같은 색깔이고, '하(ha) 음절(= śakti)'로 진동한다.

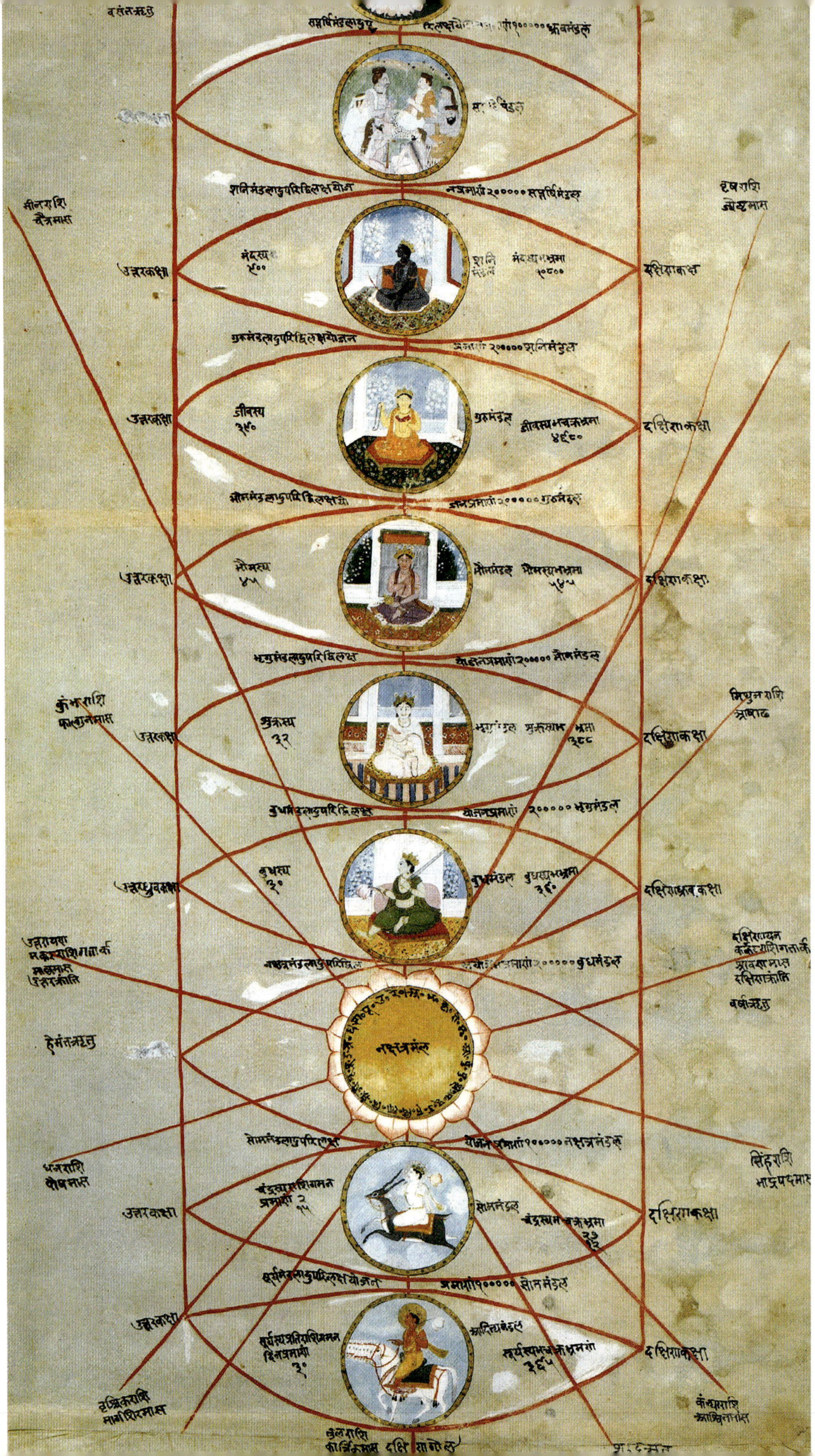

그림 XV

그림 XVI. 지하 세계와 지상 세계 위에 있는 우주적 에너지가 행성과 점성학적 짜끄라를 지나서 순수 존재의 영역, 합일과 축복의 영역으로 진행한다. 깡그라 화풍, 18세기, 종이에 안료(사진: Hans Wichers, Hamburg)

그림 XV. 가장 하위에 있는 조대한 물질에서 지상 세계에 이르기까지 우주의 전개. 깡그라 화풍, 18세기, 종이에 채색(사진: Hans Wichers, Hamburg)

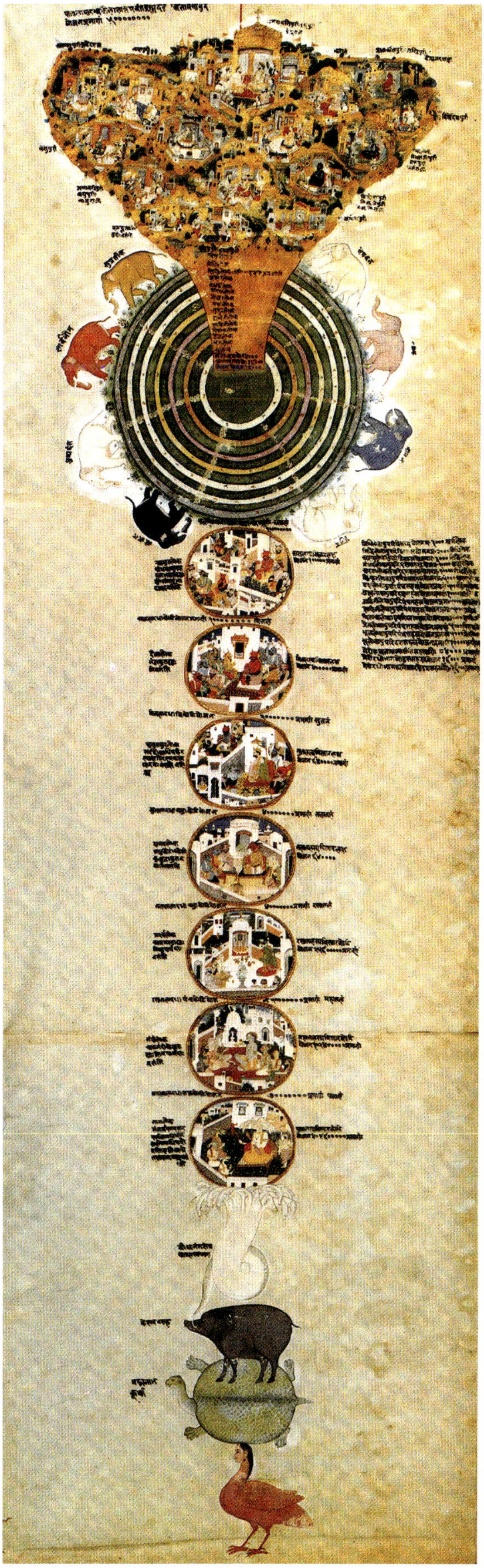

그림 XVI

도표 1: 존재의 단계들

0　● 　마하빈두(Mahābindu, 절대적인 공)

9　⋮◡ 　운마니 (Unmanī, 초의식, 마음을 초월한 상태) Śiva-tattva(쉬바의 창조적 측면)

8　⋮ 　니르바나 (Nirvāṇa) (Samanā) ⎫
　　　　　　　　　　　　　　　　　⎬ Śakti-tattva(쉬바의 힘)
7　▲◡ 　뷔야삐까 (Vyāpika) (Vyāpinī) ⎭

6　⋮⋯ 　깔라 (Kalā) (Śakti) ⎫
　　　　　　　　　　　　　⎪
5　◡ 　나단따 (Nādānta) ⎬ 소리와 빛으로 된 창조적 진동
　　　　　　　　　　　　⎪
4　⋮⋯ 　나다 (Nāda) ⎭

3　▽◡ 　로드히니 (Rodhinī) (Nirodhikā) 소리라는 미세 에너지

2　◡ 　짠뜨라 아르다 (Ardhacandra) (Ardhendu) 반달의 빛, 미세 에너지

1　⋮◉ 　빈두 (Bindu, 점) 에너지를 스스로 발산하는 밀집된 에너지 덩어리 / 양극: 0과 무한

⇧
높은 단계의 의식계

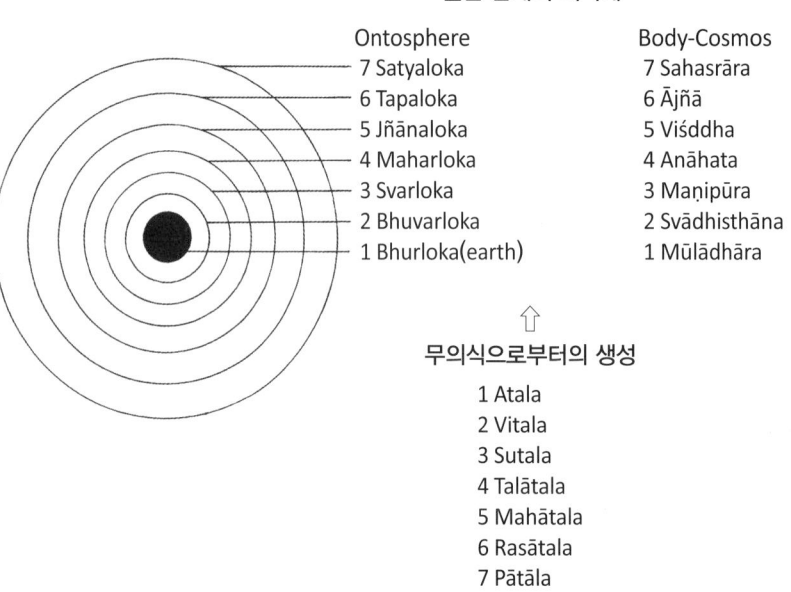

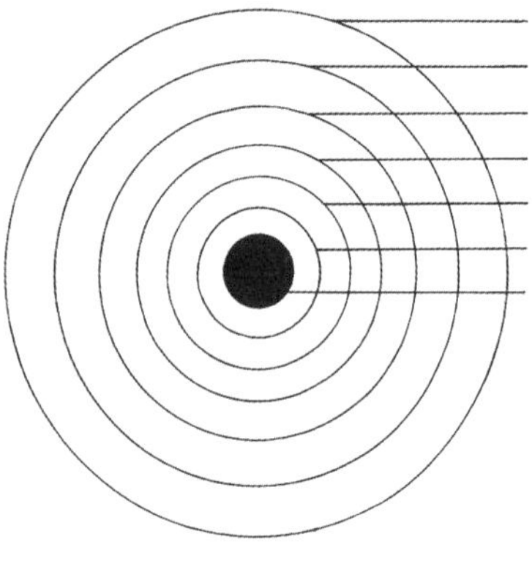

Ontosphere
- 7 Satyaloka
- 6 Tapaloka
- 5 Jñānaloka
- 4 Maharloka
- 3 Svarloka
- 2 Bhuvarloka
- 1 Bhurloka(earth)

Body-Cosmos
- 7 Sahasrāra
- 6 Ājñā
- 5 Viśddha
- 4 Anāhata
- 3 Maṇipūra
- 2 Svādhisthāna
- 1 Mūlādhāra

⇧
무의식으로부터의 생성

- 1 Atala
- 2 Vitala
- 3 Sutala
- 4 Talātala
- 5 Mahātala
- 6 Rasātala
- 7 Pātāla

아래에서 부터: 7개의 딸라(tala, 하부), 즉 무의식의 영역인 지하세계의 7개의 딸라, 여기서 뱀의 힘이 나와서 지상세계 (bhurloka)에서 시작하는 상대적인 세계를 관통해서 상승한다.
까쉬미리 샤이비즘에 따르면 우주는 가장 높은 의식 단계를 통해 절대적인 공, 다시 말해서 궁극적인 통합된 장소 혹은 마하빈두(Śiva-Śakti) 또는 모든 존재의 근원이자 본질인 바로 그 절대적인 공으로 되돌아간다.

꾼달리니가 각성된 후에 일어나는 현상들이 지속되는 시간은 사람들에 따라 다양하다. 어떤 사람들은 몇 달 혹은 몇 년 동안 특별한 증상을 겪기도 한다. 연속적으로 일어나는 모든 현상을 즉각적으로 지각하지 못할 수도 있고 혹은 연속적으로 일어나는 것이 아니라 띄엄띄엄 일어날 수도 있다. 그 결과 꾼달리니가 각성된 후에 일어나는 모든 현상이 심신상의 혹은 신경계의 장애로 오인되는 경우도 비일비재하고 따라서 꾼달리니의 본성에 대한 일반적인 지식이 없는 탓에 정신 분열이나 그 외의 정신병에서 사용하는 독한 약이나 불필요한 치료를 받기도 했다.

꾼달리니 체험에 대한 다양한 저서를 냈던 또 다른 미국인 연구가 리 샤넬라(Lee Sannella) 박사는 다음과 같이 말한다.

> 만약 이 현상들이 '몸의 균형을 잡기 위해 꾼달리니가 신체 곳곳에 있는 장애물을 제거하는 과정에서 일어난 것이다'는 견해를 받아들인다면 그렇다면 사람들마다 증상 내지 유형이 다르다는 것은 사람들마다 막혀 있는 부분이 다르다는 것을 의미할 것이다. 사람들마다 막힌 부분이 다를 수밖에 없는 이유는 사람들마다 유전적 조합이 다르고 또 과거사가 다르기 때문이다. 또한 꾼달리니 현상은 몇 달에서 몇 년 동안 지속될 수 있다. 지속 시간이 다른 이유는 명상의 강도가 다르기 때문에 그리고 사람들마다 균형을 잡는 데 필요한 총용량이 다르기 때문이다…… 생리적인 꾼달리니의 순환을 제지할 수 있는 것은 특별한 심리적 능력을 갖춘 사람에게서나 가능할 것이다. 하지만 그렇게 해서 특정한 부분에만 집중하는 것은 어떤 특정한 단계에서 진보할 수 있는 기회를 차단하는 꼴이 될 것이다. 시간이 흐르면서 추기적인 변화기 일어난다. 꾼달리니의 징표와 증후는 지속적으로 나타나는 것이 아니라 간격을 두고 일어나며 대부분은 명상 중에 그리고 고요하게 있을 때 혹은 수면 중에 일어난다. [31]

샤넬라 박사는 더 나아가 다음과 같이 말한다. "우리는 생리적 꾼달리니의 순환을 몇 달 내에 성공한 지극히 '정상적인' 사람을 알고 있지만 요가 문헌에 따르면 가장 수승한 입문자라도 꾼달리니를 완전히 각성하는 데는 최소 3년이 걸린다." 하지만 앞서 살펴보았듯이 여기에 어떤 확고한 법칙이나 불변의 원칙이 있는 것은 아니다. 샤넬라 박사의 지적대로, 라마끄리쉬나는 입문한 지 3일 만에 깨달음을 얻었고 또 그 외에도 유사한 경우는 얼마든지 있다. 샤넬라 박사의 다음과 같은 말이 지당할 것이다.

> 꾼달리니는 우리들 대부분이 여태 생각했던 것보다 훨씬 더 많이 일상생활에 관여하고 있다. 비록 좀 더 낮고 점잖게 활동할 뿐이지만 '무해할 뿐만 아니라 이로운 꾼달리니'는 이미 우리 모두의 내부에서 각성되어 있고, 비록 우리가 꾼달리니의 존재와 활동을 조금도 느끼지 못하는 와중에도 그녀는 자신이 맡은 일을 밤낮으로 수행하고 있다. [32]

샤넬라 박사는 또한 '생리적 꾼달리니'의 메커니즘을 하나의 독립된 실체, 즉 완전히 각성된 꾼달리니의 일부로 활성화된 것으로 간주할 수 있다고 말한다.

꾼달리니의 체험이 아주 오랜 기간 동안 지속적으로 일어난다는 것에 대한 대표적인 설명으로는 미국의 젊은 여류 작가가 필자에게 해 준 이야기를 들 수 있다. 그녀에 따르면 다음과 같다.

> 내 삶을 지배해왔던 다양한 경험과 증상들을 이해하기 위해 백방으로 수

꾼달리니 체험에 대한 서양인의 그림. 현대, 종이에 채색(그림: Chrisitina Grof, Big Sur)

소문하던 중 꾼달리니의 각성에 대해 설명하고 있는 고대와 현대 문헌을 접했고 그리고서 바로 그 설명들이 저에게 일어난 일을 말하고 있다는 것을 알게 되었습니다. 돌이켜보면, 제가 사춘기에 들어갈 무렵에 처음으로 그 에너지를 느꼈던 것 같습니다.

첫 아이를 낳을 때까지는 그 에너지가 그렇게까지는 저를 힘들게 하지 않았습니다. 이미 저는 하타요가를 열심히 수련하고 있었고 출산하기 전부터 출산을 위해서 요가의 호흡 수련법과 매우 유사한 것을 어렴풋하게 매일 매일 수련하고 있었습니다. 진통과 분만 중에 엄청난 에너지가 생겨났고 그리고 강렬한 불빛을 보았습니다. 내 주변에 있던 사람들이 할 수 있었던 것은 신경안정제로 가능한 신속하게 저를 진정시키는 것이었습니다. 이것을 억누르는 데 반쯤 성공했던 수년 후, 스와미 묵따난다(Swami Muktananda)를 만나게 되었습니다. 영적인 스승에 대해서 알지 못했고 관심도 없었지만 그럼에도 불구하고 그분 주위에서의 체험은 너무도 강렬한 것이어서 제가 이 길을 추구해야만 한다는 것을 알게 되었습니다. 그때부터 매일같이 꾼달리니가 활동하기 시작했고 저는 제 삶에서 일어난 현상을 받아들이고 더 이상 이것을 부정하지 않았습니다. 심각한 교통사고가 있었고 그 과정에서 죽음 그리고 죽음 이후의 무한한 합일감과 평화감을 강렬하게 경험하였는데 그 이후부터 증상은 더 빨라졌습니다.

지난 5년 동안 매일같이 꾼달리니 에너지를 느껴왔습니다. 그것은 무수히 많은 형태를 취했는데 그 중에는 확대되는 것도 있었고 올라가는 것도 있었는데 대부분 혼란스럽고 이해할 수 없는 것이었습니다. 엄청난 꾼달리니의 힘이 온 몸 전체와 감정, 정신적 구조를 통해 폭포수처럼 쏟아졌고 또 마치 '어린 시절부터 혹은 출생 때부터 아니, 초개인적 먼 과거에서부터 연속된 봉인된 엉억의 내용물'들이 의식에 떠오르듯이 그와 같이 제 내면에 저징된 경험과 감정의 매듭을 조사하고 파괴한다는 것을 느낄 수 있었습니다. 그리고 이것을 경험할 동안엔 강력한 시각적 체험, 정서적 해방감, 육체적으로 가혹한 고통, 실존적 통찰이 있었습니다.

육체적인 활동은 대부분 몸의 왼쪽 편에서 일어났는데, 다리에 경련이 일어나고 척추 아래쪽에서 에너지가 돌진해서 척추 뒤쪽으로 오르고 때로는 목과 어깨 주위에 꽉 차기도 했습니다. 일단 이 증상이 뚜렷해지면 숨이 막힐 듯 한 두통과 더불어 초점이 눈 주위로 몰려 책을 읽을 수도 없고 때때론 앞이 보이지 않기도 했습니다. 때로는 두개골과 코 사이의 공간에서 뭔가가 움직이기도 하고 목이 죄어지기도 했습니다. 몇 달 동안은 에너지들이 복부와 난소 부위에 몰렸고 엄청난 양의 고통과 메스꺼움이 뒤따랐습니다.

꾼달리니가 진행하는 과정은 다리에서 등으로 목덜미로, 정수리에서 눈으로, 목으로, 위 그리고 음부로 거의 직선적이었고 에너지가 한 지점에서 마지막으로 물러나면 증상이 사라졌고 다시는 그 부위에 그런 현상이 일어나지 않았습니다. 때때로 특별한 짜끄라가 활동한다는 것을 느낄 수도 있었고 특히 에너지가 강할 때는 마치 모든 짜끄라들이 활동하는 것처럼 느껴졌습니다. 이 경우 격렬한 진동이 발생하기도 했고 몸이 저절로 움직이거나 호흡이 저절로 이루어지기도 했으며 불타는 열이 온몸에서 일어나기도 했습니다. 어떤 때는 극도로 예민하고 감수성이 풍부해져 때로는 내 주위 사람들의 증상 혹은 에너지를 받아들이거나 혹은 그들의 심리적 인상을 정확히 느끼기도 했습니다. 뱀들의 환영, 강렬한 불빛의 아름다운 황홀함, 풍요감 그리고 치유하는 에너지가 온몸 구석구석의 천 개의 미세한 통로를 따라 흐르는 듯한 느낌이 반복되었습니다.

시행착오를 통해서 꾼달리니의 활동을 더 가속화시키는 상황에 대해서도 알게 되었습니다. 수개월 동안엔, 어떤 명상을 하거나 하타요가를 하거나 혹은 단식할 경우엔 불편하고 혼란한 상태가 일어났습니다. 대도시에서 혹은 비행기가 움직일 때와 같이 진동이 있을 경우에도 마치 훌륭한 영적인 스승 앞에 있는 것처럼 활동이 더 가속화되었습니다. 때로는 까르마(업)의 경향이라고 느껴질 만한 것이 쌓이기도 했는데 그것은 놀라울 정도로 동시에 일어나는 사건과 폭발적인 에너지가 분출되는 것을 수반하는 해결을 동반하는 것이었습니다. 하지만 대부분의 경우 꾼달리니는 제 의지나 통제 혹은 저의 동의와 전혀 무관하게 그 자신의 의지대로 속도를 정해 놓은 것 같았습니다. 지난 세월 동안, 어떤 때는 강도가 여느 때보다 강하기도 했지만 하루도 그것의 존재를 의식하지 않고 지냈던 날이 없었습니다.

샤넬라 박사가 이용한 사례는 그와 그의 동료 연구가들이 '생리적 꾼달리니'에 대한 가장 전형적 유형으로 믿게 해줄 만한 것이다. 그는 48세의 여류 화가에 대한 이야기를 기록하고 있다.

그녀는 초월적인 명상을 시작하고 약 5년이 지나면서부터 이따금씩 팔이 쑤시고 손에서 열이 나는 것을 경험하였다. 그녀는 에너지가 온몸을 굽이

쳐서 며칠 간 잠을 이루지 못했고 그녀는 자신의 의식이 몸과 분리되는 꿈을 몇 차례나 꾸었다. 그녀의 머리엔 큰 소리가 계속해서 들렸다. 곧 그녀의 엄지발가락에 경련이 일어났고 다리까지 진동이 시작되었다. 밤새 그녀의 엄지발톱은 마치 망치로 맞은 듯 검어졌고 결국엔 그 일부가 살에서 떨어져 나갔다. 다리의 세포 조직은 진동 때문에 찢어질 것 같았다. 진동은 등쪽 아래 부분에서 퍼져서 그녀의 머리까지 온몸을 휩쓸었고 진동이 눈썹 바로 위쪽에서 머리띠처럼 머리를 감싸게 되었다. 그러자 그녀의 머리는 저절로 움직이기 시작했고 그 후에는 몸이 뱀처럼 꾸불거렸고 그녀의 혀는 입천장에 달라붙었다. 그리고서 그녀는 강력한 옴(oṃ) 소리를 느꼈다. 따끔거림이 목덜미에서 머리로 그리고 정수리에서 이마와 얼굴로 퍼졌고 양 콧구멍이 자극을 받아서인지 코가 늘어난 느낌이 들었다. 따끔거림은 얼굴 아래로 퍼졌다. 때때로 눈은 따로 움직였고 동공은, 마치 그녀의 머릿속으로 파고들어가 그 속에 있는 구멍처럼 느껴졌다. 그리고서 그녀는 머리에서 엄청난 압력과 번쩍번쩍 빛나는 빛을 느꼈고 이어서 희열과 웃음이 나왔다. 따끔거림은 윗입술과 턱 그리고 입으로 더 내려갔고 그때쯤엔 천상의 음악이 들리는 듯했다. 그리고서 따끔거림은 목, 가슴 그리고 복부로 내려갔고 마침내 척추를 타고 올라오고 몸 앞쪽으로 내려와 마치 달걀 모양의 원에서 순환이 끝났다는 것을 느꼈다. 이것이 진행한 대로 그 원은 하복부에서 시작해서 그 다음엔 배꼽, 태양신경총, 심장 그리고 머리까지 특별한 짜끄라를 활성화시켰다. 마지막으로 활성화된 것은 목이었다. 그 후에는 복부 근처에서 에너지가 몸으로 파고드는 느낌이 계속되었다. 에너지가 온몸을 순환한 후에 비로소 이러한 느낌은 사라졌다. 이 모든 체험들은 강렬한 성적 충동을 동반했다. 이러한 활동은 대부분 수개월에 걸쳐 일어났다. 지난 2년 동안에는 드물게 활동했고 대부분 명상 중에 혹은 그녀가 침대에서 쉬고 있을 때 일어났다.

꾼달리니를 경험하는 과정에서 저절로 요가적 호흡(실낱같이 가늘고 통제된)이 이루어졌다. 마침내 목덜미에서 정수리 그리고 이마 주위를 중심으로 머리에 압력이 생겼다. 이 압력은 특히 책을 읽을 때 생겼고 눈 주위가 불편했고 정수리에서 맥박을 느끼게 했다.

그녀의 머릿속에 있던 시끄러운 소리는 마침내 사라졌다. 이러한 체험을 통해서 그녀는 자신이 꾼달리니의 상승을 겪고 있는 것을 이해할 수 있었다. 그것은 그녀가 전에 이것과 관련된 책을 읽었기 때문이다. 그래서 그녀는 이 증상에 대해 안도할 수 있었고 또 그 증상이 다시 일어나도 그대로 두었다. 하지만 그녀는 정서적으로 혼란을 겪게 되고 이 증상으로 일상 활동을 하기가 힘들었다.

에너지가 유입되었기 때문에 몇 달 간은 정상적으로 잠을 잘 수 없었고 낮에도 그것이 계속 지속되어 일의 능률도 떨어졌다. 그리고서 그녀는 마치 자신이 완전히 초연해지고 또 스스로의 행동을 관찰하는 것처럼 느꼈다. 결국 그녀는 그 상황을 통제할 수 있게 되었다. 그것의 일반적인 효과는 직관적인 통찰이 엄청나게 확장되면서 대단한 정서적 안정감을 갖고 또 긴장이 사라졌다는 것이다.

샤넬라 박사는 생리적 꾼달리니를 겪은 자신의 환자들이 지닌 장점을 다음과 같이 말한다.

각양각색의 환자들 각각은 이제 그(혹은 그녀) 자신만의 방식에 성공적으로 대처하고 있다. 그들은 모두 스트레스를 보다 쉽게 조절하고 그리고 그 이전 보다 타인과의 관계가 더 원만해졌다고 말한다……. 하지만 초기 단계에서는 체험 자체에 대한 스트레스와 더불어 자기 자신이나 타인에 대한 부정적 태도는 압도적인 것이었을 것이고 여러 가지 불균형을 야기했을 것이다…….

이 과정이 시작되면서 일어난 증세들은 시간이 지나면서 자연적으로 사라질 것이다. 왜냐하면 그것은 본질적으로 몸을 정화하거나 혹은 균형을 조절하는 것이기 때문이고 또 사람들마다 제각각 '꾼달리니에 의해 제거되어야 할 불순물의 양이 한정되어 있고' 따라서 꾼달리니의 움직임도 한도가 있을 수밖에 없기 때문이다. 따라서 사람들이 느꼈던 여러 가지 고통과 교란은 병적인 것이 아니라 오히려 치유적인 것 다시 말해서, 자신의 몸에 잠재되어 있는 병적인 요소를 제거하는 것이라 할 수 있다. 꾼달리니의 힘은 '자신의 마음 속 깊은 곳'에서 저절로 일어나는 것이고 분명히 자기 몸을 조절하는 것이다. 그 결과로 사람들이 겪었던 압박과 불균형은 '과정 자체에서 생겨난 것이 아니라' 오히려 의식 혹은 잠재의식이 그것을 방해한 결과로 생긴 것이다. 그것을 이해시키고 또 자신에게서 일어나는 것을 받아들이게 하는 것이 우리가 도울 수 있는 최선의 것이다.

일반적으로 꾼달리니가 진행하는 과정은 신체의 왼쪽 편에서 시작하지만 그 자신만의 자연스런 속도와 균형을 지니고 있다는 것을 알 수 있다. 하지만 만약 이것이 이미 너무 급격하거나 과격해졌을 경우엔 우리의 경험상, 음식을 많이 먹고 또 명상을 중단하고 그 대신 격렬한 운동을 한다면 약간은 그 현상을 완화시킬 수 있을 것으로 권한다.

생리적 꾼달리니의 활동이 아주 쉽게 활성화되는 사람들 그리고 그것의 활동이 격렬하고 선동적인 사람들은 특히 신경계가 천성적으로 예민한 사람들이다. 우리가 관찰했던 사람들 중 대부분은 생리적 꾼달리니가 각성되기 전에 어떤 심리적인 경험을 하였다. 천성적으로 예민한 사람들은 생리적 꾼달리니 현상이 너무 강해서 그들은 꾼달리니의 진행을 더 촉진시키는 정상적이고 전통적인 명상법을 하지 않으려는 경향이 있고 그 대신 그들은 명상을 회피하거나 혹은 그들이 고안한 좀 부드러운 방법을 사용한다. 하지만 그들의 걱정은 생리적 꾼달리니의 진행을 오해하거나 혹은 알지 못한 데서 기인한다. 그들이 공포심을 갖지 않고 최대한 편안하고 자연스런 속도로 모든 과정이 진행될 수 있게끔 우리는 꾼달리니에 대한 지혜와 확신을 주어야 할 것이다. [33)]

데이빗 텐슬리(David Tansley)는 주로 인간의 몸 안에 있는 에너지와 미세한 역장의 활용과 관련된 '라디오닉스'(radionic) 진단법에 대한 최근의 보고서에서 다음과 같이 말한다.

정신적 쇼크를 수반하는 사고 특히 돌발적이고 극적이고 감정적 충격을 동반하는 사고에 의해서 짜끄라들이 손상될 수 있다. 끊임없는 두려움이나 근심 역시 그 자체가 지닌 끊임없는 소모적 활동 때문에 인체의 기능을 교란시킨다. 짜끄라의 경우, 대부분은 에너지가 들어가는 통로가 막혀 있거나 혹은 바로 그 '에테르적 몸'(짜끄라)에서 나오는 지점이 막혀 있다. 만약 입구가 막혀 있으면 유입된 에너지는 '아스트랄 혹은 정신 차원이 시작되는 지점'으로 재빠르게 역류한다. 이것이 심리적 문제와 내분비선의 기능 장애를 일으킨다. 만약 출구가 막혀 있으면 에너지는 적절한 내분비선을 자극해서 막힘을 뚫을 수 있을 때까지 압력을 증가시킨다. 이것이 신체적, 정신적 문제를 동반하는 내분비계의 이상을 일으킨다. [34)]

'라디오닉스'(Radionics) 치유법은 1933년에 시작되었고 1945년부터 고(故) 조지 드 라 와(Geroge de la Warr)와 그의 부인이 옥스퍼드에 있는 그들의 실험실에서 연구를 진행했다. 데이빗 텐슬리 박사는 1972년 이것을 짜끄라와 연결시켜 연구하였다. 텐슬리 박사는 다음과 같이 말한다.

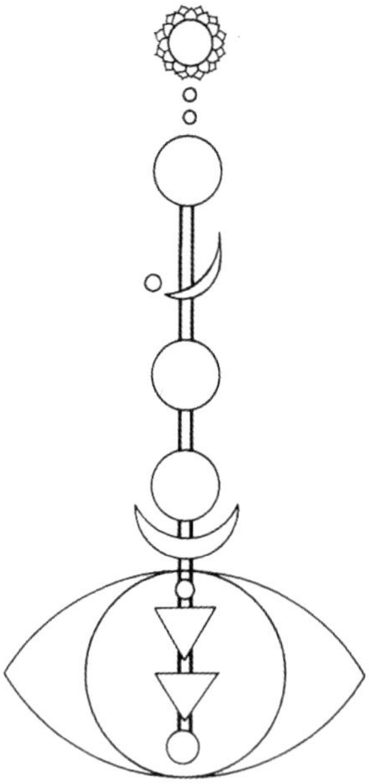

아갸 짜끄라에서 그 위쪽에 있는 각 단계들(까쉬미르 샤이비즘에서는 10단계)은 '사하스라라 짜끄라의 위대한 공'으로 되돌아올 때까지 점차적으로 의식과 동일성이 증가한다(도표 1을 참조).

존재 수준에서의 장애물을 극복한 후 요가 수행자의 미세신에서 일어나는 영적 에너지의 폭발(사진: Ajit Mookerjee)

> 짜끄라들은 수행자에게 대단히 중요하다. 그것은 수행자들이 신체적 에너지를 활성화하기 위해 에너지를 받을 수 있는 중심점이 짜끄라들이기 때문이다…… 이 중심점(짜끄라)들은 인간에게 역동적인 힘과 질적인 에너지를 주는 분배자와 같은 것이다. 짜끄라들은 인간의 신체나 외모에도 영향을 주고 또 지속적인 활동을 통해 한 인간의 인격적 성향을 형성하기도 한다.[35)]

라디오닉스(radionic) 노출을 통해서 생명체든 무생물이든 모든 것이 에너지를 발산한다는 것을 알게 되었다. 데이빗 텐슬리 박사는 에테르적 해부체라 할 수 있는 짜끄라들을 직접적으로 다루기 위해서 '마크 III 센터'(Mark III Centre)라는 라디오닉스 기계를 개발했다. 다음과 같이 말한다.

> 지난 수년 동안, 라디오닉스는 '몸 안에 있는 짜끄라라는 핵심적인 에테르적 라디오 수신기'뿐만 아니라 우리의 몸으로 들어오게 하는 특별한 질병들을 숫자로 나타나는 특별한 주파수(혹은 진동 비율)에 대한 목록을 만들었다…… 이 점에서 라디오닉스 박스는 20세기의 영매 기구로 간주될 수 있는데, 전기로 된 바로 이 '수정 구슬'로써 인간의 이성뿐만 아니라 직관적인 기능들을 똑같이 제어하게 해준다. 그러므로 라디오닉스는 과학의 영역과 비술의 융합점이 될 것이다. 바로 이 좁은 연결점을 통해 보다 내적인 지혜의 지형을 발전시킬 수 있을 것이다.[36)]

만약 '순수하지 않은 것', '불균형', '막힘'이 어떤 객관적인 실재라고 한다면 그것은 샤넬라 박사가 제안했듯이 생리학적이고 심리학적 실험을 통해 그것을 증명하는 것이 가능해야 할 것이고 그리고 임상적으로 관찰된 특별한 징후나 증세를 제거하는 데 사용해야 할 것이다.

샤넬라 박사는 말한다.

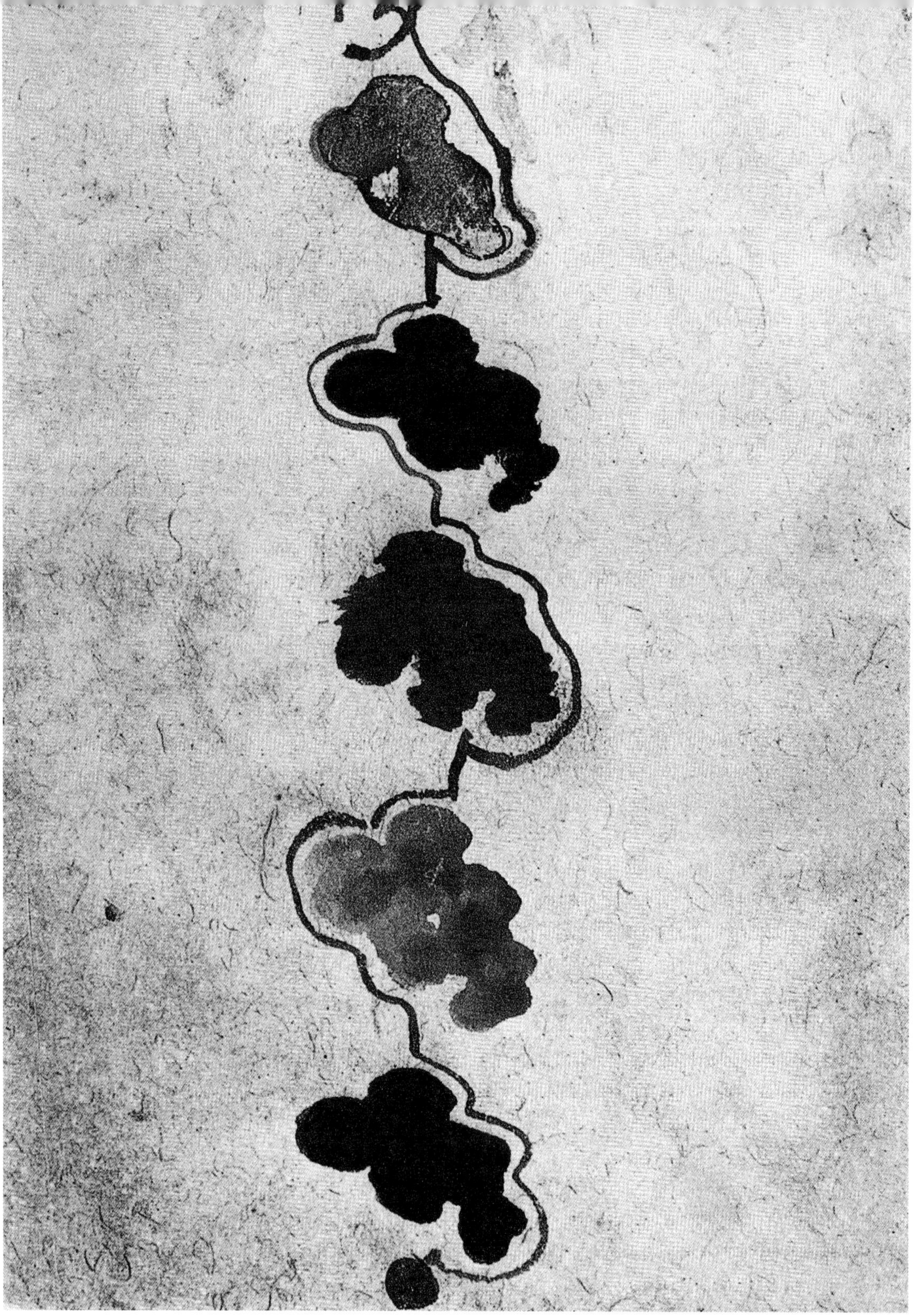

의식이 상승하는 단계. 의식이 물라드하라 짜끄라 즉, 땅에서 시작해서 사하스라라, 즉 종자 만뜨라 옴(oṃ)으로 상징되는 합일까지 상승하는 단계들(사진: Ajit Mookerjee)

우리는 모토야마(H. Motoyama)의 '전기장 감지기' 혹은 '짜끄라 측정 장치'를 이용해서 흥미로운 실험을 했다. 피실험자가 이 기계 안에서 조용히 앉아 있을 때 우리는 일반적인 EEG 파형을 발견할 수 있었다. 깊은 명상에 든 후 몇 분지나 아마도 그가 한계를 넘어섰다고 느꼈을 바로 그 지점에서 갑자기 그 신호들이 축소되었고 그것과 상응해서 고주파수 대역에서 진폭이 증대되었는데 그것을 우리의 실험에서 검출할 장비가 없었다. 놀랍게도 이 새로운 파형은 350에서 500헤르츠의 범위에 있는 것이었고 정상적인 EEG파형의 범위라 할 수 있는 0-50헤르츠보다 훨씬 높은 수치이다. 이와 같은 고주파수 대역의 EEG 시그널은 특정한 명상 상태 그리고 육체 외적인 경험 혹은 의식이 두 지점에 동시에 존재하는(bilocation)의 상태의 생리학적 치수에서 쉽게 발견될 수 있는 것이다. 만약 그렇다면 수세기 동안 신비와 환상에 가려져 있었던 주제가 이제 새로운 연구 개척이라는 전기를 맞게 된 셈이다. [37)]

하지만 이 분야에 대한 연구는 아직도 유아기이다. 그러나 연구와 조사 과정에서 염두에 두어야 할 두 가지 중요한 요소가 있다. 첫 번째는 명상 테크닉에 익숙지 않은 사람들 그리고 당연한 말이지만 이 증세를 이해하지 못하거나 혹은 그것을 통제할 수 없는 사람들만이 공포를 경험한다는 것이다. 두 번째는 명상 그 자체는 우연한 자극에 의한 우연적인 반응이 아니라는 것이다. 명상은 의식을 체계적이고 의지적으로 조율해서 신체를 본래의 모습 자체로, 그리고 소우주로 조화롭게 만드는 것이다. 바로 이와 같은 입문적 요소는 꾼달리니를 설명하는 고대의 문헌에 분명히 언급된 것으로서 그 중요성은 아무리 강조해도 지나치지 않을 것이다.

서양에는 엄청난 혼동을 겪으면서 꾼달리니를 체험하는 사람들이 증가하고 있다. 하지만 아쉽게도 그들 대부분은 '꾼달리니의 진행을 조절하는 것을 목표로 하지도 않고 또 그것을 경험하지도 못한 현대 의학이나 정신병리학 그리고 뉴에이지 치유법'으로 눈을 돌린다. 수많은 수행자들은 꾼달리니 요가를 스스로 가르치는 수행이 담고 있는 엄청난 위험에 대해서 염려한다. 분명한 진실은 자격을 갖춘 스승만이 체계적인 방법으로 도움을 줄 수 있다는 것이지만 책임은 어디까지나 자기 자신에게 있다는 것이다. 인간 내부에 있는 이 에너지를 작동시키고 또 제어할 수 있는 방법을 배워야만 한다.

* * *

일단 꾼달리니가 각성되면 그것은 자신의 일평생 동안 남아 있게 된다. 융(C.G. Jung)은 이렇게 말한다.

> 이것이 진정한 의미에서 지속적인 진보이다. 당신이 경험한 것은 결코 잊히지 않으므로 이것은 갑자기 뛰어 오르거나 내려가지 않는다. 당신은 자신이 물라드하라에 있었고 그 다음에는 물(水)–센터(스와드히스타나 짜끄라)에 도달하고 그리고 난 후에는 분명히 되돌아온다고 말한다. 하지만 당신은 돌아온 것이 아니다. 당신이 되돌아온다는 것은 환상이다. 당신은 '당신 자신의 무언가'를 무의식 속에 남긴다. 무의식에 뭔가를 남겨 두지 않고서는 아무도 그 무의식에 접근할 수 없다. 당신이 그것을 잃거나 혹은 억누를지라도 당신은 그 경험을 결코 잃을 수 없다.[38)]

마침내 최고의 단계, 즉 '쉬바와의 합일을 실현한 초의식 상태'에 도달한 후 만약 그가 재차 창조를 통해 그 자신을 표현하고자 한다면 그는 필연적으로 하강해야 한다. 그리고 하강함으로써 창조적 활동을 완성하면 그는 재차 자신의 참된 동일성, 즉 절대자(쉬바)와의 융합 상태로 되돌아가려고 할 것이다.

도표 2: 꾼달리니 에너지 체계

순수 요소(pure tattvas)

대우주적 의식

마하빈두(mahābindu, 空)

또는

무속성 브라흐만(Nirguṇabrahman) 빠라마쉬바(Paramaśiva)

절대자 / 궁극적 실재

쉬바(Śiva) — 순수의식

샥띠(śakti) — 의식의 힘

존재–의식–환희(Sat-Cit-Ānanda)

- 사다쉬바(Sadaśiva) — 의지
- 이슈와라(Īśvara) — 진동
- 슛다비드야(śuddhavidyā) — 행위

⇧ 몰입

전개 ⇩

정신 요소

소우주적 의식

마야샥띠(māyāśakti)

존재의 객관적 단계

- 스리쉬띠(sṛṣṭi) — 창조 혹은 유출
- 스티띠(sthiti) — 전개 혹은 유지
- 쁘랄라야(pralaya, samhāra) — 해체 혹은 재흡수

다섯 개의 깐쭈까(kañchuka)들 혹은 장막들이라는 제한적 원리들에 의해 차별상이 생성된다.

① 부분(kalā): 우주적 의식이 지닌 만물의 작자성(作者性, sarvakatṛtva)을 제한함
② 무지(avidyā): 우주적 의식의 전지성(sarvajñtva)을 제한함
③ 라가(rāga): 우주적 의식이 갖춘 충만성(pūrṇatva)을 제한함
④ 깔라(kāla): 우주적 의식의 영원성(nityatva)을 제한함
⑤ 니야띠(niyati): 우주적 의식의 편재성(svatantratā, vyākatva)을 제한함

육체적인 원리

물질적인 우주

뿌루샤(puruṣa) — 남성 원리

쁘라끄리띠(prakṛti) — 여성 원리

구나(guṇa)들 (구성 요소들 혹은 특질들)

사뜨와(sattva, 순질)

지성(buddhi)
자아의식(ahaṃkāra)
마음(manas)

라자스(rajas, 동질)

다섯 지각기관 (jñānendriyas)
귀: 청각, 듣기
피부: 촉각,느낌,접촉
눈: 시각, 보기
혀: 미각, 맛보기
코: 후각, 냄새맡음

다섯 행위기관 (karmendriyas)
입: 말하기
손: 움직임
항문: 배설
생식기: 성행위
발: 이동하기

따마스(tamas, 암질)

미세요소 (tanmātra)
진동에너지: 성(聲, śabda)
접촉에너지: 촉(觸, sparśa)
빛,형태에너지:색(色, rūpa)
점착력: 미(味rasa)
응집력: 향(香, gandha)

조대요소 (mahābhūta)
공(空, vyoman)
풍(風, marut)
화(火, tejas)
수(水, ap)
지(地, kṣiti)

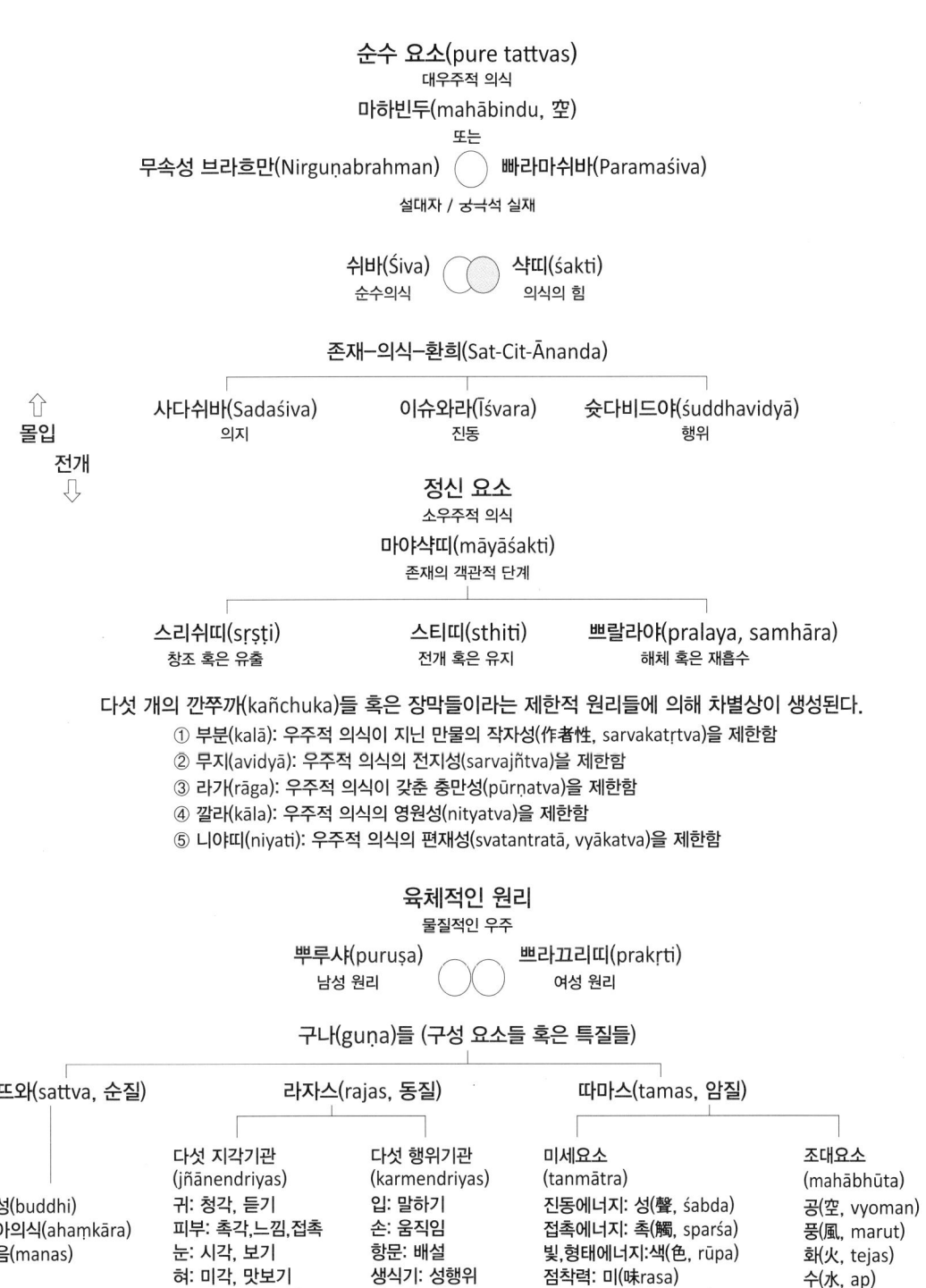

부록:

꾼달리니 각성을 위한 하타요가 수행법

प्राणापानयोरैक्ये कुण्डलिनीबोधो भवति ।
कुण्डालिनीबोधे सुषुम्नामार्गेण प्राणो ब्रह्मरन्ध्रं गच्छति ।
तत्र गते चित्तस्थैर्य भवति ।

쁘라나와 아빠나가 결합한 후에 꾼달리니는 각성된다.
꾼달리니가 각성될 때 쁘라나는 수슘나를 통해
[정수리의] 브라흐마란드흐라로 상승하고
[쁘라나가] 브라흐마란드흐라에 도달할 때 비로소 마음은 고정된다.

『하타요가의 등불』 제1장 58송에 대한 브라흐마난다의 주석서
『월광』(*Jyotsnā*) 중에서

아홉 짜끄라에 대한 설명을 담은 도해 사본의 일부. 일반적으로 짜끄라는 4개, 6개, 7개로 말해지지만 후대의 사본에서는 9개 심지어 28개까지로 묘사되기도 한다. 옆의 그림은 코끝(nāsikā)에 있는 여덟 번째 짜끄라인 발라왐 짜끄라(Valavācakra)와 목(kaṇṭha)에 있는 일곱 번째 짜끄라인 비슛드하 짜끄라(Viśuddhacakra)에 대한 설명이다.

1. 하타요가의 성립

빠딴잘리(Patañjali, 기원후 3-4세기경)의 『요가경』(*Yogasūtra*)은 가장 오래된 요가 문헌이자 뷔야사(Vyāsa)의 주석 『요가경 주해』(*Yogasūtrabhāṣya*)와 더불어 요가를 대표하는 문헌으로 평가되고 있다. 빠딴잘리 요가 체계의 권위와 영향력, 철학적 의의는 결코 평가절하될 수 없지만 그럼에도 불구하고 간과할 수 없는 것은 빠딴잘리 요가가 '그 이전부터 전해지던 모든 요가를 완전히 통합한 것' 혹은 '유일무이한 요가 체계'가 아니라는 것이다. 고(古) 우빠니샤드에

अष्टमं स्थानं वलवा
न ॥ ॐकारो देवता ॥ स्व
राट् ऋषिः त्रिवर्णो ॥ १
अकार उकार मकार
विष्णुः रुद्रः ॥ इच्छाक्रिय
प्राणापानसमाने
स्पर्शरूपरसगंधः ॥ ५
वरदत्रपनंजयः ॥

अंके नासिकाग्र
मुमणिशक्तिः ॥ वि
त्रिदल ॥ ४ त्रिमात्रा
मकार जलम ॥ अल
तेजो वायुः ॥ आका
शानवान ॥ ४ ॥ प्राणा
नागकूर्मकृकर

मनोबुद्धिचित्ताहं
कारः अन्तःकरणं
इडापिङ्गला सषु
म्ना ॥ ॥

नवमं विशुद्धचक्रं
ग्रीजीवो देवता ॥ अ
ट ऋषिः ॥ वायुः वाह
लोकला ॥ ज्वाला
हे ॥ तुर्यावस्था ॥ पर
जन्याः सलिलं ॥ सं
तोकना ॥ मोहको
शामात्रा ॥ १८ ॥ अग्रा

कण्ठस्थाने ॥ धूम्रव
विद्याशक्तिः ॥ विरा
नः उदानवायुः ज्व
मि: महाकारणदे
वाचा अथर्ववेदं
शिताभूमि ॥ कामे
उशाटल ॥ १९ ॥ षोड
शदल ॥ ल

서 언급된 수슘나 나디(suṣumnānādī)와 같은 개념이 『요가경』에 편입되지 않았다는 점에서 빠딴잘리 체계가 그 이전부터 전해진 가르침을 모두 체계화한 것으로 보이지는 않는다. 빠딴잘리 요가 전통이 유일무이한 요가 전통 혹은 '모든 요가 전통을 통합한 요가'가 아니라는 것은 일례로 샹까라(Śaṅkara, 700-750년경)가 다양한 전통권의 요가 문헌들을 알고 있었다는 점 그리고 그가 어느 특정 요가 문헌에만 권위를 부여했던 것이 아니고 심지어 빠딴잘리의 『요가경』조차 단순히 다양한 요가 문헌(yogaśāstra) 중 하나로 간주했다는 점에서 잘 알 수 있다. 오히려 샹까라의 작품에서, 훗날 하타요가의 수행법과 전문 용어로 굳어진 꿈브하까(kumbhaka, BGbh. 4.29), 쁘라나야마(prāṇāyāma, BGbh. 4.29) 등이 정의되었고[1] 또 수슘나(suṣumnā, TUbh. 1.6.2, PUbh. 3.7), 72,000개의 나디(nādyaḥ ... dvāsaptatiḥ sahasrāṇi. BUbh. 2.1.19)와 같은 핵심 용이들이 정의되었다는 점에서 빠딴잘리 요가와 구별되는 인체 연금술적인 요가 전통이 『요가경』 이후에도 전승되고 있었다는 것을 알 수 있다. 이와 같은 인체 연금술적인 요가는 '빠딴잘라 요가(Pātañjalayoga)의 성립이나 흥망과 무관하게' 스승에서 제자로 전수되면서 『띠루만띠람』, 『요가야갸왈꺄』 그리고 특히 『요가와시스따』(*Yogavaśiṣṭha*)를 거치면서 꾼달리니 각성을 위한 전문적인 수행법으로 확립되고 마침내 고락샤나타(Gorakṣanātha, 힌디로 Gorakhnāth, 9-12세기경) 계열의 수행자들에 의해 인체 연금술적인 하타요가로 체계화된 것으로 보인다.

빠딴잘리 요가체계는 19세기부터 학계의 주목을 받았지만 주류를 형성했던 요가는 고락샤나타 계열의 인체 연금술적인 하타요가이고[2] 장구한 요가사에서 볼 때 '마음 활동의 지멸'을 강조했던 빠딴잘라 요가가 오히려 가장 혁신적이고도 이례적인 지류였을 가능성도 적지

---

1 『바가바드기따』 4.29에 대한 샹까라의 주해에서 '뿌라까 쁘라나야마'(pūrakaprāṇāyāma, 들숨 후 그 숨을 멈추는 것), '레짜까 쁘라나야마'(recakaprāṇāyāma: 날숨 후 숨을 멈추는 것), '꿈브하까 쁘라나야마'(kumbhakaprāṇāyāma: 멈춤에 의한 멈춤)와 같은 세 종류의 쁘라나야마가 정의되고 있다.
한편 '아빠나(apāna)가 하기(下氣) 성향의 숨'이라는 하타요가 특유의 입장도 『바가바드기따』 4.29에 대한 샹까라의 주해에서 발견된다. "……그것(=쁘라나)과 반대로 아래로 흐르는(adho gamanam) 아빠나……" (tadviparyayeṇādhogamanam apānasya. BGbh. 4.29)

2 고전요가 문헌이 『요가경』 및 『요가경주해』에 대한 28여종의 주석(복주) 문헌 그리고 독립적인 저작으로 비갸나빅슈의 『요가정요집성』(*Yogasārasaṃgraha*)이 있을 뿐이지만 하타요가의 경우 독립적인 문헌만 100개 이상이다.

않다.[3]

빠딴잘리 요가 전통과 별개로 전수되었던 요가 전통 중 하나가 고락샤나타 등 나타(nātha) 계열의 초능력자 혹은 깐파따(kānphaṭa) 계열의 수행자들에 의해 체계화된 요가이다. 9-12세기 나타 계열의 스승과 까울라(Kaula) 계열의 스승 그리고 벵갈 출신의 딴뜨라 스승들은 84명의 위대한 초능력자 계보에 함께 포함되는데, 이들이 하타요가의 초기 스승들로 알려져 있다. 나타(nātha)파의 요가가 하타(haṭha) 요가로 불리게 된 이유는 분명치 않지만 아마도 나타(nātha)파 수행자들이 '무드라와 같이 비밀스럽고도 강력한 요가'를 수행했고 이것이 '강력함'을 뜻하는 하타(haṭha)[4]라는 단어와 결부되거나 혹은 혼동되어 하타요가라는 용어로 통용되었던 것으로 추측해 볼 수 있다. 하타요가의 목표는 꾼달리니(kuṇḍalinī)라는 에너지를 각성시키고 그것(각성된 꾼달리니: '각성된 꾼달리니'는 쁘라나라는 단어로 표현됨)을 수슘나를 통해 정수리의 브라흐마란드흐라로 끌어 올리는 데 있다. 하타요가 문헌은 100종류 이상이 현존하고 있는데 그 중에서 약 30종류가 출판되었고 나머지는 아직 필사본으로 잠들어 있다.

하타요가의 기법은 그 이전부터 있었던 것으로 보이지만 문헌으로 체계화된 시기는 9-12세기이다. 하타요가는 13-14세기에 인도 전역으로 확산되었고 15-17세기에 전성기를 맞게 되지만 무갈 제국과 영국 강점기부터 쇠락세를 겪게 된다. 19세기 후반부터 끄리쉬나마짜르야(Krishinamacharya)와 그의 두 제자 아이엥가(B.K.S. Iyengar), 빠뜨하비 조이스(K. Pattabhi Jois)의 레슬링적인 요가(malla-yoga)[5]

3 8세기의 샹까라가 『요가경』과 뷔야사의 『요가경주해』를 잘 알고 있었다는 점에서 그리고 두 문헌에 대한 주석서(복주)가 19세기까지 지속적으로 작성되었다는 점에서 빠딴잘리 요가전통이 생명력을 유지했다는 것은 분명하다. 하지만 빠딴잘라 요가 전통의 실체성, 즉 '빠딴잘리 전통권의 수행자 집단이 실재했는지' 혹은 '스승에서 제자로 가르침의 실제로 연속되었는지' 여부는 아직 모호하다.

4 하타(haṭha)의 어원은 분명치 않지만 일반적인 의미는 '힘, 무력, 강력' 등이다. 복합어 하타요가(haṭhayoga)는 격한정 복합어로 '힘에 의한 요가' 또는 동격한정복합어로 '강력한 요가'로 이해할 수 있다.

5 마이소르의 끄리쉬나마짜르야와 그의 두 제자들의 요가는 체조문헌인 『뷔야야마디삐까』(*Vyāyāmadīpikā*)에서 유래한 것으로 주로 체조나 레슬링과 결합해서 레슬장의 기둥(mallakhāmba)이나 밧줄(rajju)을 이용한 체위들로 구성되어 있다. 이 점에 대해서는 Gudrun Bühnemann(박영길 역), 『요가의 84가지 체위법 전통: 도해에 의거한 체위 전통에 대한 연구』(용인: 도서출판 여래, 2010), pp. 54-56을 참조.

가 널리 보급되면서[6] 요가는 부활하게 된다. 하지만 새롭게 부활한 요가는 '체위, 호흡수련, 무드라와 같은 전통적인 하타요가의 수행법' 중에서 체위만을 부활시킨 것으로 비록 특유의 역동성과 치유적 효과로 인도와 서구세계에서 폭발적인 인기를 누리고 있긴 하지만 전통적인 하타요가의 이상(꾼달리니의 각성 수단으로서의 요가) 또는 요가의 수행론적 가치에서 이탈한 것으로 보인다. 오히려 체위 중심적인 요가가 인도 전역을 휩쓸면서 입문 제자에 의해 전승되던 하타요가 전통은 더 위축되어 북인도 랑치(Randhi) 등 일부 지역에서만 겨우 명맥을 유지했던 것으로 보인다. 그 후 아이엥가, 데사이(Amrit Desai), 비끄람(Bikram) 등이 개발한 체위요가가 전 세계로 보급되고 또 그것이 인도로 역수입되면서 체위요가가 하타요가로 오인되고[7] 하타요가 문헌은 학계에서도 거의 잊혀졌다.[8]

현대의 체위 중심적 요가와 하다요가의 공통점으로 체위(āsana)를 실행한다는 것인데 차이점은 하타요가에서 체위는 호흡수련과 무드라를 위한 준비 과정이지만 현대 요가에서는 체위가 사실상 전부라는 것이다. 하타요가가 무드라와 호흡수련을 강조하는 이유는 무드라를 통해 꾼달리니가 각성되어 수슘나로 상승할 때 비로소 삼매가 성취된다는 하타요가 특유의 인간관, 삼매관(삼매가 심리적 사건일 뿐만 아니라 수슘나, 뇌 등 온 몸으로 체험하는 사건이고 따라서 삼매는 의식세계의 변혁뿐만 아니라 세포나 생리 기관까지 변혁시킨다)에 의거한 것이다.

6 남인도 마이소르 왕국은 인도 문화의 보존 차원에서 인도의 문화, 예술, 요가체위 등을 일반인에게 보급하는 데 많은 노력을 기울였다.

7 이미 비베까난다 시대부터 체위요가와 하타요가는 혼동되었던 것으로 보인다. 근대의 요가 스승이 '꾼달리니 각성을 위한 자신의 요가의 기법'을 꾼달리니 요가 혹은 끄리야 요가로 불렀던 것은 이 이유에 기인하는 것으로 보인다.

8 체위 중심적인 요가에 대한 비판이 없었던 것은 아니지만 아이엥가, 데사이와 같은 체위요가의 스승들이 '자신의 체위 중심적 요가'의 존립 근거를 하타요가 문헌 보다 빠딴잘리의 『요가경』 2.29경문(팔지요가의 지분을 열거하고 있는 단 하나의 경문)에 의존하고 또 '체위(āsana)를 실행하는 과정에서 선정, 삼매를 포함한 여덟 지분을 모두 체험한다'고 주장한다는 것이다. 현대 요가스승이 하타요가 문헌을 외면했던 이유는 당연하지만 '체위보다 호흡수련과 무드라 수행을 강조하는 하타요가 문헌'에서 체위요가의 존립 근거를 찾을 수 없었기 때문일 것이다. 이 점에 대해서는 Gudrun Bühnemann(박영길 역), 『요가의 84가지 체위법 전통: 도해에 의거한 체위 전통에 대한 연구』(용인: 도서출판 여래, 2010), pp. 54-56을 참조.

2. 하타요가의 정의와 목표

하타요가에 대한 정의는 고락샤나타의 것으로 알려진 『요가비자』(*Yogabīja*), 『고락샤빠드하띠』(*Gorakṣapaddhati*)에서 발견되는데 두 문헌에 따르면 하(ha)는 태양, 쁘라나를 의미하고 타(ṭha)는 달, 아빠나를 의미하고 따라서 하타요가는 태양과 달 혹은 쁘라나와 아빠나의 결합(yoga)을 의미한다. 『하타요가쁘라디삐까(하타요가의 등불)』(*Haṭhayogapradīpikā*, =Hp.)에 대한 브라흐마난다(Brahmānanda)의 주석 『월광』(*Jyotsnā*)은 다음과 같이 하타요가를 정의한다.

> 하타[요가]의 지혜는 하(ha)와 타(ṭha)라는 두 가지, 즉 태양과 달이라는 두 가지를 결합하는 것이 하타요가이다. 이것에 의해서 하타라는 말이 지시하는 두 가지는 태양과 달로 불리는 두 가지, 즉 쁘라나(prāṇa)와 아빠나(apāna)의 결합을 본성으로 하는 쁘라나야마(호흡의 멈춤)가 하타요가라고 하타요가의 특성이 확립되었다. 그와 같이 고락샤나타는 다음과 같이 말했다. "하(ha)라는 말은 태양을 지칭하고 타(ṭha)는 달로 말해졌다. 태양과 달이 결합하기 때문에 하(ha)와 타(ṭha)의 결합(yoga)로 말해졌다"라고.[9]

브라흐마난다의 해석에 따르면 하타요가는 쁘라나(prāṇa)를 상징하는 하(ha)와 아빠나(apāna)를 상징하는 타(ṭha)의 결합(yoga)으로 파악된다. 일반적으로 쁘라나와 아빠나는 각각 들숨과 날숨, 혹은 그 반대로 날숨과 들숨을 의미하지만 여기서의 쁘라나는 위로 상승하려는 성향의 숨을 의미하고 아빠나는 아래로 내려가려는 성향의 숨을 의미한다.[10] 쁘라나와 아빠나를 결합한다는 것은 '상승하려는 쁘라나를 배꼽으로 내리고' 또 '아래로 내려가려는 성향의 아빠나'를 배꼽으로 끌어 올릴 때 가능하다. '쁘라나와 아빠나의 결합'은 하타요가에

9 haṭhayogavidyā haś ca ṭhaś ca haṭhau sūryacandrau tayor yogo haṭhayogaḥ, etena haṭhaśabdavācyayoḥ sūryacandrākhyayoḥ prāṇāpānayor aikyalakṣaṇaḥ prāṇāyāmo haṭhayoga iti haṭhayogasya lakṣaṇaṃ siddham I tathā coktaṃ gorakṣanāthena siddhisiddhāntapraddhatau "hakāraḥ kīrtitaḥ sūryaṣṭhakāraścandra ucyate I sūryācandramasor yogādd haṭhayogo nigadyate II" iti II *Jyotsnā*. I .1.

10 "아빠나를 위로 끌어올리고서 쁘라나를 목 아래로 내려야 한다." (apānam ūrdhvam utthāpya prāṇaṃ kaṇṭhādadho nayet) *Haṭhayogapradīpikā*(이하 Hp.) II . 47a.
"아래로 흐르는 [성향의] 아빠나를 강제로(balāt) 상승하게 만드는……"(adho gatim apānaṃ vā ūrdhvagaṃ kurute balāt) Hp. III. 62a.

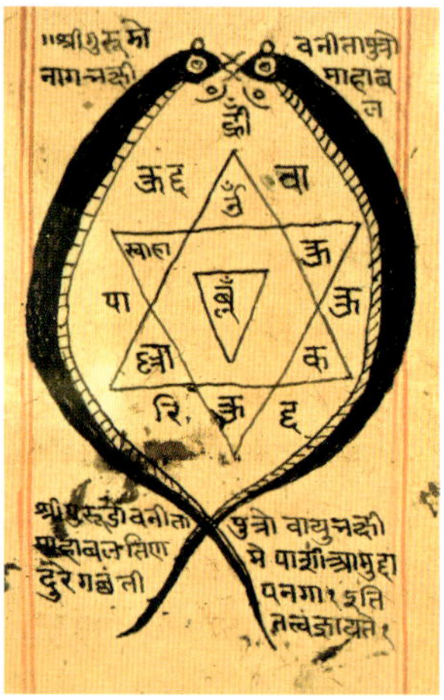
뱀으로 상징되는 꾼달리니 얀뜨라(yantra)

서 대단한 중요성을 지니는데 그것은 '쁘라나와 아빠나가 결합된 이후'에 꾼달리니가 각성되기 때문이다. 쁘라나와 아빠나를 결합시키는 기법이 무드라인데, 여기서의 무드라는 '들숨 후 그 숨을 최대한 참은 상태(=pūrakaprāṇāyāma)'에서 실행되는 것이다. 하타요가의 의미를 쁘라나(ha)와 아빠나(ṭha)의 결합(yoga)으로 해석한다는 점에서 알 수 있는 것은 하타요가의 본령이 호흡수련법에 기반하고 있다는 것 그리고 쁘라나와 아빠나를 결합하기 위해서는 호흡수행에 달인이 되어야 한다는 것이다.

『하타요가쁘라디삐까』는 제1장에서 체위(āsana)를 설명하고 제2장에서 호흡법(prāṇāyāma)를 설명한 후 제3장 무드라(mudrā) 편 서두에서 다음과 같이 말한다.

> 마치 뱀신이 산과 나무를 지닌 대지를 지탱하듯이
> 그와 같이 모든 요가의 수행법을 지탱하는 것이 꾼달리니이다.

위 인용문은 무드라를 수련하는 목적이 꾼달리니를 각성시키는 것이고 또 꾼달리니를 각성시키는 것이 요가 수행의 주요한 목표라는 것을 말하고 있다. 주석가 브라흐마난다(Brahmānanda)는 첫 게송에 대한 그의 주석 『월광』(*Jyotsnā*)에서 꾼달리니의 각성을 목표로 하지 않는 수행을 무가치한 것으로 간주한다.

> 꾼달리니의 각성을 결여한 모든 요가 수련법들은 가치가 없기 때문이다.[11]

잠들어 있는 꾼달리니가 각성된 후 꾼달리니는 수슘나로 상승하면서 꾼달리니의 상승을 가로막는 세 개의 결절을 파괴하면서 여섯 개의 짜끄라를 하나씩 각성시킨 후 정수리의 브라흐마란드흐라로 간다.

> 잠들어 있던 꾼달리니가 스승의 은총에 의해 일어날 때, 즉 각성될 때

---

11 kuṇḍalībodhaṃ vinā sarvayogopāyānāṃ vaiyarthyād I *Jyotsnā*. III. 1.

> 그 때 모든 연꽃들, 다시 말해서 여섯 짜끄라는 각성되고
> 결절들, 브라흐마그란띠, 비슈누그란띠, 루드라그란띠가 뚫어진다.[12]

하타요가는 꾼달리니를 각성시킬 수 있는 선문석인 수행법을 제시하는데 특히 중요한 수행법이 호흡수련과 무드라이다. 근대와 현대의 요가 수행자들은 꾼달리니의 각성만을 위한 전문적인 수행법을 끄리야 요가 또는 꾼달리니 요가로 부르고 있지만 구체적인 기법은 사실상 하타요가에 포함된다.

3. 하타요가의 수행법

하타요가의 주요 수행법은 세 가지이다. 첫 번째는 아사나(āsana, 체위 혹은 좌법)이고 두 번째는 쁘라나야마(prāṇāyāma, 호흡의 멈춤을 특징으로 하는 호흡 수련) 그리고 세 번째가 무드라(mudrā)이다. 이 중에서 꾼달리니를 각성시키고 또 각성된 꾼달리니를 수숨나로 상승시키기 위한 전문적인 수행법이 무드라이다. 『하타요가쁘라디삐까』를 비롯한 하타요가 문헌은 다양한 무드라를 설명하는데 그 유형은 몇 가지로 분류될 수 있고 또 무드라를 수련하는 목적 역시 정(靜)과 감로의 보존, 쁘라나와 마음의 소멸 등 몇 가지로 세분화될 수 있다. 하지만 이 중에서 가장 기본이 되는 것은 꾼달리니를 각성시키고 또 각성된 꾼달리니를 수숨나로 상승시키는 것이다. 꾼달리니의 각성과 상승을 위한 무드라의 공통점은 달인좌(혹은 연화좌) 자세에서 '들숨 후 그 숨을 참은 상태(들숨 후 멈춤, pūrakaprāṇāyāma)'에서 실행된다는 것이다. 따라서 무드라는 초보자를 위한 것이 아니라 쁘라나야마에 통달한 자, 즉 자격을 갖춘 수행자를 위한 것이다. 쁘라나야마를 수련하기 위한 전제 조건은 아사나에 통달하는 것이다.

1) 아사나(**āsana**: 체위, 좌법)

아사나(āsana: 체위, 좌법)는 하타요가에서 첫 번째 단계(prathamāṅga)

---

12 suptā kuṇḍalī guroḥ prasādena yadā jāgarti budhyate tadā sarvāṇi padmāni ṣaṭcakrāṇi bhidyante I granthayo 'pi ca brahmagranthiviṣṇugranthirudragranthayo bhdyante bhedaṃ prāpnuvantī). *Jyotsnā*. III. 2.

의 수행법으로 말해진다.[13] 하타요가 문헌에서 언급된 아사나의 유형을 크게 두 가지로 분류할 수 있는데 첫 번째는 활체위, 공작 체위와 같은 역동적인 체위 동작이고 두 번째는 연화좌, 달인좌와 같은 정적인 정좌 자세이다. 비록 마이소르의 레슬링적 체조에 기원을 둔 아이엥가, 끄리빠루, 비끄람 등이 창시한 현대 요가는 아사나를 중요시하고 또 아사나가 요가의 전부인 것처럼 소개하고 있지만 전통적인 하타요가 문헌이 강조하는 것은 아사나가 아니라 호흡수련과 무드라이고 아사나들 중에서 중요한 것은 물구나무서기, 공작 체위, 활 체위와 같이 역동적인 체위 동작이 아니라 연화좌(결가부좌), 달인좌와 같은 정적인 아사나이다.[14]

(1) 아사나의 종류와 주요 아사나

하타요가 문헌은 고전 요가 문헌과 비교될 정도로 아사나의 방법과 유용성을 설명하는데 많은 정성을 기울였을 것 같지만 통설과 달리 아사나를 설명하는 데 아주 인색하다.[15] 『고락샤사따까』(*Gorakṣaśataka*)와 같은 초기 문헌에서 언급된 아사나는 달인좌(siddhāsana)와 연화좌(padmāsana)뿐이고[16] 심지어 하타요가가 인도 전역으로 보급된 14세기 문헌에서도 아사나의 수는 4개를 넘지 않는다.[17] 그 이후의 대중

9개의 짜끄라를 묘사하는 도해 사본 중 일부. 헝겊에 채색. 라호르 박물관(Lahore Museum) 소장.
이 그림은 복부(nābhi)에 위치한 네 번째 마니뿌라(maṇipūra)짜끄라에 대한 설명을 담고 있다. 마니뿌라 짜끄라는 열 개의 꽃잎을 지닌 연꽃으로 상징되는데 열 개의 꽃잎엔 각각엔 다(ḍa), 드하(ḍha), 나(ṇa), 따(ta), 타(tha), 다(da), 드하(dha), 나(na), 빠(pa), 파(pha)라는 글자가 새겨져 있다. 마니뿌라 짜끄라를 지배하는 신과 여신(샥띠)은 가루다(garuḍa) 위에 앉아 있다. 가루다는 하늘을 나는 동물인데, 이것이 상징하는 것은 '사고와 느낌 등 심리적 활동'이 자유분방하다는 것이다. 일반적으로 마니뿌라 짜끄라를 상징하는 동물로 알려진 영양 역시, '가볍고 잡기 힘든 것'을 상징한다.

---

13 "아사나는 하타[요가]의 첫 번째 지분이므로 먼저 말해진다. 아사나는 [신체를] 강인하게 만들고 병을 없애고 사지를 가볍게 한다."
(haṭhasya prathamāṅgatvād āsanaṃ pūrvam ucyate I
kuryāt tad āsanaṃ sthairyam ārogyaṃ cāṅgalāghavam II Hp. I. 17)

14 빠딴잘리의 『요가경』은 아사나를 "견고하며 안락한 것이다"(sthirasukham āsanam. Ys.II.46)으로 정의할 뿐 구체적인 아사나의 명칭이나 방법을 설명하지 않았다. 최초의 주석가인 뷔야사는 연화좌(Padmāsana), 영웅좌(Vīrāsana), 행운좌(Bhadrāsana), 길상(Svastika), 장좌(Daṇḍāsana), 보조물(Sopāśraya), 옥좌(Paryaṅka), 마도요(Krauñcaniṣadana), 코끼리(Hastiniṣadana), 낙타(Uṣtraniṣadana), 편한자세(Samasaṃsthāna)와 같은 11개의 아사나를 열거한다. 이 중에서 "견고하고 안락한 것"이라는 아사나에 대한 정의에 부합하는 것은 연화좌를 비롯한 정적인 동작이다. 그 외 낙타 등은 부수적 것으로 분류할 수 있다.

15 하타요가의 체위법 전통에 대해서는 박영길의 논문 「하타요가(Haṭhayoga) 전통에서의 84좌법(āsana)설: 원형과 문헌적 근거에 대하여」, 『인도연구』 15권1호, 2010, pp.101–156을 참조.

16 "모든 아사나들(쉬바가 선별한 84 아사나) 중에서 두 가지가 뛰어난데 하나는 달인좌이고 두 번째는 연화좌이다."
(āsanebhyaḥ samastebhyo dvayam eva viśiṣyate I
ekaṃ siddhāsanaṃ proktaṃ dvitīyaṃ kamalāsanam II *Gorakṣaśataka*. I . 7)

17 『쉬바 상히타』에 언급된 네 가지 아사나는 달인(siddha), 연화(padma), 최상(ugra), 길상(svastika)이다.

मिनमः ॥

मनुयमणिपूर कचक्र॥ नाभिस्थान॥नी

लवर्ण॥ उकारमिलो गुणविष्णुदेवता:॥ ल

क्ष्मीशक्तिः॥ [illegible]

नवांगु॥ लिंगदेहसूक्ष्ममाव स्था॥ मध्यमावा

वा॥ शुक्लवर्णदलानि॥ ग्रामना भूमिका:॥

[illegible]

डढणतथदधने पफग्रनमात्रा॥ ॥ पव

हिमात्रा॥ ॥ हमा ॥ ॥ मे

धा॥ म॥ नी मा॥ म॥ नाथ

थ॥ मेधा थ॥ य

[illegible]

गमनी नन्म

या॥ दल स्था॥

देवता॥ ग्रमना॥

९ ब टि षट्सहस्र

[illegible]

[illegible]

स्यादि समर्पयामिनमः॥ ॥ ॥ ॥

적인 문헌인『요가야갸왈까』가 8개의 아사나를 설명하고,[18]『마츠옌드라상히타』가 12개 그리고 15세기 문헌인『하타요가쁘라디삐까』가 획기적으로 많은 15개를 설명하고 있다. 18세기 문헌으로 다양한 수행법을 제시하는『게란다상히따』에 이르러서 체위는 32종류로 확대된다.[19]

최초의 하타요가 문헌이라 할 수 있는 고락샤나타(Gorakṣanātha, 9-12세기경)의『고락샤샤따까』는 '생명체의 종류만큼이나 많은 8,400,000개의 아사나 중에서 쉬바(Śiva)가 84개의 아사나를 선별했다'고 말한다.

> 생명체의 종류만큼의 아사나가 있다. 마헤쉬와라가 아사나의 종류들을 알고 있다.
>
> [마헤쉬와라는] 84락샤(lakṣa)개의 [아사나]에서 1 [락샤] 중에 하나씩[20] 언급하였다.
>
> 그러므로 쉬바는 84개[21]의 아사나를 만들었다.[22]

'쉬바가 84개의 아사나를 선별했다'는 것은『고락샤샤따까』,『쉬바상히따』와 같은 초기 문헌뿐만 아니라 15세기의 고전『하타요가쁘라디삐까』를 비롯해서『게란다상히따』와 같은 후기 문헌에서도 언급되는 것으로 사실상 하타요가의 정설로 알려져 있다. 하지만 뷔네만(Bühnemann)의 지적대로 84는 상징적인 숫자일 뿐이고 84아사나의

18『요가야갸왈까』에 설명된 여덟 아사나는 길상(svastika), 소 얼굴(gomukha), 연화(padma), 영웅(vīra), 사자(siṃha), 행운(bhadra), 해탈(mutkta, =siddha), 공작(mayūra)이다.

19『게란다상히따』에서 설명된 32가지 아사나는 다음과 같다.
달인(siddha), 연화(padma), 행운(bhadra), 해탈(mukta), 금강(vajra), 길상(svastika), 사자(siṃha), 소 얼굴(gomukha), 영웅(vīra), 활(dhanura), 송장(mṛta), 비밀(gupta), 물고기(mātsya), 마츠옌드라(matsyendra), 고락샤(gorakṣa), 등펴기(paścimottāna), 웃뜨까따(utkaṭa), 상까따(saṃkaṭa), 공작(mayūra), 수탉(kukkuṭa), 거북이(kūrma), 누운 거북(uttānakūrmaka), 누운 개구리(uttānamaṇḍūka), 나무(vṛkṣa), 개구리(maṇḍūka), 가루다(garuḍa), 소(vṛṣa), 메뚜기(śalabha), 악어(makara), 낙타(uṣṭra), 뱀(bhujaṃga), 요가(yoga).

20 1 lakṣa는 100,000개이고 84 laska는 8,400,000개이다.
"ekam ekam": 1락샤 중에 1개는 84개(8,400,000÷100,000 = 84)를 의미한다.

21 "ṣoḍaśonaṃ śataṃ": 16(śodaśa)을 뺀(una) 100(śata) = 84.

22 āsanāni tu tāvanti yāvatyo jīvajātayaḥ I
eteṣām akhilān bhedān vijānāti maheśvaraḥ II *Gorakṣaśataka*. I . 5
caturāśītilakṣāṇāṃ ekam ekam udāhṛtam I
tataḥ śivena pīṭhānāṃ ṣoḍaśonaṃ śataṃ kṛtam II *Gorakṣaśataka*. I . 6.

실체 내지는 원형을 담고 있는 문헌은 발견되지 않는다.

17세기 후반기에 성립된 문헌으로 『하타요가쁘라디삐까』의 아류작이라 할 수 있는 『하타라뜨나왈리』가 84가지 아사나 목록을 제시한 유일한 산스끄리뜨 문헌이다. 하지만 실제로 설명된 것은 38개이며 그 중에서 연화좌가 4개, 공작 5개 등 84라는 숫자를 채우기 위해 삽입한 것이 대부분이고 나머지 46개의 실체는 묘연하다. 『하타라뜨나왈리』 이전의 어떤 문헌에서도 '쉬바의 84 아사나'의 실체나 원형은 발견되지 않았고 또 『하타라뜨나왈리』의 84 아사나 목록이 그 이후 힌디 문헌인 『조가쁘라디빠까』(*Jogapradīpakā*, 혹은 *Jogapradīpyakā*)의 84 아사나 목록과도 완전히 이질적인데, 이것은 재차 두 문헌이 공통적으로 참조할 수 있었던 '84 아사나의 원본'이 존재하지 않았다는 것을 반증한다. 더욱이 17세기 이후에 등장하는 두 문헌의 84 아사나 목록이 서로 이질적일 뿐만 아니라 두 문헌의 84 아사나가 대중적인 문헌인 『게란다상히타』의 32 아사나와 『요가싯드한따짠드리까』의 38 아사나와도 이질적이라는 것은 오히려 '쉬바의 84 아사나'의 원형이 존재했을 가능성을 부정한다. 17세기 후반에 갑작스럽게 등장하는 84 아사나 목록은 '전설적인 84 아사나'를 실제로 열거함으로써 후대 문헌으로서 갖추기 힘든 문헌적 권위를 확보하려는 의도로 판단된다.

그럼에도 불구하고 대부분의 하타요가 문헌이 '쉬바가 84개의 아사나를 선별했다는 것'을 앵무새처럼 반복하고 있는데 그 의도는 84 아사나설을 확립하기 위해서가 아니라 오히려 달인좌(siddhāsana)라는 한 개의 아사나가 가장 중요하다는 것을 강조하는 수단으로 파악된다.[23] 15세기의 고전 『하타요가쁘라디삐까』는 다음과 같이 말한다.

> 그리고 쉬바가 설명한 84가지 아사나들 가운데

23 이 점은 심지어 84체위법 목록을 제시하는 최초의 문헌인 『하타라뜨나왈리』의 경우도 동일하다. 『하타라뜨나왈리』는 84가지 체위를 하나씩 열거한 후 "그리고 쉬바가 설명한 84가지 체위들 가운데 핵심적인 네 가지를 먼저 나는 설명하겠다. 달인, 연화, 사자, 영웅이라는 네 가지이다. 그 중에서도 탁월하고 또 언제나 편하게 유지되어야 하는 것은 달인좌이다."라는 『하타요가쁘라디삐까』의 문장을 그대로 인용하고 있다. 원문은 아래의 Hp. I. 33-34를 참조.

핵심적인 네 가지를 먼저 나는 설명하겠다.[24]

달인, 연화, 사자, 영웅이라는 네 가지가 그것이다.

그 중에서도 탁월하고 또 언제나 편하게 유지되어야 하는 것은 달인좌이다.[25]

『하타요가쁘라디삐까』는 쉬바가 84개의 아사나를 선별했다는 것을 언급하지만 실제로 설명하는 것은 15개이고 15개의 아사나를 설명한 후 달인, 연화, 사자, 영웅이라는 4개가 특히 중요하고 그 중에서도 달인좌가 중요하다는 것을 순차적으로 언급한다. 따라서 아사나의 중요성은 84개→ 15개→ 4개→ 1개로 집약되어 달인좌가 중요하다는 것으로 귀결된다고 할 수 있다.

마치 금계 중에서는 소식(小食)이, 권계 중에서 불살생이 [가장 중요하듯이] [그와 같이] 현자는 모든 아사나 중에서 뛰어난 한 가지를 달인좌로 말한다.[26]

그와 같이 오직 달인좌 하나에 확고히 통달한다면 세 가지 반드하는 노력하기 않아도 저절로 이루어진다.[27]

달인좌에 견줄 아사나는 없고, 께왈라에 비견할 꿈브하까는 없으며, 케짜리에 비견할 만한 무드라는 없으며……[28]

달인좌에 통달한다면 다른 어떤 다른 아사나가 필요할 것인가?[29]

따라서 『하타요가쁘라디삐까』는, 쉬바가 84가지 아사나를 선별했다는 것을 언급했지만 문맥과 정황상 강조되는 것은 '8,400,000개의

---

24 caturaśīty āsanāni śivena kathitāni ca I
tebhyaś catuṣkam ādāya sārabhūtaṃ bravīmy aha II Hp. I. 33.

25 siddhaṃ padmaṃ tathā siṃhaṃ bhadraṃ ceti catuṣṭayam I
śreṣṭhaṃ tatrāpi ca sukhe tiṣthet siddhāsane sadā II Hp. I. 34.

26 yameṣv iva mitāhāram ahiṃsāṃ niyameṣv iva I
mukhyaṃ sarvāsaneṣv ekaṃ siddhāsanaṃ viduḥ II Hp. I. 38.

27 tathaikasminn eva dṛḍhe baddhe siddhāsane sati I
bandhatrayam anāyāsāt svayam evopajāyate II Hp. I. 42.

28 nāsanaṃ siddhayadṛśyaṃ na kumbhaḥ kevalopamaḥ I
na khecarīsamā mudrā…… II Hp. I. 43.

29 kim anyair bahubhiḥ pīṭaiḥ siddhe siddhāsane sati I Hp. I. 41a.

체위 중에서 쉬바가 84가지를 선별했다'는 것이 아니라 '쉬바가 선별한 84가지 아사나 중에서도 달인, 연화, 사자, 영웅이라는 네 가지 아사나가 중요하고 이 네 가지 아사나 중에서도 특히 달인좌가 중요하다'는 것으로 파악된다. 다시 말하면 84아사나 설은 오직 달인좌의 중요성을 강조하는 수단이라 할 수 있다.

달인좌는 고전 요가 문헌에서는 발견되지 않고 하타요가 문헌에서 비로소 등장하는 아사나인데 하타요가 문헌이 달인좌를 강조하는 이유는 하타요가의 핵심 수행법이라 할 수 있는 호흡법과 무드라 특히 꾼달리니의 각성과 상승에 필요한 무드라들이 '회음을 압박하는 자세', 즉 달인좌 자세에서 실행되기 때문이다.

⑵ 달인좌(siddhāsana)

달인좌는 현존하는 최초의 하타요가 문헌이라 할 수 있는 『고락샤사따까』 이후 거의 모든 하타요가 문헌에서 언급된 것으로 하타요가가 가장 중요시하는 아사나이다. 『하타요가쁘라디삐까』에 따르면 달인좌의 방법은 다음과 같다.

> 회음부에 발꿈치를 붙이고서 한쪽 발을 성기에 확고히 두고
> 가슴에 턱을 올바르게 붙여야 한다.
> 감관을 통제하고, 움직이지 않고, 시선을 양 눈썹 사이에 두어야 한다.
> 실로 이것이 해탈의 문을 열게 하는 달인좌로 말해졌다.[30]
>
> 하지만 다른 견해도 있다.
> 성기 위에 왼쪽 발목을 대고 그와 같이 그 위에 다른 발목을 고정시키는 그것이 달인좌라고.[31]
>
> 이것을 달인좌로 말하고 다른 사람은 금강좌로 안다.

---

30 yonisthānakam aṅghrimūlaghaṭitaṃ kṛtvā dṛḍhaṃ vinyasen meṇḍhre pādam athaikam eva hṛdaye kṛtvā hanuṃ susthiram I sthāṇuḥ saṃyamitendriyo 'caladṛśā paśyed bhruvor antaraṃ hy etan mokṣakapāṭabhedajanakaṃ siddhāsanaṃ procyate II Hp. I . 35.

31 matāntare tu meṇḍhrād upari vinyasya savyaṃ gulphaṃ tathopari I gulphāntaraṃ ca nikṣipya siddhāsanam idaṃ bhavet II Hp. I . 36.

어떤 이는 해탈좌로 말하고 어떤 자는 비밀좌라고 말한다.[32]

이 부분에 대한 주석에서 브라흐마난다는 네 가지 아사나의 미세한 차이를 다음과 같이 설명한다.

왼발 뒤꿈치를 회음부에 고정시키고서 오른발 뒤꿈치를 성기 위에 두는 것이 달인좌이다.

오른쪽 발꿈치를 회음부에 고정시킨 후 왼쪽 발꿈치를 성기 위에 붙이는 것이 금강좌이다.

오른쪽과 왼쪽의 두 발꿈치를 아래 방향으로 모은 후 회음에 함께 붙이는 것이 해탈좌이다.

앞에서의 자세를 취하고 두 발꿈치를 성기 위에 놓는 것이 보호좌이다.[33]

(3) 연화좌(padmāsana)

연화좌는 달인좌와 더불어 하타요가의 양대 아사나로 말해진다. 달인좌는 하타요가 문헌에서 비로소 등장하지만 연화좌는 고전 요가 문헌, 자이나 문헌 그리고『요가와시스따』를 비롯한 대중적인 문헌에서도 발견되는 중요한 좌법이다.『하타요가쁘라디삐까』는 두 종류의 연화좌를 설명한다.

왼쪽 허벅지 위에 오른발을 올려놓고서
그와 같이 왼쪽 [발]을 오른쪽 허벅지 위에 [두고]
두 손을 등쪽으로 보내고서 두 엄지발가락을 단단히 잡은 후
턱을 가슴에 붙이고 코끝을 응시하는 이것은 질병을 파괴하는 것으로

---

32 etat siddhāsanaṃ prāhur anye vajrāsanaṃ viduḥ I
muktāsanaṃ vadanty eke prādur guptāsanaṃ pare II Hp. I. 37.

33 yatra vāmapādapārṣṇiṃ yonisthāne niyojya dakṣiṇapādaparṣṇir meṇḍrād upari sthāpyate tat siddhāsanam I yatra dakṣiṇapādapārṣṇiṃ yonisthāne niyojya vāmapādapārṣṇir meṇḍrād upari sthāpyate tadvajrāsanam I yatra tu dakṣinasavyapādaparṣṇidvayam upary adhobhāgena saṃyojya yonisthānena saṃyojyate tanmuktāsanam I yatra ca pūrvavat saṃyuktaṃ pārṣṇidvayor meṇḍrād upari nidhīyate tadgupāsanam iti II *Jyotsnā*. I. 37.

수행자들은 그것을 연화좌로 부른다.[34]

여기서의 연화좌는 '결가부좌 자세에서 두 손을 등 뒤로 보내 두 엄지발가락을 잡는다'는 의미에서 결합연화좌(Baddhapadmāsana)로도 불린다. 결합연화좌는 턱을 가슴에 붙인다는 점에선 달인좌와 동일하되 시선을 코끝에 둔다는 점에서 '시선을 미간에 두는 달인좌'와 차이가 있다. 한편, 『하타요가쁘라디삐까』는 일반적으로 널리 알려진 연화좌를 다음과 같이 설명하는데, 브라흐마난다는 그의 주석 『월광』에서 이 연화좌를 마체옌드라나타가 설명한 연화좌로 해설한다.[35]

다른 견해로는

전력을 다해 두 발을 위로 올려[36] 두 허벅지에 두고

그와 같이 두 허벅지 가운데에 두 손을 위쪽에 두고 난 후

두 눈을[37] 코끝에 두어야 한다.

그리고 앞니의 뿌리에 혀로 올려 붙이고,

턱을 가슴에 [붙인 후] 생기를 천천히 끌어올려야 한다.[38]

위 게송에는 손가락의 형태나 위치가 언급되지 않았지만 주석가는 왼쪽 손 위에 오른쪽 손을 둔다고 말한다.[39] 한편, 연화좌에서 중요한

---

34 vāmorūpari dakṣiṇaṃ ca caraṇaṃ saṃsthāpya vāmaṃ tathā dakṣor ūpari paścimena vidhinā dhṛtvā karābhyāṃ dṛḍham I aṅguṣṭhau hṛdaye nidhāya cibukaṃ nāsāgram ālokayed etad vyādhivināśakāri yamināṃ padmāsanaṃ procyate II Hp. I . 44

35 matsyendranādhābhimataṃ padmāsanam āha II *Jyotsnā*. I. 45.

36 "'올리는 것'이란 허벅지에 두 발등을 붙이는 것이다."(uttānau ūrusaṃlagnapṛṣṭhabhāgau caraṇau pādau. *Jyotsnā*. I. 45)

37 matāntare
uttānau caraṇau kṛtvā ūrusaṃsthau prayatnataḥ I
ūrumadhye tathottānau pāṇī kṛtvā tato dṛśau II Hp. I. 45

38 nāsāgre vinyased rājadantamūle tu jihvayā |
uttambhya cibukaṃ vakṣasy utthāpya pavanaṃ śanaiḥ II Hp. I. 46

39 savyaṃ pānim uttānaṃ kṛtvā tadupari dakṣiṇaṃ pāṇiṃ cottānaṃ kṛtvety arthaḥ I *Jyotsnā*. I. 46.

것은 혀를 앞니의 뿌리에 붙이는 것인데[40] 혀를 이빨에 붙이는 것은 지흐와 반드하(혀 반드하)로 불리는 것이며 스승에 의해서 제자로 전수되는 것이다.[41]

연화좌는 그 자체로서도 질병을 제거하는 효과가 있지만 『하타요가쁘라디삐까』는 연화좌에서 호흡법과 무드라를 수행해야 꾼달리니를 각성시킬 수 있다고 말한다.

> 연화좌를 취하고…… 턱을 가슴에 단단히 붙이고서
> 그를 마음으로 명상하면서 지속적으로 아빠나 기를 위로 올리면서
> [흡입해서 신체에] 채워진 쁘라나를 아래로 내린다면
> 샥띠(꾼달리니)의 각성을 통해 인간은 비견할 수 없는 지혜를 얻는다.[42]

위 게송에서 '턱을 가슴에 단단히 붙이는 것'은 잘란드하라 반드하 무드라를 의미하고[43] '그를 명상하는 것'은 브라흐만을 명상하는 것[44]을 의미한다. 그리고 '지속적으로 아빠나를 위로 올리는 것'은 물라 반드하 무드라로써 아빠나(쁘라나)를 수슘나로 상승시키는 것[45]을 의미한다.

위 게송에서의 샥띠는 물라드하라에 잠든 꾼달니를 의미하는데[46]

---

40 주석가는 다음과 같이 말한다.
"하타의 비밀을 아는 사람은 '본질적으로 혀 반드하에 의해서 이것이 실행된다'고 [말한다]."
(vastutas tu jihvābandhenaivāyaṃ caritārtha iti haṭharahasyavidaḥ. *Jyotsnā*. I. 46)

41 gurumukhād avagantvayo 'yaṃ jihvābandhaḥ I *Jyotsnā*. I. 46.

42 kṛtvā ... padaṃsanaṃ gāḍhaṃ vakṣasi saṃnidhāya cibukaṃ dhyāyaṃś ca tac cetasi I vāraṃ vāram apānam urdhvam nilaṃ protsārayan pūritaṃ nyañcan prāṇam upaiti bodham atulaṃ śaktiprabhāvān naraṃ II Hp. I. 48.

43 주석가는 다음과 같이 말한다.
"잘란드하라 반드하를 행하고서 라는 의미이다."(jālaṃdharabandhaṃ kṛtvety arthaḥ *Jyotsnā*. I. 48)

44 주석가는 말한다.
"'그'라는 것은 각자가 갈구하는 신들의 형상 혹은 브라흐만이다. 왜냐하면 '브라흐만은 옴, 그것, 존재라는 세 가지로 전승되었다'라고 바가바드기따에서 말해졌기 때문이다."(tat svasveṣṭadevatārūpaṃ brahma vā | 'oṃ tatsad iti nirdeśo brahmaṇastribidhaḥ smṛtaḥ' iti bhagavadukteḥ. *Jyotsnā*. I. 48)

45 "물라 반드하를 행하고서 수슘나의 길로 쁘라나를 위쪽으로 올린다면"(mūlabandhaṃ kṛtvā suṣumnāmārgeṇa prāṇam urdhavaṃ nayan. *Jyotsnā*. I. 48)

46 "샥띠의 각성으로부터 샥띠 즉, 아드하라 샥띠, 다시 말해서 꾼달리니는……" (śaktiprabhāvāc chaktir ādhāraśaktiḥ kuṇḍalinī…… *Jyotsnā*. I. 48)

꾼달리니의 각성은 쁘라나와 아빠나의 결합에 의해서 각성된다.[47] 그리고 꾼달리니가 각성될 때 쁘라나는 수슘나를 타고 브라흐마란드흐라로 가고[48] 그 때 비로소 삼매가 성취된다.[49]

이 점에 대해 주석가는 다음과 같이 말한다.

> 쁘라나와 아빠나가 합일할 때 꾼달리니의 각성이 이루어진다.
>
> 꾼달리니가 각성될 때 쁘라나는 수슘나[나디]를 따라 브라흐마란드흐라로 간다.[50]

> 연화좌의 목적은 체위의 실행이라는 그 자체가 아니라 호흡수련과 무드라를 통해 쁘라나를 정수리로 끌어올려 정수리의 브라흐마란드흐라에 채우는 것이다.

> 요가수행자가 연화좌를 유지하고서 나디로 끌어올린[51] 기(māruta)를 [브라흐마란드흐라에] 채운다면[52] 그는 해탈한다. 여기엔 의심의 여지가 없다.[53]

2) 호흡 수련(prāṇāyāma)

호흡 수련은 하타요가의 두 번째 지분으로 아사나(체위, 좌법)에 어느 정도 통달한 후에 실행되어야 하는 중요한 기법이다. 하타요가에서 호흡수련은 연화좌 혹은 달인좌와 같은 허리를 곧게 세운 정좌

47 "쁘라나와 아빠나가 결합할 때 꾼달리니가 각성된다."(prāṇapānayor aikye kuṇḍalinī bodho bhavati. *Jyotsnā*. I. 48)

48 kuṇḍalinibodhe suṣumnāmārgena prāṇo brahmarandhraṃ gacchati I *Jyotsnā*. I. 48.

49 tatra gate cittastairyaṃ bhavati I 『하타요가쁘라디삐까』에서 cittastairyam(마음의 고정)은 삼매의 동의어로 사용된다.

50 prāṇāpanayor aikye kuṇḍalinībodho bhavati I kuṇḍalinībodhe suṣumnāmārgeṇa prāṇo brahmarandhraṃ gacchati I tatra gate cittasthairyaṃ bhavati. *Jyotsnā*. I. 45.

51 "들숨에 의해서 [신체]안쪽으로 운반된 숨"(pūrakeṇāntarnītaṃ mārutaṃ. *Jyotsnā*. I. 49)

52 "바유를 '수슘나를 통해 정수리로 운반하고서' 라는 말이 보충되어야 한다." (vāyuṃ suṣumnāmārgeṇa mūrdhānaṃ nītveti śesaḥ. *Jyotsnā*. I. 49.

53 padmāsane sthito yogī nāḍīdvāreṇa pūritam I
mārutaṃ dhārayed yas tu sa mukto nātra saṃśayaḥ II Hp. I.49.

자세에서 실행된다. 하타요가 문헌은 호흡 수련 시간을 규정하지 않았지만 하기 성향의 아빠나와 쁘라나를 하복부에서 결합시킨 후 꾼달리니를 자극하기 위해서는 상당한 훈련이 필요하다는 것을 알 수 있다.

(1) 쁘라나야마의 의미

쁘라나야마(prāṇāyāma)는 일반적으로 '호흡 수련', '호흡 조절(調息)', '호흡 제어', '호흡법' 등으로 번역된다. 하지만 어떤 것도 원어의 의미를 온전히 전달하지는 못한다. 문자적으로 쁘라나야마(prāṇāyāma)를 '호흡(prāṇa)의 멈춤(āyāma)'으로 파악할 수 있는데, 쁘라나야마를 '호흡의 멈춤'으로 파악하는 것은 빠딴잘라 요가(Pātañjalayoga)의 정의에도 부합한다. 빠딴잘리의 『요가경』은 쁘라나야마를 "들숨과 날숨의 흐름을 멈추는 것"[54]으로 정의하는데 뷔야사(Vyāsa)의 주석에 따르면 쁘라나야마는 '단순히 들숨과 날숨을 교차하는 행위'를 의미하는 것이 아니라 그 반대로 '들숨과 날숨의 흐름을 멈추는 것'이다.[55] 이 부분에 대한 바짜스빠띠 미쉬라(Vācaspati Miśra)의 복주에 따르면[56] 쁘라나야마는 '날숨→ 들숨→ 멈춤(recaka→ pūraka→ kumbhaka)'이라는 하나의 일련의 반복 과정이 아니라 들숨, 날숨, 멈춤 각각에 있는 것이다. 다시 말하면 '호흡의 멈춤(prāṇāyāma)'은 '들숨'에도 있고 '날숨'에도 있고 '멈춤'에

54 "……쁘라나야마(prāṇāyāma)는 마시는 숨(śvāsa)과 내쉬는 숨(praśvāsa)의 흐름(gati)을 멈추는 것이다." (……śvāsapraśvāsayor gativicchedaḥ prāṇāyāmaḥ. *Yogasūtra*. II. 49)

55 뷔야사(Vyāsa)는 주석에서 말한다.
"아사나에 통달한 후에 외부의 공기를 마시는 들숨, 뱃속의 공기를 내뱉는 날숨, 양자의 흐름이 차단되어 [들숨과 날숨] 두 가지가 없어진 상태가 쁘라나야마이다. (saty āsanajaye bāhyasya vāyorācamanaṃ śvāsaḥ kauṣṭhyasya vāyor niḥsāraṇaṃ praśvāsah tayor gativiccheda ubhayābhāvaḥ prāṇāyāmaḥ. *Yogasūtrabhāṣya*. II. 49)

56 바짜스빠띠는 다음과 같이 말한다.
"'들숨과 날숨이라는 두 흐름의 멈춤'이 레짜까, 뿌라까, 꿈브하까 [각각]에 있다는 것이 쁘라나야마의 공통된 특징이다. 왜냐하면 마치 마쉼으로써 외부의 공기가 흡입되어 내부에서 있을 때 그때 '들숨과 날숨이라는 두 흐름의 멈춤이' 있고 내쉼으로써 배에서 공기가 방출됨으로써 외부에 있을 때 그때 '날숨과 들숨이라는 두 흐름의 멈춤'이 있는 것처럼 그와 같이 꿈브하까에서도 또한 그렇다. 바로 이것이 주석에서 '아사나에 통달한 후에' [이하의 말로] 말해진 [의미]이다." (recakapūrakakumbhakeṣv asti śvāsapraśvāsayor gativiccheda iti prāṇāyāmasāmānyalakṣaṇam etad iti I tathāhi yatra bāhyo vārurācamyāntardhāryate pūrake tatrāsti śvāsapraśvāsayor gativicchedaḥ I yatrāpi kauṣṭhyo vāyur virecya bāhirdhāryate recake tatrāsti sapraśvāsayor gativicchedaḥ I evaṃ kumbhake 'pīti| tad etad bhāṣyeṇocyate saty āsaneti. *Tattvavaiśaradī*. II. 49)

도 있는데 들숨-쁘라나야마는 '숨을 마신 후에 그 숨을 멈추는(참는) 것'이고 날숨-쁘라나야마는 '숨을 내쉰 후 호흡을 멈추는 것'이고 멈춤-쁘라나야마는 '들숨 후의 멈춤 혹은 날숨 후의 멈춤에서 멈춤의 상태가 지속되는 것'을 의미한다. 이와 같이 바짜스빠띠가 '쁘라나야마의 공통된 특징을 레짜까, 뿌라까, 꿈브하까 [각각]에 들숨과 날숨이라는 두 흐름의 멈춤'으로 말했던 것은 쁘라나야마가 '날숨→들숨→멈춤의 반복 행위'가 아니라 '날숨 후 멈춤', '들숨 후 멈춤', '멈춤에 의한 멈춤'라는 세 가지 종류가 있다는 것을 의미한다.[57]

쁘라나야마의 의미와 종류는 하타요가 문헌에서 조금 더 구체적으로 설명된다. 『하타요가쁘라디삐까』에 따르면 호흡의 작용엔 레짜까(recaka, 날숨), 뿌라까(pūraka, 들숨), 꿈브하까(kumbhaka, 호흡의 멈춤)가 있고, 쁘라나야마 역시 이 세 가지 작용에 의거해서 레짜까 쁘라나야마(recakaprāṇāyāma, 날숨 후 멈춤), 뿌라까 쁘라나야마(pūrakaprāṇāyāma, 들숨 후 멈춤), 꿈브하까 쁘라나야마(kumbhakaprāṇāyāma, 멈춤에 의한 지식 후 멈춤)라는 세 종류가 있다.[58] 이 중에서 『하타요가쁘라디삐까』에서 언급된 8가지 실제 호흡법은 모두 뿌라까 쁘라나야마(들숨 후 멈춤)인데 뿌라까 쁘라나야마는 꿈브하까(지식)의 일종인 사히따 꿈브하까에 포함된다.

따라서 쁘라나야마(prāṇāyāma)를 '호흡(prāṇa)의 멈춤(āyāma)'으로 번역해야 온당한 번역이지만 이 용어로는 수행론적 의미를 전달하는데 어려움과 한계가 있다. 따라서 의미 전달을 위해 쁘라나야마를 호흡수련, 호흡법으로 통칭할 수 있다. 물론 여기서의 호흡 수련, 호흡법은 들숨과 날숨을 교차하는 행위가 아니라 '들숨을 멈추는 것'

57 『요가수뜨라』는 세 가지 호흡(조식) 외에 '들숨-날숨을 초월한 멈춤'이라는 네 번째 쁘라나야마를 51번 경문에서 언급하고 있다.

58 "이제 prāṇāyāma의 종류들을 '쁘라나야마'라는 [단어로] 말한다. 쁘라나의 즉, '신체 안에서 움직이는 바람의' 멈춤 즉, 억제, '중지'가 쁘라나야마이다. 쁘라나야마의 특징이 고락샤나타에 의해서 말해졌다. '쁘라나 즉 자신의 몸에서 생겨난 바람을 통제하는 것'이라고. 그리고 [쁘라나야마는] 레짜까와 뿌라까와 꿈브하까라는 그 차이 때문에 세 종류 즉, 레짜까-쁘라나야마와 뿌라까-쁘라나야마 그리고 꿈브하까-쁘라나야마라는 세 종류가 있다."(atha prāṇāyāmabhedān āha prāṇāyāma iti| prāṇasya śarīrāntaḥ saṃcārivayor āyamanaṃ nirodhanam āyāmaḥ prāṇāyāmaḥ I prāṇāyāmalakṣaṇam uktaṃ gorakṣanāthena -'prāṇaḥ svadehajo vāyur āyāmas tannirodhanam'(*Gorakṣaśataka*. 42) iti I recakaś ca pūrakaś ca kumbhakaś ca tair bhedais tridhā triprakārakaḥ, recakaprāṇāyāmaḥ pūrakaprāṇāyāmaḥ kumbhakaprāṇāyāmaś ceti. *Jyotsnā*. II. 71)

혹은 '날숨을 멈추는 것'을 의미한다.[59]

⑵ 쁘라나야마의 원칙과 주요 호흡법

호흡수련의 원칙은 『하타요가쁘라디삐까』 제2장 45, 46, 47송에서 규정되어 있다.

> 들숨이 끝날 때 잘란드하라로 불리는 반드하를 해야만 하고
> 지식(kumbhaka)을 끝낼 무렵 [숨을] 내쉬기에 앞서 웃디야나[반드하]를 해야만 한다.[60]

> 아랫부분(회음)을 강하게 조여주고(물라 반드하) 목을 끌어당긴 후(잘란드하라 반드하)
> 가운데(배꼽 주위)를 뒤로 당기면(웃디야나 반드하) 쁘라나는 브라흐마 나디로 들어갈 것이다.[61]

> 아빠나를 위로 끌어올리고서 쁘라나를 목 아래로 내려야 한다.
> [그러면] 요가 수행자는 늙음에서 벗어나고 16살의 젊은이가 될 것이다.[62]

위 인용문에서 '회음을 조이는 것'은 물라 반드하를 의미하고 '턱을 당기는 것'은 잘란드하라 반드하를 그리고 '가운데, 즉 복부를 [등쪽으로] 끌어당겨 수축하는 것'은 웃디야나 반드하를 의미한다. 첫 번째 인용문(Hp.II.45)의 요지는 '들숨 이후와 날숨 이전의 두 타이밍

---

59 다시 말해서 '들숨이나 날숨을 천천히 통제하거나 리드미컬하게 또는 급격히 조절하는 것'은 어디까지나 '호흡 행위'일 뿐 쁘라나야마를 의미한다고 볼 수 없는데, 그것은 쁘라나야마의 핵심이 '호흡을 멈추는 것'이기 때문이다. 반면, 쁘라나야마의 번역어로 사용되는 '호흡 수련' 또는 '호흡법', '호흡 조절'이라는 말엔 '호흡의 멈춤(중지)'라는 의미 보다 '날숨을 극도로 길게 하거나' 또는 '들숨을 날숨의 비율을 적절히 조절한다'는 의미가 강한데, 호흡을 급격히 하거나 극도로 천천히 하는 것은 어디까지나 '호흡 행위'이지 쁘라나야마(호흡의 멈춤)는 될 수 없다.

60 pūrakānte tu kartavyo bandho jālaṃdharābhidhaḥ I
kumbhakānte recakādau kartavyas tūḍḍiyānakaḥ II Hp. II. 45.

61 adhastāt kuñcanenāśu kaṅṭhasaṃkocane kṛte I
madhye paścimatānena syāt prāṇo brahmanādīgaḥ II Hp. II. 46.

62 apānamūrdhvam utthāpya prāṇaṃ kaṇṭhādadho nayet I
yogī jarāvimuktaḥ san ṣoḍaśābdavayā bhevet II Hp. II.47.

에 실행해야 할 반드하'에 대한 것인데, 그 내용은 '숨을 거의 다 마실 때부터 잘란드하라 반드하를 행하고 내쉬기 전, 즉 들숨 후 멈춤(뿌라까 쁘라나야마) 상태에서 웃디야나 반드하를 행하라'는 것이다. 두 번째 인용문(Hp.II.46)의 요지는 '들숨 후 그 숨을 참은 상태(뿌라까 쁘라나야마)에서 조여야 할 위치(회음, 목, 복부)' 및 '반드하의 순서와 효과'에 대한 것이며, 세 번째 인용문은 물라 반드하와 잘란드하라 반드하의 방법과 효과를 설명한 것이다.

여기서 세 종류의 반드하와 호흡 수련 사이의 특별한 관계를 발견할 수 있는데 그것은 호흡수련이 반드하와 병행해서 이루어진다는 것이다. 이 점을 염두에 두면 나디정화법이 8종의 꿈브하까에서 제외된 이유가 드러난다. 그것은 나디정화법이 비록 '들숨 후 그 숨을 참는 과정'을 포함하지만 세 종류의 반드하를 병행하지 않기 때문이다. 더 좋은 예는 『게란다상히따』에서 발견된다. 『게란다상히타』엔 '『하타요가쁘라디삐까』의 나디정화법에 상응하는' 사히따 꿈브하까가 언급되고 그것이 꿈브하까로 분류되고 있는데,[63] 그 이유는 『하타요가쁘라디삐까』의 나디정화법과 달리 '『게란다상히따』의 사히따 꿈브하까'는 꿈브하까와 반드하를 병행하기 때문이다.[64] 그렇다면 대장장이의 풀무질처럼 들숨과 날숨을 급격히 교차하는 정뇌(kapalabhāti)가 8종류의 꿈브하까에서 배제된 이유도 분명해진다. 그것은 정뇌법이 비록 초보자가 흉내낼 수 없는 진보한 행법이긴 해도 '숨을 멈추는 과정'을 포함하지 않고 따라서 세 종류의 반드하를 병행하지 않기 때문이다.

『하타요가쁘라디삐까』를 비롯한 하타요가 문헌이 '날숨 후 멈춤(레짜까 쁘라나야마)'의 방법을 설명하지 않고 모두 '들숨 후 멈춤(뿌라까 쁘라나야마)'만을 설명했던 것은 '날숨 후 멈춤 상태'에서는 세 종

63 사히따(Sahita)는 『게란다상히따』와 『하타요가쁘라디삐까』에서 언급되고 있지만 그 내용은 다르다. 『게란다상히따』의 사히따는 나디정화(nāḍīśodhana)와 꿈브하까(kumbhaka)와 세 종류의 반드하(bandha)를 병행하는 행법인 반면, 『하타요가쁘라디삐까』의 사히따는 8종의 꿈브하까(=뿌라까 쁘라나야마)를 통칭하는 개념이다.

64 "현자는 이다(왼쪽 코)로 숨을 마셔야 한다…… 들숨이 끝나고(pūrakānte) 꿈브하까를 시작할 때(kumbhakādye) 웃디야나 반드하를 반드시 행해야만 한다." (iḍayā pūrayedvāyuṃ…… sudhiḥ I pūrakānte kumbhakādye kartavyas tūḍḍīyānakaḥ. *Ghreṇḍasaṃhitā*. V. 49). 한편, 여기서 웃디야나 반드하만 언급되어 있지만 나머지 두 개도 병행되어야 할 것으로 파악된다. 그것은 현실적으로 두 반드하가 선행되지 않고서는 웃디야나 반드하 자체가 불가능하기 때문이다.

류의 반드하를 병행할 수 없기 때문이다.

『하타요가쁘라디삐까』에서 설명된 8가지 꿈브하까(=호흡법)는 다음과 같다.

① 수르야브헤다나(Sūryabhedana)	II.48–50	뿌라까 쁘라나야마(=사히따 꿈브하까)
② 웃자이(Ujjāyī)	II.51–3	뿌라까 쁘라나야마(=사히따 꿈브하까)
③ 싯까리(Sītkārī)	II.54–6	뿌라까 쁘라나야마(=사히따 꿈브하까)
④ 시딸리(Sītalī)	II.57–8	뿌라까 쁘라나야마(=사히따 꿈브하까)
⑤ 브하스뜨리까(Bhastrikā)	II.59–67	뿌라까 쁘라나야마(=사히따 꿈브하까)
⑥ 브하라마리(Bhrāmarī)	II.68	뿌라까 쁘라나야마(=사히따 꿈브하까)
⑦ 무르차(Mūrcchā)	II.69	뿌라까 쁘라나야마(=사히따 꿈브하까)
⑧ 쁘라바니(Plāvanī)	II.70	뿌라까 쁘라나야마(=사히따 꿈브하까)
* 사히따(Sahita)	II.71–2	=8종의 뿌라까 쁘라나야마에 대한 통칭
* 께왈라(Kevala)	II.71–5	꿈브하까 쁘라나야마(=께왈라 꿈브하까)

『하타요가쁘라디삐까』에서 실천 수행법으로 소개하는 8 종류는 모두 '들숨 후 멈춤'을 핵심으로 하는 뿌라까 쁘라나야마이고 이 8종류는 사히따 꿈브하까로 통칭되고 있다. 하타요가 문헌은 바로 이 사히따 꿈브하까에 의해 도달된 경지를 께왈라 꿈브하까로 설명하는데 께왈라 꿈브하까는 '들숨 후 그 숨을 참은 상태' 혹은 '날숨 후 그 숨을 참은 상태'에서 '숨을 참은 상태가 연장되어' 자연스럽게 '숨의 멈춤'이 유지되는 상태이다.

『하타요가쁘라디삐까』에 설명된 여덟 가지 꿈브하까 중에서 중요한 것은 브하스뜨리까(bhastrika, 풀무)이다. 브하스뜨리까는 대장장이의 풀무질처럼 들숨과 날숨을 어지로울 정도로 급격하게 한다는 점에서 정뇌법(kāpalabhāti)과 동일하다. 차이점은 정뇌법의 경우 '숨을 참는 과정'이 없고 따라서 세 가지 반드하를 하지 않는 반면 브하스뜨리까는 '들숨과 날숨을 급격하게 반복하다가 어느 시점에 숨을 가득 들여 마시고 그 숨을 참은 상태에서 세 종류의 반드하를 병행하는 과정'을 포함한다는 것이다. 브하스뜨리까의 방법은 다음과 같다.

① 지혜로운 자는 올바르게 연화좌를 취한 다음 목과 복부를 일치시켜라. 입을 닫고서 코로 힘껏 숨을 내쉬어라.[65]

② [이때] 마치 심장과 목구멍에서 두개골에 이르기까지 소리가 닿듯이 [내쉬어야 한다]. 그리고서 심장의 연꽃에 이르기까지 숨을 빠르게 마셔라.[66]

③ 다시 내쉬고 내쉰 만큼 마셔야 한다. 이것을 반복해라. 마치 대장장이의 급격한 풀무질처럼.[67]

④ 그와 같이 자신의 몸에 있는 기를(氣, pavana) 의도적으로 돌려라. 몸에 피로가 생기면 그때는 오른쪽 코로 [숨을] 마셔라.[68]

⑤ 숨이 복부에 가득 채워지면 신속히 가운데와 집게손가락을 제외한 [나머지 손가락으로] 코를 단단히 막아야 한다."[69]

⑥ 규정대로 숨을 멈춘 후 이다(왼쪽)로 숨을 내쉬어라.[70]

위 인용문 ⑤에서 '들숨 후 숨을 참은 상태'에서 세 종류의 반드하를 해라는 언급은 없지만 그것은 이미 위에서 '뿌라까 쁘라나야마(들숨 후 그 숨을 멈춤)'의 원칙을 공표했으므로 생략된 것으로 볼 수 있다. 따라서 ⑤에서 숨을 참은 상태에서 회음을 조이고(물라 반드하) 턱을 당긴 상태(잘란드하라 반드하)에서 복부를 등쪽으로 끌어당긴 후 숨을 최대한 참는 과정을 포함해야 한다. ⑥의 "규정대로"라는 것은 앞 게송에서 설명된 '최대한 숨을 참는 것'을 의미한다.

브하스뜨리까의 효과는 다음과 같다.

---

65 samyak padmāsanaṃ baddhvā samagrīvodaraḥ sudhīḥ I
mukhaṃ saṃyamya yatnena prāṇaṃ ghrāṇena recayet II Hp. II. 60.

66 yathā lagati hṛtkaṇṭhe kapālāvadhi sasvanam I
vegena pūrayec cāpi hṛtpadmāvadhi mārutam II Hp. II. 61.

67 punar virecayet tadvat pūrayec ca punaḥ punaḥ I
yathaiva lohakāreṇa bhastrā vegena cālyate II Hp. II. 62.

68 tathaiva svaśarīrasthaṃ cālayet pavanaṃ dhiyā I
yadā śramo bhaved dehe tadā sūryeṇa pūrayet II Hp. II. 63.

69 yathodaraṃ bhavet pūrṇam anilena tathā laghu I
dhārayennāsikāṃ madhyātarjanībhyāṃ vinā dṛḍham II Hp. II. 64.

70 vidhivad kumbhakaṃ kṛtvā recayed iḍayānilam... II Hp. II.65.

신속히 꾼달리니를 각성시키고 [노폐물을] 정화하고 정렬하고 즐거움을 주며, 브라흐마 나디의 입구에 있는 점액 등의 장애물을 제거한다." [71]

풀무라고 불리는 꿈브하까는 참된 몸에 있는 세 개의 결절(granthi)을 파괴하므로 특별히 수행해야만 한다. [72]

특이한 것은 브하스뜨리까가 샤띠짤라니 무드라와 병행해서 실행되기도 한다는 것이다

꾼달리니를 자극한 후에 브하스뜨리까를 특별하게 [수련]해야 한다.
항상 이와 같이 수련하는 통제자에게 어찌 죽음의 공포가 있겠는가? [73]

그리고 요기수행자는 금강좌로 앉아 꾼달리니를 자극한 후
곧바로 브하스뜨리까를 행한다면 꾼달리니는 재빠르게(āśu) 각성될 것이다. [74]

하타요가의 호흡법은 그 자체로도 훌륭한 수행이지만 무드라와 병행할 때 더 강력해지고 또 무드라와 결합해서 실행할 때 꾼달리니의 각성이라는 수행 목표를 이룰 수 있다. 하타요가의 호흡법은 모두 '들숨 후 그 숨을 최대한 유지하는 것(=뿌라까 쁘라나야마)'이지만 숨을 참는 이 호흡법은 '준비 호흡이라 할 수 있는 복식법(횡경막호흡)' 그리고 들숨:멈춤:날숨의 비율을 1:4:2로 유지하는 것에 익숙해진 이후 스승의 지도로 실행되어야 한다.

---

71 kuṇḍalībodhakaṃ kṣipraṃ pavanaṃ sukhadaṃ hitam I
brahmanāḍīmukhe saṃsthakaphādyargalanāśanam II Hp. I. 66.

72 samyaggātrasamudbhūtagranthitrayavibhedakam I
viśeṣeṇaiva kartavyaṃ bhastrākhyaṃ kumbhakaṃ tvidam II Hp. II. 67.

73 kuṇḍalīṃ cālayitvā tu bhastrāṃ kuryād viśeṣataḥ I
evam abhyasyato nityaṃ yamino yamabhīḥ kutaḥ II HP. III. 122.

74 vajāsane sthito yogī cālayitvā ca kuṇḍalīm I
kuryād anantaraṃ bhastrāṃ kuṇḍalīm āśu bodhayet II Hp. III. 114.

3) 무드라(mudrā)

무드라는 하타요가의 수행 기법 중 가장 중요한 수행법이다. 하지만 무드라를 수련하기 위해서는 정신적인 준비는 물론이고 체위와 호흡 수련을 통한 신체 단련 그리고 음식 조절, 성에너지의 보존 등 예비적인 훈련도 필요하다. 무드라는 공개된 행법이 아니라 스승에 의해서 전수된다.

(1) 무드라의 종류와 목표

『하타요가쁘라디삐까』에서 무드라는 제3장에서 설명된다. 3장 제6송에서 열거된 무드라는 모두 10종류이지만 실제로는 바즈롤리의 변형인 사하졸리와 아마롤리를 포함해서 모두 12개가 설명되고 있다. 삼매 등 명상을 다루는 제4장에서도 명상적인 무드라가 설명되는데 그것은 케짜리, 운마니, 샹브하비 무드라이다. 『하타요가쁘라디삐까』에서 설명된 무드라의 명칭과 관련 게송은 다음과 같다.

『하타요가쁘라디삐까』에서 설명된 무드라			
No.	명칭	비고	게송
1	마하 무드라 (Mahāmudrā)	들숨 후 숨을 멈춘 상태에서 실행	Ⅲ.11–18
2	마하 반드하 (Mahābandha)	들숨 후 숨을 멈춘 상태에서 실행	Ⅲ.19–24
3	마하 베드하 (Mahāvedha)	들숨 후 숨을 멈춘 상태에서 실행	Ⅲ.25–31
4	케짜리 (Khecarī)	혀를 뒤집어 목구멍으로 넣어 두 개공을 막음	Ⅲ.32–54
		미간 응시	Ⅳ.43–53
5	웃디야나 반드하 (Uḍḍīyanabandha)	들숨 후 숨을 멈춘 상태에서 실행	Ⅲ.55–60
6	물라 반드하 (Mūlabandha)	들숨 후 숨을 멈춘 상태에서 실행	Ⅲ.61–69
7	잘란드하라 반드하 (Jālaṃdharabandha)	들숨 후 숨을 멈춘 상태에서 실행	Ⅲ.70–76
8	까라니 위빠리따캬 (Karaṇī viparītākhyā)	거꾸로 서는 것	Ⅲ.77–82
9	바즈롤리 (Vajrolī)	정액의 회수	Ⅲ.83–91
10	사하졸리 (Sahajoli)	정액의 회수	Ⅲ.92–95
11	아마롤리 (Amaroli)	소변을 마심	Ⅲ.96–103
12	샥띠짤라나 (Śakticālana)	들숨 후 숨을 멈춘 상태에서 실행	Ⅲ.104–127
13	샹브하비 (Śāṃbhavī)	짜끄라에 의식을 두고 눈을 깜빡이지 않는 것	Ⅳ.35–38
14	운마니 (Unmanī)	코끝 응시	Ⅳ.39–42

남녀의 성적 결합과 관련된 바즈롤리 무드라를 설명하는 『하타요가쁘라디삐까』 필사본 중 일부(F.16r). 펀잡대학교(Punjab Univ., Lahore) 소장.
대부분의 무드라는 달인좌나 연화좌 자세에서 '숨을 최대한 마시고 그 숨을 참은 상태(kumbhaka, = pūrakaprāṇāyāma)'에서 실행되지만 바즈롤리와 사하졸리 무드라는 남녀의 성적 결합을 필요로 하는 특별한 무드라이다. 성적 결합 자체가 꾼달리니를 각성시키거나 삼매로 이끈다는 언급이나 암시는 『하타요가쁘라디삐까』에서 발견되지 않는다. 『하타요가쁘라디삐까』가 강조하는 것은 정(精, bindu)과 라자스(rajas)를 보전해라는 것이다. 이 필사본은 '음문에 떨어진 정액을 회수하는 방법'을 설명하고 있는데 실제적 의미는 '떨어진 정조차 회수해야할 정도로' 정을 보전하는 것이 중요하다는 것을 역설하는 것으로 파악된다. 『하타요가쁘라디삐까』에서 발견되는 특이한 점은 바즈롤리, 사하졸리 무드라를 수련하는데 필요한 여인은 영원한 여성성 내지는 신성(神性)이 구현된 존재(신성이 구현되지 않은 여인이란 것이 존재할 수도 없지만)이지만 그 여인은 창부나 최하층의 여인 혹은 '인육을 먹는 것과 같은 무외(無畏, aghora)의 실천 대상'으로서의 여인이 아니라 일반인, 더 구체적으로는 '의지를 갖춘 여인' 혹은 명문가의 여인이라는 것이다. 『하타요가쁘라디삐까』는 바즈롤리, 사하졸리를 통해 재자자는 물론이고 여성도 해탈할 수 있다고 말하는데 그것의 전제 조건은 각각 정과 라자스를 보존하는 것이다.

『하타요가쁘라디삐까』 제3장에서 설명된 12종류의 무드라 그리고 제4장에서 설명된 샹브하비 무드라는 『게란다상히따』와 『쉬바상히따』에서도 공통적으로 설명되는 중요한 무드라이다. 이 중에서 마하 무드라, 마하 반드하, 마하베드하는 독립적으로도 실행되기도 하고 또 하나의 셋트처럼 실행되기도 하는데 물라 반드하, 잘란드하라 반드하, 웃디야아 반드하의 경우도 동일하다. 한편, 케짜리, 비빠리따까라니의 경우 외형적으로는 꿈브하까와 무관한 독립적인 무드라이지만 하타요가 수행자가 갖추어야할 중요한 기법으로 소개되고 있다. 바즈롤리, 사하졸리, 아마롤리는 정(精)의 보전과 관련된 비밀스러운 행법이며, 『하타요가쁘라디삐까』 제4장에서 새롭게 설명된 샹브하비, 운마니, 케짜리는 주로 명상과 관련된다.[75]

무드라를 수련하는 기본적인 목적은 꾼달리니를 가성시키고 또 각성된 꾼달리니를 수슘나 속에서 상승시켜 브라흐마란드흐라(brahmarandhara)에 도달하게끔 하는 것이다. 하지만 이것을 위한 직접적이고도 간접적인 무드라의 종류는 다양하다. 편의상 무드라의 유형을 네 종류로 구별할 수 있다.

첫 번째는 꾼달리니를 각성시키는 무드라이다. 대표적인 것은 마하 무드라, 마하 브헤다, 마하 반드하, 물라 반드하, 잘란드하라 반드하, 웃디야나 반드하, 샤띠짤라나이다. 이 무드라들의 공통점은 '숨을 마신 후 그 숨을 최대한 참는 것'(뿌라까 쁘라나야마)를 병행하고 또 '숨을 참은 상태에서 회음과 목을 조이고 복부를 끌어당긴다는 것'이다. 이 중에서 회음을 수축하는 것은 물라 반드하, 턱을 당기는 것은 잘란드하라 반드하 그리고 복부를 등 쪽으로 끌어당기는 것은 웃디야나 반드하라는 별개의 무드라 수행법이기도 하다. 이 무드라들은 '숨을 최대한 흡입해서 참고 있는 상태'에서 실행되므로 하타요가적 호흡법에 익숙해야만 성공할 수 있다.

75 14세기 문헌인 『쉬바상히따』는 10종류의 무드라를 설명하는데 그 내용은 『하타요가쁘라디삐까』와 대부분 일치한다. 18세기에 성립된 『게란다상히따』는 『하타요가쁘라디삐까』에서 설명된 무드라 외에 연못(tāḍāgī), 천공(nabho), 개구리(maṇḍukī), 다섯 요소에 대한 응념(pañcadhāraṇā), 말(aśvinī), 새끼줄(pāśinī), 까마귀(kākī), 코끼리(mātaṅgī), 뱀(bhujaṅginī)과 같은 9개의 무드라를 추가로 설명한다. 하지만 이 무드라들은 꾼달리니의 각성이나 상승과 직접적으로 관련된 비밀스런 행법이기 보다는 하나의 예비적인 행법으로 분류될 수 있다.

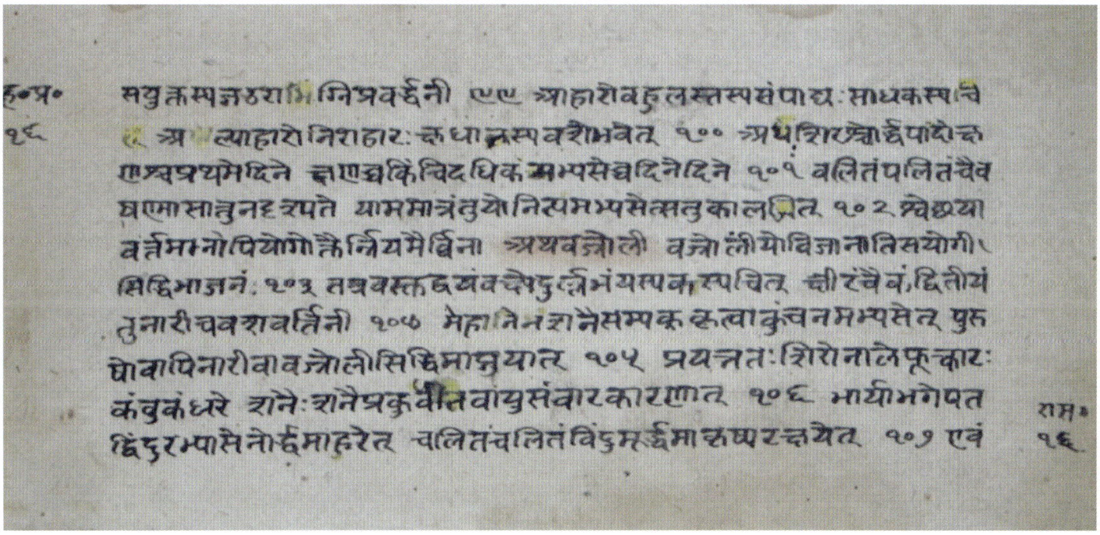

두 번째 유형의 무드라는 감로의 소실을 방지하는 무드라이다. 대표적인 무드라는 '도립행(karaṇī viparītākhyā: 물구나무서기 혹은 전신체위)' 무드라[76]와 케짜리(khecarī)이다. 케짜리 무드라는 혀를 뒤집어 목구멍으로 넣는 무드라이다. 『케짜리비드야』와 같은 문헌은 케짜리 무드라의 주요한 효과를 감로의 소실 방지로 규정하지만 후대 문헌에서는 정액의 누설을 막는 기법으로도 말해졌다.

세 번째는 정액을 보존하는 무드라이다. 이 유형에 속하는 대표적인 무드라는 바즈롤리, 사하졸리이다. 바즈롤리와 사하졸리는 남녀의 성적 결합과 관련된 비밀스런 무드라인데, 요지는 성교시 정액을 누설하지 않고 체내로 끌어 올리는 것이다. 하타요가 문헌은 생명 에너지인 정(精)은 기(氣)와 마음과 함께 움직이므로 정이 고정될 때 마음이 고정되고 마음이 고정될 때 생명에너지도 동요하지 않는다는

76 이 무드라는 후대에 'viparītakaraṇī'(위빠리따까라니)라는 명칭으로 널리 알려졌지만 하타요가 문헌에서는 '위빠리따까라니'라는 표현은 거의 발견되지 않는다. 『하타요가쁘라디삐까』는 이 무드라를 "거꾸로(vivaritā) 행하는 것(karaṇī)으로 불리는(ākhyā) 무드라"로만 표현하고 있다. 하지만 주석서 *Jyotsnā*에서는 'viparītakaraṇī'라는 명칭이 발견되고 18세기 문헌인 『게란다상히따』에서는 'viparītakarī'(III.29–32)라는 명칭이 발견된다.

것을 강조한다.

네 번째는 미간이나 코끝에 의식을 집중하는 명상적인 무드라이다. 샹브하비, 케짜리 무드라가 대표적이다.

⑵ 주요 무드라

① 꾼달리니의 각성을 위한 무드라

꾼달리니를 각성시키는 무드라로는 마하 무드라, 마하 반드하, 마하 베드하, 물라 반드하, 잘란드하라 반드하, 웃디야나 반드하와 같은 무드라가 있다. 이 무드라들의 공통점은 앉은 자세 혹은 달인좌에서 '들숨 후 그 숨을 최대한 유지한 상태'에서 실행된다는 점이다. 또한 물라 반드하와 잘란드하라 반드하, 웃디야나 반드하는 독립적으로 실행되기도 하고 하나의 셋트처럼 동시에 실행되기도 하고 또 마하 무드라에서 세 가지 반드하가 병행되기도 한다. 마하 무드라의 방법은 다음과 같다.

> 왼쪽의 발꿈치로 회음을 압박한 다음, 오른쪽 발을 쭉 펴고서 두 손으로 강하게 잡아야 한다.[77]

여기서 발꿈치로 압박해야 하는 위치인 요니(yoni)인데, 후대의 주석서인 『월광』(*Jyotsnā*)에 따르면 요니는 '항문과 성기의 중간 지점'인 회음부(yonisthāna)를 의미한다.[78] 『하타요가쁘라디삐까』는 '두 손'의 모양을 언급하지 않지만 주석서 『월광』은 손의 모습을 "구부린 두 집게 손가락으로"[79]라고 풀이하고 또 '강하게 잡아야 하는 부위'를 '엄지발가락'으로 설명한다.[80] 마하 무드라의 형태는 '숨을 마시고 그 숨을 참은 상태'에서 허리를 구부려 두 손으로 엄지발가락을 잡는 형태

77 pādamūlena vāmena yoniṃ saṃpīḍya dakṣiṇam I
prasāritaṃ padaṃ kṛtvā karābhyāṃ dhārayed dṛḍham II Hp. III. 10.

78 주석서 Jyotsnā는 요니(yoni)를 회음부(yonisthāna)로 설명한다.
"요니를, 즉 요니 부위 [다시 말해서] 항문과 성기의 중간 지점을……" (yoniṃ yonisthānaṃ gudameṇḍrayor madhyabhāgaṃ…… *Jyotsnā*. III. 10)

79 ākuñcitakaratarjanībhyāṃ. *Jyotsnā*. III. 10.

80 "엄지발가락 부분을 잡아야 한다" (aṅguṣṭhapradeśe gṛhṇīyāt. *Jyotsnā*. III. 10)

이지만 중요한 것은 숨을 참은 상태에서 '턱을 끌어 당겨 가슴에 붙이는 잘란드하라 반드하와 회음을 조이는 물라 반드하를 동시에 실행해야 한다는 점이다.

> [그리고] 목에 반드하를 한 후에 기(vāyum)를 위쪽으로 올린다면
> 마치 회초리에 맞은 뱀이 막대기처럼 일어나듯이[81]

주석서에 따르면 마하 무드라는 두 손으로 엄지발가락을 잡고 '목을 끌어 당긴 후'(잘란드하라 반드하) 물라 반드하를 통해 '바유를 위로 수슘나로 끌어올리는 행법'이다.[82] 마하 무드라의 효과는 다음과 같다.

> 그와 같이 꾼달리니 샥띠도 재빠르게 곧게 일어날 것이다.
> 그때 [서로] '의지하는 두 겹'은 죽은 상태가 된다.[83]

마하 무드라를 끝내는 방법은 13게송에 기록되어 있다.

> 그리고서 천천히 조심스럽게 [숨을] 내쉬어야 하며 결코 거칠어서는 안된다.
> 실로 이것이 위대한 달인들이 가르친 마하 무드라이다.[84]

위 인용문에서 '숨을 내쉬어야 한다'는 내용이 중요한데 그것은 마

---

81 kaṇṭhe bandhaṃ samāropya dhārayed vāyum ūrdhvataḥ I
yathā daṇḍahataḥ sarpo daṇḍākāraḥ prajāyate II Hp. III. 11

82 주석서는 "기(vāyum)를 위쪽으로 올린다면"의 의미를 물라 반드하로써 기를 수슘나 속으로 끌어올리는 것으로 풀이한다.
"기, 즉 쁘라나를 위쪽 방향, 즉 수슘나 속에서 끌어올려야 한다. 이 말에 의해 물라 반드하가 지시된다. 그리고 그것(물라 반드하)은 회음을 압박함으로써 또 지흐와 반드하로써 성취된다고 전통적으로 알려진 것이다." (vāyuṃ pavanam ūrdhvata upari suṣumnāyāṃ dhārayet I anena mūlabandhaḥ sūcitaḥ I sa tu yonisaṃpīḍanena jihvābandhanena ca caritārtha iti sāṃpradāyikāḥ I *Jyotsnā*. III. 11)
위 주석에 따르면, 마하 무드라는 잘란드하라 반드하를 행한 후, 회음을 압박하고 또 혀를 앞니에 붙이는 것과 같은 세 가지 행위로 이루어진다.

83 ṛjvībhūtā tathā śaktiḥ kuṇḍalī sahasā bhavet I
tadā sā maraṇāvasthā jāyate dvipuṭāśrayā II Hp. III. 12.

84 tataḥ śanaiḥ śanair eva recayen naiva vegataḥ I
iyaṃ khalu mahāmudrā mahāsiddhaiḥ pradarśitā II Hp. III. 13.

하 무드라가 호흡의 조절과 별개로 행해지는 것이 아니라 '들숨 후 그 숨을 참은 상태', 즉 뿌라까 쁘라나야마(pūrakaprāṇāyāma)에서 실행된다는 것을 의미하기 때문이다. 따라서 마하 무드라를 수련하는 방법은 들숨 후 그 숨을 참은 상태에서 허리를 숙여 두 손으로 엄지발가락을 잡고 잘란드하라 반드하와 물라 반드하를 행하고 숨을 최대한 참은 후에 천천히 숨을 내쉬고 자세를 푸는 것이라 할 수 있다.

마하 반드하 무드라는 왼쪽 발꿈치로 회음을 압박하는 것은 마하 무드라와 동일하지만 허리를 구부리지 않은 정좌 자세에서 행해진다.

> 왼쪽 발의 뒤꿈치를 회음부로[85] 끌어당겨라.
> 오른발을 왼쪽 허벅다리 위에 올려놓고서[86]
>
> 그리고서 숨을 마신 후 가슴에 턱을 단단히 붙이고서[87]
> 회음을 조인 다음 마음을 중앙에[88] 집중해야 한다.[89]

위 인용문의 '숨을 마신 후에'가 의미하는 것은 이 무드라 역시 '들숨 후 그 숨을 멈춘 상태'(뿌라까 쁘라나야마)에서 실행된다는 것을 의미하고 '턱을 가슴에 단단히 붙인다는 것'은 잘란드하라 반드하와 병행하고[90] 또 '회음을 조인 다음에'라는 말은 물라 반드하를 실행한다는 것을 의미한다.[91] 마음을 중앙에 집중해라는 것은 마음을 두 눈썹

---

85 주석서에 따르면 yonisthāna는 항문과 성기 사이, 즉 회음을 의미한다.
"요니에, 다시 말해서 '항문과 성기 사이'에" (yonisthāne gudameṇḍrayor antarāle. *Jyotsnā*. III. 19)

86 pārṣṇiṃ vāmasya pādasya yonisthāne niyojayet I
vāmorūpari saṃsthāpya dakṣiṇaṃ caraṇaṃ tathā II Hp. III. 19.

87 주석서 Jyotsnā는 이것을 잘란드하라 반드하로 풀이한다.

88 Hp.에서 중앙(가운데)은 두 눈썹 가운데(미간) 또는 가운데 나디(수슘나)를 지칭한다. *Jyotsnā*는 여기서의 '중앙'을 가운데 나디, 즉 이다와 삥갈라 사이에 있는 것으로 말해진 '수슘나 나디'로 풀이한다.

89 pūrayitvā tato vāyuṃ hṛdaye cubukaṃ dṛḍham I
niṣpīḍya yonim ākuñcya mano madhye niyojayet II Hp. III. 20.

90 etena jālaṃdharabandhaḥ proktaḥ I *Jyotsnā*. III. 20.

91 "요니를, 즉 '항문과 성기 사이'를 조인 후에[를 의미한다], 이것에 의해서 물라 반드하[를 해라는 것]이 암시된다." (yoniṃ gudameṇḍrayor antarālam ākuñcya I anena mūlabandhaḥ sūcitaḥ I *Jyotsnā*. III. 20)

의 중간인 미간 혹은 이다와 삥갈라의 중간인 수슘나에 집중해하는 것을 의미한다.[92]

아래의 인용문에서 '최대한 숨을 참은 후'라는 말이 의미하는 것 역시 마하 반드하 무드라 역시 '들숨 후 그 숨을 참은 상태'에서 실행되고 숨을 참기 어려울 때 숨을 천천히 내쉬고 자세를 풀어야 한다는 것을 알 수 있다.[93]

> 최대한 참은 후에 숨을 천천히 내쉬어라.
> 왼쪽을 정확히 한 후에 오른쪽을 다시 수련해야 한다.[94]

② 쁘라나와 아빠나를 결합시키는 무드라

꾼달리니를 각성시키고 또 '꾼달리니라는 에너지'를 수슘나 속으로 상승시키는 것이 무드라 수련의 주요 목적이지만 그 전에 전제되어야 할 것은 '하기(下氣) 성향의 숨'이라 할 수 있는 아빠나(apāna)를 배꼽으로 끌어올려 쁘라나(prāṇa)와 결합시키는 것이다.

> 쁘라나와 아빠나가 합일할 때 꾼달리니가 각성된다.
> 꾼달리니가 각성될 때 쁘라나는 수슘나를 통해 브라흐마란드흐라로 간다.[95]

꾼달리니는 아빠나와 쁘라나가 결합된 후에 각성되므로 쁘라나와 아빠나를 결합하기 위해서 첫 번째로 해야 할 것은 '아래로 내려가려는 성향(하기성향)'의 아빠나[96]를 위로 끌어 올리는 것이다. 아빠나를

92 주석가는 여기서의 중앙을 수슘나로 풀이한다.
"중앙, 즉 가운데 나디(수슘나)에 집중해야 한다" (madhye madhyanāḍyāṃ niyojayet I *Jyotsnā*. III. 20)

93 "최대한 참고서, 즉 꿈브하까를 한 후에 조심스럽게 천천히 숨, 즉 바유를 내쉬어야 한다." (yathāśakti dhārayitvā kumbhayitvā śanair mandaṃ mandam anilaṃ vāyuṃ recayet I *Jyotsnā*. III. 21)

94 dhārayitvā yathāśakti recayed anilaṃ śanaiḥ I
savyāṅge tu samabhyasya dakṣāṅge punar abhyaset II Hp. III. 21.

95 prāṇāpanayor aikye kuṇḍalinībodho bhavati I kuṇḍalinībodhe suṣumnāmārgeṇa prāṇo brahmarandhraṃ gacchati I tatra gate cittasthairyaṃ bhavati. Jyotsna. I . 48.

96 "아래로 흐르는 [성향의] 아빠나를 강제로(balāt) 상승하게 만드는……" (adho gatim apānaṃ vā ūrdhvagaṃ kurute balāt I Hp. III. 62)

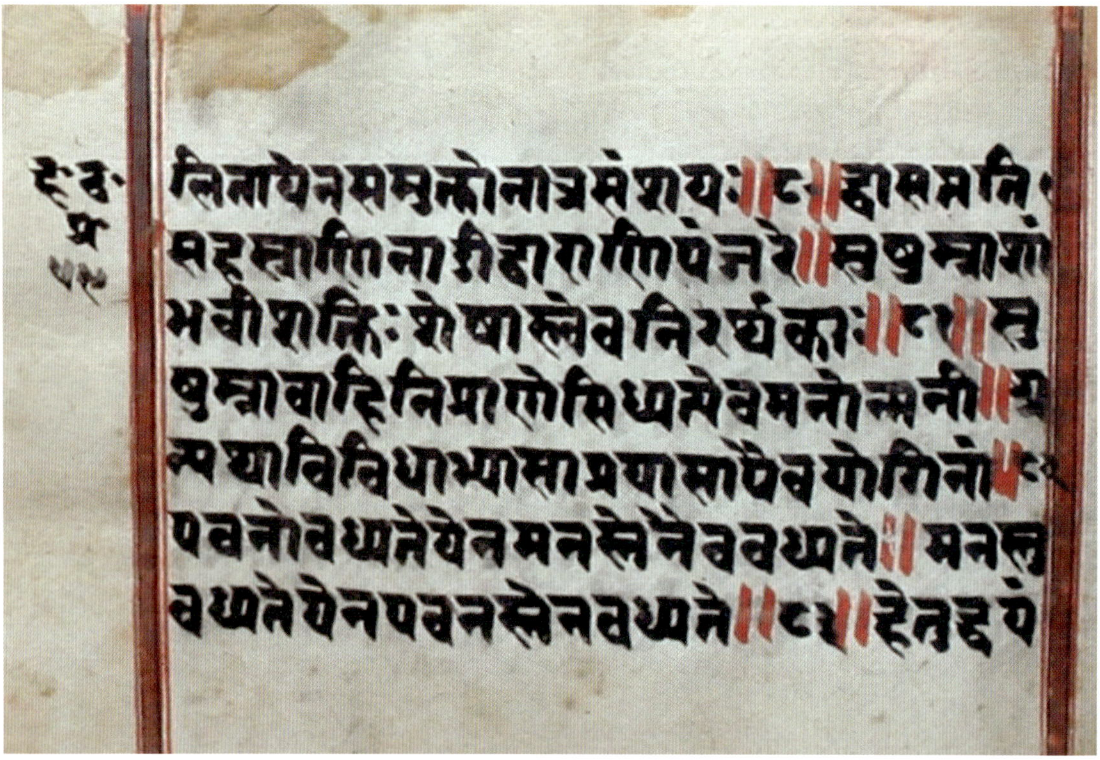

수슘나의 중요성 그리고 '꾼달리니가 각성된 후 수슘나 속으로 진입한 후'에 삼매가 성취된다는 것을 설명하고 있는 『하타요가쁘라디삐까』 필사본 중 일부(F.59v). 펀잡대학교(Punjab Univ., Lahore) 소장.
번역은 다음과 같다.
"몸 속에는 72,000개의 나디 통로가 있다.
수슘나는 샹브하비(=쉬바)의 힘을 지니지만 나머지는 별 의미가 없다."(81송)
"쁘라나가 수슘나 속으로 흐를 때만 마논마니[삼매]가 성취된다.
하지만 그 외의 수행은 요가수행자들을 피로하게 할 뿐이다."(82송)
"기(氣)가 통제되면 그로 인해 마음도 통제된다.
그리고 마음이 통제되면 그로 인해 기도 통제된다."(83송)

위로 올리는 수행이 '회음을 발꿈치로 압박한 후 항문을 수축시키는 물라 반드하'이다.

> 발꿈치 부분으로 회음을(yonim)[97] 압박한 후에 항문을 수축시켜야 한다.
> 아빠나를 위로 끌어올리는 것이 물라 반드하로 알려져 있다.[98]

> 항문을 발꿈치로 압박한 다음 힘껏 기를 수축시켜야 한다.
> 기가 위쪽으로 상승할 때가지 반복하라.[99]

> 수축함으로써 아래로 흐르는 [성향의] 아빠나를 강제로 상승하게 만드는 것
> 그것을 물라 반드하라고 요가수행자는 말한다.[100]

위에서 언급한 호흡 수련의 원칙, 즉 들숨 후 그 숨을 최대한 참은 상태에서 세 가지 반드하(물라, 잘란드하라, 웃디야나)를 행한다는 원칙을 염두에 두면 물라 반드하 역시 '들숨 후 멈춤'(뿌라까 쁘라나야마)에서 실행되는 것으로 이해할 수 있다.

③ 각성된 꾼달리니를 상승시키는 무드라

하타요가의 목적은 꾼달리니를 각성시키는 것으로 완료되는 것이 아니라 각성된 꾼달리니를 수슘나로 진입시키고 상승시켜서 정수리의 브라흐마란드흐라까지 끌어 올릴 때 완성된다. 꾼달리니가 상승하는 통로인 수슘나는 여타의 나디와 달리 꾼달리니가 각성된 후에 활성화되는 나디인데, 꾼달리니를 수슘나로 상승시키는 무드라가 웃디야나 반드하 무드라이다. 웃디야나 반드하는 '숨을 마신 후 그 숨

97 주석가는 yoni를 회음부로 풀이하고 있다.
"요니를, 즉 요니 부위(회음부)를, 다시 말해서 '항문과 성기 사이의 지점을'". (yoniṃ yonisthānaṃ gudamedrayor madhyabhāgaṃ I Jyotsnā. III. 61)

98 pārṣṇibhāgena saṃpīḍya yonim ākuñcayed gudam I
apānam ūrdhvam ākṛṣya mūlabandho 'bhidhīyate II Hp. III. 61.

99 gudaṃ pārṣṇyā tu saṃpīḍya vāyum ākuñcayed balāt I
vāraṃ vāraṃ yathā cordhvaṃ samāyāti samīraṇaḥ II Hp. III. 63.

100 adho gatim apānaṃ vā ūrdhvagaṃ kurute balāt I
ākuñcanena taṃ prāhur mūlabandhaṃ hi yoginaḥ II Hp. III. 62.

을 참은 상태에서' 복부를 최대한 등쪽으로 끌어당기는 무드라이다. 하지만 웃디야나 반드하 무드라는 단독으로 실행되는 것이 아니라 회음을 조이고(물라 반드하) 그 다음에는 턱을 끌어당긴 후(잘란드하라 반드하)에서 실행된다.[101]『하타요가쁘라디삐까』는 세 무드라를 하나의 셋트처럼 동시에 실행하는 것에 대해 말한다.

> 근본 자리(회음)를 압박한 후에[102] 웃디야나 [반드하]를 행하라.
> 그리고 이다와 삥갈라를 막고서[103]
> [쁘라나를] 최후의 길 속[104]으로 흐르게 하라.[105]

세 종류의 반드하를 동시에 실행하는 것은 꾼달리니의 각성과 상승을 위한 행법이기도 하지만 쁘라나야마의 원칙을 설명하는『하타요가쁘라디삐까』제2장에서도 호흡법(prāṇāyāma, =kumbhka)의 원칙을 설명하면서도 언급되었다.

> 아랫부분(회음)을 강하게 조여주고(물라 반드하) 목을 끌어당긴 후(잘란드하라 반드하)
> 가운데(배꼽 주위)를 뒤로 당기면(웃디야나 반드하) 쁘라나는 브라흐마 나디로 들어갈 것이다.[106]

---

101 반면 물라 반드하와 잘란드하라 반드하는 독자적으로 실행될 수 있다.

102 물라 반드하를 의미한다.

103 이 게송은 물라 반드하와 웃디야나 반드하만 언급하고 잘란드하라 반드하를 언급하지 않고 있다. 하지만 주석서『월광』은, '이다와 삥갈라를 막고서'라는 말이 있기 때문에 잘란드하라 반드하 역시 해야 하는 것'으로 풀이한다.
"이다인 강가와 삥갈라인 야무나를 막은 후에 [이 말은] '잘란드하라 반드하에 의해서' 라는 의미이다. 왜냐하면 '오직 목을 끌어당김으로써만 두 나디는 완전히 통제될 것이다.'라고 [이미 Hp. III. 73송에서] 말해졌기 때문이다." (iḍāṃ gaṅgāṃ piṅgalāṃ yamunāṃ ca baddhvā I jālaṃdharabandhenety arthaḥ I 'kaṇṭhasaṃkocanenaiva dve nāḍyau stambhayed dṛḍham'(III. 73) ity ukteḥ II *Jyotsnā*. III. 74)

104 paścime pathi는 최후의 길, 등 쪽의 길을 의미하는데『월광』은 그것을 수슘나로 풀이하고 또 수슘나 속으로 흐르는 것이 '쁘라나'라고 말한다.
"쁘라나를 최후의 길, 즉 수슘나의 길속으로 흐르게, 들어가게 해라고 보충되어야 한다." (paścime pathi suṣumnāmārge vāhayed gamyet prāṇām iti śeṣaḥ II *Jyotsnā*.III. 74)

105 mūlasthānaṃ samākuñcya uḍḍiyānaṃ tu kāraret I
iḍām ca piṅgalāṃ baddhvā vāhayet paścime pathi II Hp.III. 74.

106 adhastāt kuñcanenāśu kaṅṭhasaṃkocane kṛte I
madhye paścimatānena syāt prāṇo brahmanāḍīgaḥ II Hp. II. 46.

한편, 『하타요가쁘라디삐까』에서 언급된 무드라 중 도립 무드라, 케짜리 무드라 그리고 바즈롤리, 사하졸리, 아마롤리는 꾼달리니의 각성과 상승과 직접적으로 관련되지 않는다. 하지만 호흡수련이나 무드라를 돕기 위해 또는 정이나 감로의 보존을 위한 예비적인 훈련법으로 중요시될 수 있다. 특히 바즈롤리, 사하졸리 무드라의 경우 정과 마음 그리고 기는 함께 작용하므로 기의 응축, 마음의 안정을 위해 정을 보전하는 것은 무드라 수련에 필수적인 조건이 된다고 할 수 있다.

원주

1) Blair, *Rhythms of Vision*, pp.8, 148-9.

2) Yogananda, *Autobiography of a Yogi*, p.279.

3) Edwin Bernbaum, "The Way of Symbols", *The Journal of Transpersonal Psychology*, no. 2, 1974, pp.99-100.

4) Schrader, *Introduction to the Pañcarātra*, p.119.

5) Khanna, *Yantra*, p.119.

6) Jung, *Psychological Commentary on Kundalini Yoga, Lectures One, Two, Three and Four.*

7) Jung, *Psychological Commentary on Kundalini Yoga, Lectures One, Two, Three and Four.*

8) Jung, *Psychological Commentary on Kundalini Yoga, Lectures One, Two, Three and Four.*

9) Chaudhuri, *Being, Evolution and Immortality*, pp.193-4.

10) 보다 자세한 것은 Mookerjee and Khanna, *The Trantric Way(Ritual)*, p.175, 194를 참조.

11) 보다 자세한 것은 Mookerjee and Khanna, *The Trantric Way(Ritual)*, p.175, 194를 참조.

12) Eliade, *Yoga, Immortality and Freedom*, pp.270 1.

13) Vivekananda, *Rāja Yoga*, pp.72-3.

14) Mishra, *Fundamentals of Yoga*, p.104.

15) 보다 자세한 것은 Mookerjee and Khanna, *The Trantric Way(Ritual)*, p.175, 194를 참조.

16) Satyananda, *The Tantra of Kundalini Yoga*를 참조.

17) Kenneth Ring, "A Traspersonal View of Consciousness", *The Journal of Transpersonal Psychology*, no.2, 1977l pp.148-9.

18) Stanislav Grof, "LCD and the Cosmic Game", *Journal for the Study of Consciousness*, 1972-3.

19) Kenneth Ring, "A Transpersonal View of Consciousness", *The Journal of Transpersonal Psychology*, no.2, 1977l pp.148-9.

20) Gary E. Schwartz, "The Current Findings on Physiology and Anxiety, Self-Control, Drug Abuse, and Creativity", paper presented at the American Psychological Association Convention, Montreal, August, 1963, p.5.

21) Muktananda, *The Play of Consciousness*, pp.90-9.

22) Gopi Krishna, *Kundalini*, p.64, 84, 87.

23) Prabhavananda, *The Spiritual Heritage of India*, p.150.

24) Saradananda, *Srī Ramakrishna, The Great Master*, p. 364; *Life of Ramakrishana*, Advaita Āshram, p.108.

25) Dhyanyogi, *Light on Meditation*, p.111.

26) Wilson, *The Outsider*, p.269.

27) Kaviraj, *Sādhudarshan-O-Satprasaṅga*, Vol.1(in Bengali).

28) Bentov, *Stalking the Wild Pendulum*을 참조; Sannella, *Kundalini-Psychosis or Transcendence*에서 Bentov를 참조.

29) Ken Wilber, "Spectrum Psychology", *Revision*, Vol.2, no.1, 1979, pp.70-1.

30) Kaviraj, *Aspects of Indian Thought*, p.234.

31) Sannella, *Kundalini-Psychosis or Transcendence*.

32) Sannella, *Kundalini-Psychosis or Transcendence*.

33) Sannella, *Kundalini-Psychosis or Transcendence*.

34) Tansley, *Radionics and the Subtle Anatomy of Man*, pp.23-4, 28.

35) Tansley, *Radionics and the Subtle Anatomy of Man*, pp.23-4, 28.

36) Blair, *Rhythms of Vision*, pp.8, 148-9.

37) Sannella, *Kundalini-Psychosis or Transcendence*.

38) Jung, *Psychological Commentary on Kundalini Yoga, Lectures One, Two, Three and Four*, p.18.

Abhayamudrā(아브하야 무드라): 무외인(無畏印). 공포를 몰아내고 보호하고 은혜를 준다는 수인(手印)으로 손을 들어올려 손바닥을 보이는 형태이다.

Adhikāra(아드히까라): 권능, 영적인 권위.

Agni(아그니): 불의 신. 또는 물질 세계를 구성하는 조대 요소 중 하나인 불(火).

Airāvata(아이라와따): 여섯 개의 코를 가진 신령스런 흰 코끼리로 비슛드하 짜끄라의 상징 동물, 베다의 신 인드라가 타고 다니는 동물이기도 하다.

Ājñācakra(아갸 짜끄라): ājñā는 문자적으로 '명령'을 의미한다. 아갸 짜끄라는 여섯 번째 짜끄라로 양 눈썹 사이(미간)에 있다. 아갸 짜끄라가 개화할 때 개인성은 초극된다.

Akāśa(아까샤): 허공, 순수 의식의 영역. 에테르적인 공간(空). 공은 다섯 개의 요소(地, 水, 火, 風, 空) 중에서 가장 미세한 것이고 소리를 통제하는 비슛드하 짜끄라와 관련된다.

Anāhatacakra(아나하따 짜끄라): 아나하따(anāhata)는 '부서지지 않음'을 의미한다. 아나하따 짜끄라가 있는 곳은 심장 부위이다.

Ānanda(아난다): 초월적인 환희, 즐거움의 본질적 원리, 영적인 황홀경.

Ānandamayakośa(아난다마야꼬샤): 환희소성장(歡喜所成藏). 참자아를 가리는 다섯 개의 덮개 혹은 인간을 구성하는 다섯 층 중 가장 안쪽에 있는 '환희(ānanda)로 이루어진(maya) 덮개(kośa)'를 뜻한다. 환희로 이루어진 덮개는 조대신(육체적인 몸), 미세신(호흡, 마음 등 미세한 몸), 원인신(해탈 혹은 속박의 원인이 되는 몸) 중에서 가장 내밀한 신체라 할 수 있는 원인신에 해당한다. kośa(藏)항목을 참조.

Annamayakośa(안나마야꼬샤): 식소성장(識所成藏). 참자아를 가리는 다섯 개의 덮개 중 두 번째인 '음식(anna)으로 이루어진(maya) 덮개(kośa)', 즉 신체를 의미한다. 식소성장은 조대신에 해당한다.

Anusvāra(아누스와라): 산스끄리뜨 문자 체계에서 확장된 비음을 뜻한다. 발음될 수 없는 '진동'이지만 자모의 글자와 결합해서 소리로 조합될 수 있다. 아누스와라는 빈두(bindu)를 상징하는 점을 담고 있는 반원으로 상징된다.

Apāna(아빠나): 다섯 가지 주요 생기(生氣) 중의 하나이다. 아빠나 바유는 '아래로 내려가려는 성향'을 가진 숨이고 주로 복부 아래와 하체를 지배하는 숨이다. 불이라는 요소와 연결된 하기 성향의 바람. 쁘라나(prāṇa) 항목을 참조.

Ardhacandra(아르다짠드라): 아갸 짜끄라 위쪽에 있는 소리 단계 중 하나이다. 수행자들이 겪은 다양한 경험들이 점진적으로 소멸하는데 아갸 짜끄라 위쪽의 소리 단계이다. 아르드하짠드라의 공명은 반달로 상징된다.

Ardhanārīśvara(아르드하나리쉬와라): 쉬바와 샥띠의 자웅동체적 형태로 한 몸 속에 남성과 여성의 특질을 갖추고 있다. 모든 남자와 모든 여자는 그(혹은 그녀) 속에 남성적인 원리와 여성적인 원리를 가지고 있다.

Āsana(아사나): 아사나는 연화좌나 달인좌와 같은 정좌 자세(좌법)과 공작체위, 활체위와 같은 역동적인 동작이 있는데 하타요가 문헌에 따르면 신체의 조화와 균형을 잡아주는 정좌 자세가 우선시된다. 한편 '딴뜨라 아사나'는 '남녀의 성적 결합 체위'를 의미한다.

Aśvanimudrā(아쉬위니 무드라): 아쉬위니는 암컷 말을 의미하는데, 이 무드라는 항문 근육을 수축하고 풀어주는 것을 반복함으로써 생명력을 통제하는 기법이다. 아쉬위니 무드라는 달인좌와 같은 요가적 좌법을 취한 상태에서 은밀하게 행하는 비밀스런 행법이다.

Bānaliṅga(바나 링가): Liṅg(링가)항목을 참조.

Bandha(반드하): 반드하는 수축 특히 근육의 수축을 의미하는데 무드라의 일종 혹은 아사나(체위)의 일종으로도 간주된다. 중요한 반드하는 세 가지인데 첫 번째는 회음을 조이는 것(물라 반드하)이고 두 번째는 목을 끌어당기는 것(잘란드하라 반드하)이고 세 번째는 복부를 등 쪽으로 끌어당기는 것(웃디야나 반드하)이다. 하타요가 문헌에 따르면 이 세 가지 반드하는 무드라의 일종으로 수련되는데, 무드라로서의 세 종류의 반드하는 '숨을 마신 후 그 숨을 참고 있는 상태'(뿌라까 쁘라나야마pūrakaprāṇāyāma, = 꿈브하까 kumbhaka)에서 실행된다.

Bhairavī(브하이라위): 여자 구루. 일반적으로 딴뜨라는 브하이라위의 지도로 입문하는 것이 이상적이라고 말해진다. 딴뜨라 수행자들은 짜끄라-뿌자(cakra-puja, 원형 예배)로 알려진 집단적인 성적 요가 체위(성교)를 실행하는데 브하이라위-짜끄라가 가장 중요시된다.

Bhaktiyoga(박띠요가): 신에 대한 사랑과 헌신을 통해 자아를 실현하는 방법이다. 자신이 믿는 신과 합일하려는 강렬한 바람과 의지이다.

Bhūtaśudhi(브후따숫드히, 조대 요소의 정화): 제의를 행하면서 조대한 신체를 정화하는 것이다.

Bījamantra(비자 만뜨라, 종자 만뜨라): 특정 신격 혹은 우주적 힘을 상징하는 가장 작은 종자 음절.

Bindu(빈두): 형이상학적인 점(点). 샥띠라는 에너지의 집합은 무차별적인 점으로 흡수되어 다음의 창조를 준비한다.

Brahmā(브라흐마): 창조자. 힌두의 우주론에서 브라흐마는 우주의 창조자이다.

Brahmagranthi(브라흐마 그란티, 브라흐마 결절): 꾼달리니의 상승을 방해하는 세 가지 결절(granthi) 중 가장 아래쪽의 물라드하라 짜끄라에 있는 결절. 이 결절이 정화되면 '전체성'을 얻게 된다. granthi(결절) 항목을 참조.

Brahmanāḍī(브라흐마 나디): 세 겹으로 구성되어 있는 수슘나 나디(suṣumnānāḍī) 중 가장 한 가운데에 있는 미세한 통로. '각성된 꾼달리니'는 수슘나 나디 안쪽에 있는 브라흐마 나디로 상승한다.

Brahman(브라흐만): 궁극적 실재, 순수 의식, 변하기 마련인 만물 속이 있는 불변적인 원리.

Brāhmaṇī(브라흐마니): 19세기 인도의 위대한 성자인 라마끄리쉬나의 여성 스승(1836-1886).

Brahmarandhra(브라흐마란드흐라): 문자적으로는 '브라흐만의 동굴'을 의미하는데 일반적으로 정수리에 있는 사하스라라 짜끄라를 지칭한다. 꾼달리니(=샥띠)는 각성된 후 척추 속에 있는 수슘나로 진입해서 여섯 개의 짜끄라를 하나씩 통과해서 최종적으로 브라흐마란드흐라에 도착하고 이곳에서 순수의식(쉬바)과 결합한다.

Caitanya(짜이딴야): 순수의식. 인간 개개인의 의식이 무한한 환희 속에서 우주적 의식과 융합된 상태.

Cākinīśakti(짜끼니 샥띠): 짜끼니 샥띠는 라키니 샥띠(Rakiniśakti)로도 불리는데 이것은 스와스디스티니 짜끄리를 지배하는 신격인 비슈누의 힘이다.

Cakra(짜끄라): 짜끄라는 문자적으로 수레의 바퀴 혹은 원을 의미한다. 하타요가에서 짜끄라는 척추를 따라 위치해 있는 심령적인 에너지의 중심점을 의미한다. 문헌에 따라 짜끄라의 수는 다르지만 일반적으로 회음부에 있는 물라드하라(mūlādhāra), 생식기 부근의 스와드히스타나(svādhisthāna), 배꼽의 마니뿌라(maṇipūra), 심장 근처의 아나하따(ahāhata), 목의 비숫드하(viśddha), 미간의 아갸(ājñā) 그리고 정수리(혹은 정수리 위쪽)의 사하스라라(sahasrāra)와 같은 짜끄라들이 있다고 말해진다. 일반적으로 짜끄라는 연꽃으로 상징되는데 각 짜끄라마다 연꽃잎의 수가 다른데 그것은 각 짜끄라가 지닌 진동수에 의거한 것으로 말해진다.

Cakrapūjā(짜끄라 뿌자): 문자적으로는 '원형 예배'를 의미한다. 이것은 딴뜨라 입문자들이 원형을 이루어 집단적으로 행하는 성교 의식이다. 이 의식은 오마사(五摩事, pañcamakara), 즉 M으로 시작하는 다섯 가지 행위 중 마이투나(성교)에 포함된다.

Citriṇī(찌뜨리니): 수슘나 나디 속에 있는 세 개의 미세한 통로 중 하나이다. 수슘나는 물라드하라 짜끄라에서 뻗어 나오는 주요한 통로(나디)이다.

Citśakti(찟샤띠): 의식(意識)의 힘, 지고한 에너지, 순수 의식으로서의 쉬바의 배우자를 뜻한다.

Cosmic Consciousness: Caitanya(짜이딴야) 항목을 참조.

Cosmic Cycle: 우주의 주기, 유가(yuga, 劫)의 순환. 인도인들은 역사적인 시간 개념보다는 유가(yuga, 겁)이라는 용어로 표현되는 주기적인 것으로 파악하였다. 우주적 주기는 네 겁이 이어진 것이다. 각 마하유가의 종말에 새로운 창조를 위해 라야(laya, 소멸)로 알려진 우주적 사건 속에서 세계는 해체된다. 새로운 창조는 유출(sṛṣṭi) 혹은 창조로 알려져 있고 그 다음에는 유지(sthiti)이고 그 다름은 소멸(saṃhara)인데 창조-유지-파괴의 순환은 무한히 반복된다.

Cosmic Man: 뿌루샤(puruṣa)로 알려진 태초의 근원적인 인간을 뜻한다. 뿌루샤에 대응하는 반대쪽 파트너는 근원적인 여성 비라즈(Vīrāj) 혹은 쁘라끄리띠(Prakṛti)이다.

Ḍākinī(다끼니): 근본 짜끄라인 물라드하라 짜끄라를 지배하는 신인 브라흐마가 지닌 에너지를 뜻한다.

Dakṣiṇamārga(닥쉬나 마르가): 우도(右道). 우도 딴뜨라는 오마사(pañcamakara, m으로 시작하는 다섯 단어)의 다섯 개의 구성 요소를 실제로 실행하는 것이 아니라 상징적인 것으로 파악한다. 좌도 딴뜨라는 마드야(Madya, 술)를 문자 그대로 마시지만 우도는 '지혜에 완전히 심취했다'는 상징으로 코코넛 우유를 마시는 것으로 대체한다. 우도는 망사(māṃsa, 고기)를 생강이나 또는 뿌리로 대체하는데, 그것은 말을 통제하는 것(ma가 혀를 의미한다는 것이 확장됨)을 의미한다. 우도에서 마츠야(matsya, 물고기)는 이다와 삥갈라(수슘나 좌우에 있는 두 나디)라는 두 흐름에 집중하는 것으로 대체된다. 무드라 mudrā(볶은 곡식)는 정신이 집중된 요가 상태를 상징하는데 이것은 좌도와 우도 모두 공통적으로 실행하는 것이다. 좌도는 maithuna(성교)를 짜끄라 뿌자라는 집단 성교 의식을 실제로 거행하지만 우도는 링가(liṅga, 남근)와 요니(yoni, 음부)를 상징하는 두 종류의 꽃을 사용해서 창조의 근원적 행위에 대한 명상으로 대체한다.

Etheric Double: 에테르상의 쌍둥이. 육체로 된 인간의 몸은 우주의 모든 미세한 차원을 담고 있다고 믿어졌다. 육체적인 측면을 넘어서서 그것에 대응하는 에테르적인 쌍둥이가 있고 그것이 인간의 미세신을 구성한다. 미세한 덮개들은 몇 개의 심령적 지점에서 조대 요소와 연결되어 있다.

Female Participant: 짜끄라 뿌자(집단 성교 의식)에 참여하는 여성. 여기서의 여성은 샤띠의 모사로 간주되고 신적인 에너지의 역할을 담당한다. 그녀가 없으면 딴뜨라적 아사나(성교) 수행은 성공할 수 없다.

Female Principle: 여성성, 경건한 여성, 여성성의 모든 본성이 축약된 것이고 샤띠의 모든 측면이 지닌 가장 본질적인 것이다. 샤띠는 여성적 원리 혹은 궁극적 실재의 역동적 측면, 모든 창조에 스며있는 에너지이다.

Grathi(그란티): 결절; 하타요가 문헌에 따르면 꾼달리니의 상승을 가로막는 결절은 세 개가 있는데 물라드하라 짜끄라에 있는 것이 브라흐마 결절(brahmagranthi)이고, 아나하따 짜끄라에는 비슈누 결절(viṣṇugranthi), 아갸 짜끄라에는 루드라 결절(rudragranthi)이 있다. 이 세 결절들은 심령적인 장애인 링가(liṅga)들, 즉 스와얌부(svayaṃbhū) 링가, 바나(bāṇa) 링가, 이따라(itara) 링가와 더불어 꾼달리니의 상승 과정에서 극복되어야만 하는 것이다.

Guru(구루): 영적인 스승. 비밀스런 진리는 진리를 체험한 스승, 다시 말해서 다양한 방법으로 제자를 훈련시켜 깨달음을 얻게 해줄 수 있는 영적인 힘을 가진 스승에 의해서만 전수될 수 있다.

Ha(하): 샥띠를 상징하는 문자, A는 쉬바를 상징한다.

Hākinī(하끼니): 싯드하깔리(siddhakālī)로도 불리는데 이것은 아갸짜끄라를 지배하는 빠라마쉬바(Paramaśiva)의 '에너지'이다.

Haṃ(함): 비숫드하 짜끄라의 종자 만뜨라를 뜻한다.

Hathayoga(하타요가): 주로 신체가 지닌 능력과 기능을 통제함으로써 심신에 내재된 힘을 발현시키는 수단이다. 하타요가의 목표는 꾼달리니를 각성시키고 또 각성된 그 에너지를 정수리의 사하스라라 짜끄라에 머물고 있는 쉬바(Śiva)와 합일하게 하는 것이다. 하타요가 문헌에 따르면, 하타(haṭha)의 하(ha)라는 음절은 태양과 쁘라나를 상징하고 타(ṭha)는 달과 아빠나를 상징하고 요가(yoga)는 결합을 의미한다. 따라서 하타요가의 의미를 인간에 내재된 음양이라는 두 원리의 결합(yoga) 또는 하기 성향의 아빠나(āpana)를 위로 끌어 올려 쁘라나(prāṇa)와 결합하는 것(yoga)으로 파악할 수 있다. 하타요가가 쁘라나(ha)와 아빠나(āpana)의 결합(yoga)을 강조하는 이유는 쁘라나와 아빠나가 결합한 이후에 꾼달리니가 각성되기 때문이다. 꾼달리니의 각성을 위해 하타요가는 야마(yama, 억제), 니야마(niyama, 내적 통제), 신체의 정화(ṣaṭkarma)를 비롯한 예비적인 수행법 외에 아사나(āsana, 좌법), 쁘라나아야마(prāṇāyāma, 호흡 통제), 무드라(mudrā)와 같은 수행 체계를 갖추고 있는데 핵심적인 것은 쁘라나아먀나(호흡 통제)와 무드라이다.

Himālayas(히말라야): 히마-알라야(hima-ālaya)로 분석되는데 그 의미는 '눈으로 덮힌 곳, 눈이 저장된 곳'이다. 히말라야라는 광대한 산맥은 인도의 역사, 신화, 예술, 종교에서 대단히 중요한 역할을 하는 곳이다. 우주적인 지혜 혹은 신비스런 능력을 지닌 신선(ṛṣi) 혹은 현인, 요가 수행자, 현인들은 히말라야에 칩거해서 명상하기도 한다.

Iḍā(이다): 이다는 쁘라나라는 생명 에너지가 흐르는 통로인 나디(nāḍī) 중 하나이다. 일반적으로 이나 나디는 흰 색이고 '달'로 표현되는데 이다 나디는 수슘나 나디 수위를 감아 왼쪽 코에서 끝난다.

Indra(인드라): 리그 베다에서 가장 유명한 신. 인드라에 대한 숭배는 아마도 아리안족이 인도의 오지로 세력을 확장하는 상황과 일치할 것이다.

Itaraliṅga(이따라링가). 링가(Liṅga) 항목을 참조.

Kākinīśakti(까끼니 샥띠): 심장부에 있는 아나하따 짜끄라를 지배하는 신인 이샤(Īśa)가 지닌 에너지이다.

Kālī(깔리): 창조와 파괴의 측면을 지닌 신 혹은 그가 지닌 힘. 깔리는 영원한 시간(kāla)의 역동적 힘을 상징하고 이 점에서 그녀는 파괴를 상징하는데 그녀는, 파괴를 통해서 새로운 삶의 씨앗이 생기게 한다. 그녀는 공포와 사랑을 동시에 품고 있다.

Karmayoga(까르마 요가): '행위'를 통한 해탈의 길.

Khecarīmudrā(케짜리 무드라): 케짜리의 문자적인 의미는 '허공에서(khe) 걷는다(carī)'이다. 케짜리 무드라는 혀를 뒤집어 목구멍 안으로 넣어 비강을 막아서 꾼달리니가 각성된 후 사하스라라 짜끄라에서 흘러내리는 감로가 흘러내리지 않게 한다. 케짜라 무드라의 주요한 효과는 불멸의 감로가 아래로 흘러내려 소화되는 것을 막는 것이고 다른 하나는 정액을 누설하지 않게 하는 것이다.

Kośa(꼬샤): 덮개(들). 인간은 다섯 층으로 된 덮개를 가지고 있으며 안쪽으로 들어갈수록 밀도가 낮아진다. 가장 바깥의 덮개는 음식(anna)으로 이루어진(maya) 덮개(kośa)

이고 그 안쪽에는 생명 에너지(prāṇa)로 이루어진 덮개, 더 안쪽에는 마음(manas)로 이루어진 덮개, 더 안쪽에는 인식(vijñāna)으로 이루어진 덮개가 있고 가장 안쪽엔 환희(ānanda)로 이루어진 덮개가 있다. 다섯 껍질(pañcakośa) 안쪽에 참자아(ātman)이 감추어져 있다.

Kṛṣṇa(끄리쉬나): 힌두 판테온에서 가장 유명한 신.

Kriyāyoga(끄리야요가): 끄리야요가의 의미는 두 가지인데 하나는 빠딴잘리의 ¿요가경:에 설명된 것이고 다른 하나는 요가난다를 비롯한 현대의 요가 스승이 사용한 요가이다. 후자의 경우 꾼달리니의 각성과 관련된 요가적 행법을 의미하는데 수행법은 사실상 하타요가에 포함된다.

Kumbhaka(꿈브하까): 하타요가의 호흡 수련에서 가장 핵심이 되는 것으로 '숨을 참는 것'을 의미한다. 하타요가 문헌에 따르면 꿈브하까에는 두 종류가 있는데 첫 번째는 사히따 꿈브하까(sahitakumbhaka)이고 두 번째는 께왈라 꿈브하까(kevalakumbhaka)이다. 사히따 꿈브하까엔 다시 두 종류가 있는데 하나는 '들숨 후 그 숨을 최대한 유지하는 것'이고 다른 하나는 '숨을 내쉰 후 진공상태를 유지하는 것'이다. 전자는 뿌라까 쁘라나야마(pūrakaprāṇāyāma)로 불리고 후자는 레짜까 쁘라나야마(recakaprāṇāyāma)로 불린다. 이 두 가지 중에서 하타요가 문헌이 실제로 설명하는 것은 '들숨 후 그 숨을 유지하는 뿌라까 쁘라나야마'이다. 따라서 하타요가 문헌에서의 꿈브하까는 '들숨 후 그 숨을 최대한 유지하는 것'으로 파악된다. 그리고 뿌라까 쁘라나야마와 꿈브하까는 '시작 시점'에서 약간의 차이는 있지만 거의 동의어이다. 한편 께왈라 꿈브하까는 사히따 꿈브하까, 더 정확히는 '들숨 후 그 숨을 참은 상태'에서 도달된 경지로 '숨을 참은 상태가 자연스럽게 유지되고 지속되는 상태'이다.

Kuṇḍalinī(꾼달리니): 꾼달리니 샥띠(kuṇḍalinī-śakti) 혹은 꿀라 꾼달리니(kula-kuṇḍalinī), 불 꾼달리니, 태양 꾼달리니, 달 꾼달리니, 생리적 꾼달리니 등도 있다. 꾼달리니는 물라드하라 짜끄라(mūlādhāracakra)에서 잠들어 있는 여성적 에너지이다. 완전히 만개한 꾼달리니는 꿀라(kula), 즉 모든 것을 초월하는 의식의 빛으로 불린다. 불 꾼달리니는 물라드하라에서 아나하따로 상승하는 것으로, 태양 꾼달리니는 아나하따에서 비슛드하로 상승하는 것으로, 달 꾼달리니는 비슛드하에서 수슘나의 끝(즉 사하스라라 짜끄라)까지 상승하는 것으로 말해진다. 꾼달리니를 각성시키는 다양한 수행법 혹은 의식을 확장시키는 체험을 위한 실천 수행법이 꾼달리니 요가로 알려져 있다. 한편, '생리적 꾼달리니'는 서양의 연구자들이 자신이 발견한 것을 설명하기 위해 새롭게 만든 명칭이다.

Kūrma(꾸르마): 거북이. 비슈누 신의 화신. 거북이의 형태는 불멸의 감로를 짜내기 위해 바다를 흔들고 있는 형태이다.

Lākinīśakti(라키니 샥띠): 마니뿌라 짜끄라를 지배하는 루드라 신이 지닌 '에너지'.

Laṃ(람): 척추의 기부에 있는 근본 센터라 할 수 있는 물라드하라 짜끄라의 종자 만뜨라이다.

Layayoga(라야 요가): 라야는 몰입을 의미하는데 라야 요가의 목적은 '명상하고 있는 신에게 자기 자신이 몰입되는 것'이다.

Liṅga(링가): 일반적인 의미에서는 링가는 남근을 의미하는데, 링가가 지닌 비밀스런 의미는 '생성과 귀멸의 과정을 밟고 있는 전 우주를 담고 있는 미세한 공간'이다. 링가의 '리'(li)는 해체를 의미하고 '감'(gam)은 전개되는 것을 의미한다; 한편, 링가는 결절(granthi)과 마찬가지로 꾼달리니 요가에 의해 정화되어야 하는 세 가지 심리적 장애물을 의미하기도 하는데 그 세 가지는 스와얌부 링가(svayaṃbhūliṅga), 바나 링가(bāṇaliṅga), 이따라 링가(itaraliṅga)이다. 스와얌부 링가는 물라드하라 짜끄라에 있고 바나 링가는 아나하따 짜끄라에 있고, 이따라 링가는 아갸 짜끄라에 있다.

Lotus Petals: 연꽃잎. 짜끄라는 연꽃으로 상징되며 각 짜끄라의 연꽃잎 수는 다르다. 연꽃잎의 개수는 각각의 짜끄라에서 활동하는 에너지의 다양한 강도를 의미하는 짜끄라의 소리적 진동에 상응하며 각각의 꽃잎엔 산스끄리뜨 문자가 새겨져 있다.

M: 마드야(madya, 술), 망사(māṃsa, 고기), 마츠야(matsya, 물고기), 무드라(mudrā, 볶은 곡식), 마이투나(maithuna, 성교)와 같이 m으로 시작하는 다섯 가지(pañcamakara, 오마사). 좌도 딴뜨라는 오마사를 문자 그대로 실행한다. 원형 예배(cakrapūjā)와 우도(dakṣināmārga) 항목을 참조.

Madhyamā(마드흐야마): 미세한 형태의 우주적 소리. 귀로 들을 수 있는 소리로 들리기 전의 소리이다. parā 항목을 참조.

Mahābindu(마하빈두): 가칭 범위를 넘어서 있고 초우주적인 공(空). 까쉬미리 샤이비즘에 따르면 궁극적 실재는 순수 의식으로 말해지는데 이것은 빠라마쉬바(paramaśiva) 또는 빠라빈두(parābindu) 혹은 마하빈두(mahābindu)로도 말해진다.

Mahāmudrā(마하 무드라): 마하 무드라는 꾼달리니를 각성시키기 위한 하타요가적 무드라로 '들숨 후 그 숨을 참은 상태'에서 세 종류의 반드하와 병행하는 것이다. 마하 무드라는 왼발을 구부려 발꿈치로 회음부를 압박하고 오른 발을 옆으로 편 후 '들숨 후 그 숨을 참은 상태'에서 괄약근을 조이고, 턱을 당긴 후 상체를 숙인 다음 복부를 등 쪽으로 끌어당기는 것이다.

Makara(마까라): 스와드히스따나 짜끄라에 있는 동물로 악어와 비슷한 형태의 바다 괴물이다.

Maṇipūracakra(마니뿌라 짜끄라): 세 번째 짜끄라로 복부의 태양신경총에 위치해 있다. 이 짜끄라와 관련된 요소는 불(火)이다.

Manomayakośa(마노마야꼬샤): 의소성장(意所成藏), 인간을 구성하는 다섯 개의 덮개 중 네 번째인 마음(manas)으로 이루어진(maya) 덮개(kośa)이다. 꼬샤(kośa)항목을 참조.

Mantraśakti(만뜨라 샥띠): 신성한 소리 혹은 소리가 지닌 힘이다. 이것은 궁극적 존재를 떠올리게 하고 윤회 세계로부터 보호해 준다.

Matsya(마츠야, 물고기). M을 참조

Māyā(마야): 참된 실재를 가리는 것. 이것으로 인해 현상 세계는 차별상을 갖게 되고 제약된다.

Mudrā(무드라): 무드라는 두 종류가 있는데 첫 번째는 요가적 손짓 혹은 자세 즉 수인(手印)이고 두 번째는 하타요가적 무드라이다. 하타요가의 무드라는 꾼달리니의 각성과 상승을 위한 무드라가 있고 정액과 감로의 소실 방지를 위한 무드라 등이 있다. 전자를 대표하는 무드라는 마하무드라, 마하반드하, 마하 베드하, 세 종류의 반드하 무드라(물라드라하, 잘란드하라, 웃디야나) 등이 있는데 이 무드라의 공통점은 '들숨 후 그 숨을 참은 상태'에서 실행된다는 것이다. 후자의 경우 케짜리, 바즈롤리 등이 있다.

Mūlādhāracakra(물라드하라 짜끄라): 척추 아래에 있는 근본 짜끄라이다.

Nāda(나다): 아나하따 짜끄라에서 들리는 비음(秘音) 혹은 우주적 소리. 이 소리는 수슘나 속에서 들리는 '부서지지 않는 소리'이다.

Nādānta(나단따): 소리과 빛의 창조적 진동. 자이데브 싱흐(Jaidev Singh) 박사는 까쉬미리 샤이바 문헌인 『쉬바수뜨라』(*Śivasūtra*, p. xii)에서 궁극적 소리인 쁘라나와(옴, Oṃ)에 대한 강력한 자각에서 아홉 단계의 요가를 통해 아홉 개의 나다(nāda)로 알려진 미세한 형태의 소리인 나다를 경험한다고 말한다(p. 89). 첫 번째의 비젼이 아르드하마뜨라(ardhamātra)로 알려진 빈두(bindu)이고 두 번째가 아르다짠뜨라(ardhacandra)인데 이것은 빈두보다 더 미세한 것이다. 뒤로 갈수록 점점 더 미세해지는데 세 번째는 로드히니(rodhninī)이고 네 번째는 나다(nāda), 다섯 번째는 나단따(nādānta), 여섯 번째는 샥띠(śakti), 일곱 번째는 뷔야삐니(vyapinī), 여덟 번째는 사마나(samanā 혹은 nirvāṇa)이고

아홉 번째는 운마나(unmanā 혹은 unmanī)이다. 운마니는 최고 단계의 의식이다. 사마나에 이르기까지 본질적 자아(ātmavyāpti) 만을 자각할 수 있다. 운마니 단계에서 비로소 형이상학적 자아뿐만 아니라 자아의 한 측면(Śivavyāpti)으로서의 세계를 자각할 수 있다. 『쉬바수뜨라』 제3장 7경문에 대한 주석에서 끄세마라자(Kṣemarāja, 10세기)는, 운마니에 도달하기 전까지는 실재를 차별상과 한정적 제약으로 가리는 마야의 환력이 있다고 말한다. 마야는 운마니 단계에서 완전히 사라진다.

Nāḍī(나디): 생명에너지인 쁘라나(prāṇa)가 흐르는 미세한 통로. 문헌에 따라 나디의 수는 다르지만 대체적으로 하타요가 문헌은 인체 내에 72,000개의 나디가 있다고 한다. 그 중에서 중요한 것은 15개이고 그 중에서도 특히 중요한 나디는 이다, 삥갈라, 수슘나이다. 일반적으로, 한 가운데에 있는 수슘나를 중심으로 이다는 왼쪽, 삥갈라는 오른쪽에서 수슘나를 교차해서 아갸 짜끄라에서 합류하는 것으로 표현된다.

Nāthayogi(나타요기): 10세기 북인도에서 유명했던 요가 수행자의 '주(主)' 그리고 '~나타'(~nātha)라는 명칭을 가진 성자들(ex: 고락샤나타, 마츠옌드라나타). 나타 요기들은 대체로 샤이바(쉬바의 추종자) 계열에 속했으며 요가적 신체 언어를 개발했으며 따라서 초능력을 가지고 있다고 한다.

Nirvāṇa(니르바나): 나단따(Nādānata) 항목을 참조.

Nyāsa(니야사): 의식을 확대시키는 일종의 '감정 이입' 기법. 딴뜨라 의례에서 니야사는 손가락을 신체의 특정 부위에 댐으로써 그 부위를 민감하게 한다.

Ojasśakti(오자스 샥띠): 생명력, 육체의 본질. 이 힘은 몸 전체에 편재하는 것이고 심리적 잠재력을 형성하는 주요 요소이다.

Oṃ(옴 A-U-M): 옴은 종자음 중에서도 가장 강력한 것이고 모든 만뜨라의 근원이다. 자기실현의 열쇠이기도 하다.

Padmāsana(빠드마 아사나, 연화좌): 빠드마(padma)는 연꽃을 의미하는데 요가의 좌법 중 오른발을 왼쪽 허벅지에 올리고 왼발을 오른쪽 허벅지에 올려 두 다리를 교차하고 두 발바닥을 위로 향하게 하는 좌법이다. 이것의 변형으로는 연화좌 상태에서 두 손으로 양 엄지발가락을 잡는 것도 있다.

Pañcamakāra(빵짜마까라, 오마사). M 항목을 참조.

Parā(빠라): 들리지 않는 소리; 의식의 최고 단계. 소리에 미세한 것에서 조대한 것까지 네 단계가 있는데 바이카리(vaikharī)는 가청 범위 내의 소리이고 마드흐야마(madhyamā)는 '이미 들은 소리'가 내적인 진동으로 전이하는 단계의 소리이고 빠쉬얀띠(paśyantī)는 영적으로 각성된 사람만이 들을 수 있는 미세한 소리이고 빠라(parā)는 들을 수 있는 범위를 넘어선 것이다. 여기서의 소리는 '들리지 않는 근본의 소리' 혹은 '잠재적인 소리'로 경험되는 내면의 데시벨로 사실상, 진동이 없고 무한한 파장만을 지닌 소리이다.

Parābindu(빠라빈두): 마하빈두(mahābindu) 항목을 참조.

Paramaśīva(빠라마쉬바): 마하빈두(mahābindu) 항목을 참조.

Paśyantī(빠쉬얀띠): 빠라(parā) 항목을 참조.

Patañjalī(빠딴잘리): 기원전 300년 경의 산스끄리뜨 문법학자 혹은 기원후 3-4세기경 인물로 추정되는 가장 오래된 요가 문헌의 편집자. 빠딴잘리가 편집한 『요가경』(*Yogasūtra*)은 네 개의 장으로 구성되어 있는데 첫 번째는 삼매품(samādhipāda)이고 두 번째는 실수품(sādhanapāda), 세 번째는 신통품(vibhūtipāda), 네 번째는 독존품(kaivalyapāda)이다.

Piṅgalā(삥갈라): 수슘나의 오른쪽에 있는 나디. 태양 나디로도 불린다.

Prakṛti(쁘라끄리띠): 본성, 창조적 힘, 객관 세계의 근원, 근원적인 여성 원리, 뿌루샤에 대응하는 짝을 뜻한다.

Prāṇa(쁘라나), prāṇāśakrti(쁘라나 샥띠): 신체 내부에 있는 생명 에너지, 생명력을 말한다.
Prāṇāyāma(쁘라나야마): 호흡을 통제하는 기법, 명상을 수련하는데 필수적인 요소이다. 쁘라나아야마의 문자적 의미는 호흡(prāṇa)의 멈춤(āyāma)을 의미하는데 하타요가 문헌에 따르면 호흡의 멈춤은 두 가지인데 첫 번째는 '들숨 후 그 숨을 멈추는 것'이고 두 번째는 '날숨 후 그 숨을 멈추는 것'이다. 전자는 뿌라까 쁘라나야마(pūrakaprāṇāyāma)로 명명되고 후자는 레짜까 쁘라나야마(recakaprāṇāyāma)로 명명된다. 하타요가 문헌에서 실제로 설명하는 것은 '들숨 후 그 숨을 유지하는' 뿌라까 쁘라나야마이다. 대표적인 뿌라까 쁘라나야마는 풀무, 승리, 태양관통 등 여덟 종류이다.
Prāṇamayakośa(쁘라나마야꼬샤): 생기소성장(生氣所成藏), 인간을 구성하는 덮개 중 두 번째 덮개인 생명 에너지(prāṇa)로 이루어진(māyā) 덮개(kośa)이다.
Praṇava(쁘라나와): 궁극적 소리인 옴(om), 창조의 근원을 뜻한다.
Pūraka(뿌라까): 들숨을 뜻한다.
Puruṣa(뿌루샤): 싱캬 칠학에서의 제1원리. 일반적으로 영원한 우주적 정신으로 말해시며 여성적 원리인 쁘라끄리띠의 대응짝이다.
Rājayoga(라자 요가): 왕의 요가. 신체적인 요소보다 심리적이고 정신적인 개발을 더 중시하는 요가. 라자 요가가 목표로 하는 것은 자신의 마음과 영적인 요소를 지배하는 것이다.
Rākinī(라끼니): 짜끼니(Cakinī) 항목을 참조.
Ram(람): 마니뿌라 짜끄라의 종자음을 뜻한다.
Recaka(레짜까): 날숨을 뜻한다.
Rodhinī(로드히니): 마하빈두(mahābindu) 항목을 참조.
Rudra(루드라): 베다의 신. 후대의 신화에서 루드라는 쉬바와 관련된다.
Rudragranthi(루드라 그란띠): 아갸짜끄라에 있는 결절. 꾼달리니 요가를 통해 루드라 결절을 정화하면 불이(不二)의 경지를 얻고 만물의 단일성을 자각할 수 있다.
Śabdabrahmamayī(샤브다브라흐마이): 궁극적 실재로서의 샥띠로 근원적인 소리 에너지의 형태이다.
Sadāśiva(샤디쉬비): 비슛드히 찌끄리를 지배하는 자웅동체 신으로 몸통의 오른쪽 절반은 흰색의 쉬바(Śiva)이고 왼쪽의 절반은 황금색의 샥띠이다. 또는 혹은 궁극적 실재로서의 쉬바에서부터 열거되는 세 번째 요소(tattva)이다.
Sādhaka(사드하까): 영적인 수행자, 구도자이다.
Sādhanā(사드하나): 영적인 수행법이다.
Sāham(사함): 자신의 본성을 규정하는 문구. "그녀(sā)가 나(aham)이다." 그 외에도 "그(saḥ)가 나(aham)이다"(so 'ham)도 있다.
Sahajolīmudrā(사하졸리 무드라): 사하자(sahaja)는 '함께 생겨남'을 의미한다. 요가 수행자가 남근으로 여성의 '종자'를 끌어들이고 자신의 몸에 채우는 비밀스런 무드라이다. 바즈롤리와 사하졸리 무드라는 남녀의 성적 결합과 관련된 무드라이다.
Sahasrāracakra(사하스라라 짜끄라): 정수리 위에 있는 짜끄라로 천개의 연꽃잎으로 상징된다. 이곳에서 꾼달리니는 순수의식인 쉬바와 합일한다.
Śaivāgama(샤이바 아가마): 쉬바의 교리를 밝혀 놓은 문헌들로 흔히 샤스뜨라(śāstra)로 알려져 있다. 여기에는 10개의 이원론 문헌과 18개의 제한 불이론 문헌 그리고 64개의 불이론 문헌이 있다.
Sākinī(샤끼니): 비슛드하 짜끄라를 지배하는 힘을 뜻한다.
Śakti(샥띠): 궁극적 원리가 지닌 역동적 측면, 창조력, 근원적 의식인 쉬바의 에너지.
Śakticālana(샥띠짤라나): 샥띠, 즉 꾼달리니를 움직이게 하는 수행법이다.

Śaktipāt(샥띠빠뜨): 꾼달리니가 상승하는 통로, 즉 수슘나 나디를 의미한다.
Samādhi(사마드히): 삼매: 마음의 동요가 멈춘 고요한 상태로서 팔지요가의 마지막 단계이다.
Samāna(사마나): 다섯 쁘라나 중 배꼽 주위에서 활동하는 것으로 흰색 혹은 녹색으로 표현된다. 쁘라나(prāṇa) 항목을 참조.
Saṃhāra(상하라): 우주가 원래의 근원으로 되돌아가거나 혹은 흡수되는 것.
Sāṃkhy(상캬): 인도의 철학 중 가장 오래된 것 중의 하나로 성자 까삘라(kapila)가 창시한 학파. 상캬학파는 정신적인 원리인 뿌루샤와 물질 원리인 쁘라끄리띠를 상정하는 이원론이다. 두 원리의 접촉으로 인해 쁘라끄리띠에서 23개의 요소(tattva)가 전변되어 나온다. 쁘라끄리띠는 사뜨바(sattva), 라자스(rajas), 따마스(tamas)라는 세 가지 구나(guṇa)로 구성되어 있으며 세 구나 중 지배적인 요소에 따라 전변되는 요소가 결정된다.
Saṃsara(상사라): 윤회.
Saṃskāra(상스까라): 행위가 남긴 흔적 혹은 그 행위로 각인된 인상.
Śeṣa(세샤): '잔존물', 삼계가 창조된 이후에 남은 찌꺼기에서 생겨났기 때문에 '잔존물'(śeṣa)로 불리는 뱀이다. 세샤의 거대한 똬리와 강력한 덮개는 뱀의 힘이 영원하다는 것 그리고 무의식의 깊은 심연을 상징한다.
Sexo-yogic Āsana: 성적인 요가 체위. 성을 영적으로 승화시키고 또 성 에너지를 정신적 차원으로 전환시키기 위한 의례 혹은 수행법. 성교 의례는 감정적인 충동으로부터 자유로운 것이다. 이것은 궁극적인 자각을 위해 꾼달리니를 각성시키는 매개로 성 에너지를 활용하는 것이다.
Siddhāsana(싯드하아사나): 달인좌. 요가의 동작 중에서 가장 중요한 것 중의 하나로 정좌한 상태에서 한 쪽 발을 구부려 회음에 밀착시키고 반대쪽 발을 복숭뼈 위에 올려놓는 것이다.
Śiva(쉬바): 인도의 신. 비밀스런 의미에서 쉬바는 순수의식, 초월적인 신적 원리를 의미한다.
Sonic Consciousness: 근원적 소리의 형태로 나타난 궁극적 실재이다.
Sphota(스포따): 영원한 소리 요소. 순수하고 아직 발현되지 않은 우주의 창조 원리이다.
Sṛṣṭi(스리쉬띠): 창조 혹은 유출. 우주의 전개 양상은 세 가지인데, 첫 번째가 창조(sṛṣṭi)이다. 그 다음은 유지(sthiti)이고 세 번째는 해체 혹은 새로운 창조를 위해 근원으로 재흡수되는 것(pralaya 혹은 Saṃhāra)이다.
Sthūlaśarīra(스툴라샤리라): 조대신. 육체적인 몸.
Sūkṣmaśarīra(숙쉬마샤리라): 미세신. 짜끄라와 같은 심령적인 기관이 있는 미세한 몸.
Suṣumnā(수슘나): 가운데에 있는 미세한 통로(나디)로 각성된 꾼달리니가 상승하는 통로이다.
Sūtra(수뜨라): 고대의 형이상학적이고 철학적 경전(들)을 뜻한다.
Svādhisthānacakra(스와드히스따나 짜끄라): 근본 짜끄라인 물라드하라 짜끄라 다음의 두 번째 짜끄라로 성기 위쪽에 위치해 있다.
Svayaṃbhūliṅga(스와얌부 링가): 링가(liṅga)를 참조.
Tanmātra(딴마뜨라): 오유(五惟): 색, 성, 향, 미, 촉
Tantra Āsana(딴뜨라 아사나): 성적 요가 체위(성교)이다.
Tantrika(딴뜨리까): 딴뜨라의 가르침을 따르는 사람(들)이다.
Tattva(따뜨와): 우주를 구성하는 미세하고 물질적인 요소, '그것'.
Third Eye: 제3의 눈; 양 눈썹 사이의 한가운데 지점(미간), 우주적 의식이 이곳에서 열린다.
Udāna(우다나): 다섯 가지 쁘라나 중에서 목 부위에 있는 숨으로 옅은 청색으로 상징된다.
Uḍḍiyānabandha(웃디야나 반드하): 무드라의 일종으로 복부를 등쪽으로 끌어당기는 형태이다.

Udgītha(우드기타): 최고의 노래, 궁극적 노래.
Unmanī(운마니): 나단따(nādānta)를 참조.
Ūrdhvareta(우르드흐와레따): 성적 결합과 결부된 요가의 기법이다. 레따(reta)의 비밀스런 의미는 수끄라(sukra, 흰색)와 라크따(rakta, 붉은 색)인데 각각 정액과 월경의 피를 의미한다. 바로 이 생명 에너지는 누출되지 않게끔 통제되어야만 한다. 딴뜨라 수행을 통해서 성적인 힘을 통제할 수 있고 또 레따를 위로 끌어 올려 보존할 수 있다. 이 기법이 '레따를 위쪽으로 올리는' 우르드흐바 레따(ūrdhvareta), 즉 환정(還精)이다. 환정은 레따를 생명 에너지로 바꾸어서 위로 끌어 올리는 것이다.
Vajra(바즈라): 번개; 짜끄라를 지배하는 신이 들고 있는 무기인 바즈라는 마치 전쟁에서처럼 에고와 감관을 정복한다.
Vajrolimudrā(바즈롤리 무드라): 성 에너지를 통제하고 조절하는 중요한 무드라 중 하나이다.
Vaikharī(바이카리): 소리의 네 단계 중 귀로 들을 수 있는 거대한 소리 혹은 진동; 바이카리는 단어로 드러나는 것이다. 빠라(parā) 항목을 참조.
Vaṃ(밤): 두 번째 짜끄라인 스와드히스타나 짜끄라의 종자음.
Vāmācāra(바마짜라): 좌도 딴뜨라 수행. M항목을 참조.
Vāmamārga(바마마르가): 좌도 딴뜨라 수행. M항목을 참조.
Varamudrā(바라 무드라): 은혜를 베푼다는 수인(手印).
Varāha(바라하): 비뉴수의 화신인 멧돼지, 비슈누의 세 번째 화신이다.
Varuṇa(바루나): 바다를 지배하는 신. 원래 바루나는 우주를 유지하고 우주의 질서(理法, ṛta)를 지배하는 신이었다.
Vayu(바유): 바람. 베다에서 바람의 신이다.
Vijñānamayakośa(비갸나마야꼬샤): 식소성장(識所成藏), 인간을 구성하는 덮개 중 네 번째 덮개인 인식(vijñāna)으로 구성된(maya) 덮개(kośa)
Viṣṇu(비슈누): 힌두 판테온에서 가장 중요한 신 중 하나로 마하바라타 시대부터 중요한 신이 되었다. 비슈누는 창조자 브라흐마와 파괴자인 쉬바와 더불어 힌두의 삼신(三神) 중 두 번째 신으로 '우주를 유지하는 신'이다.
Viṣṇugranthi(비슈누그란띠, 비슈누 결절): 꾼달리니의 상승을 방애하는 세 가지 결절 중 두 번째 결절로 아나하따 짜끄라에 있다.
Viśuddhacakra(비슛드하 짜끄라): 다섯 번째 짜끄라로 목 주위에 위치해 있다.
Void(공): 마하빈두(mahābindu) 항목을 참조.
Vyāpikā(뷔야삐까): 나단따(nādānta) 항목을 참조.
Yajña(야갸): 희생제의. 베다의 의례 체계를 지탱하는 가장 중요한 요소 중 하나로 해탈에 필수적인 조건이다.
Yaṃ(얌): 아나하따 짜끄라의 종자음.
Yama(야마): 요가의 첫 지분으로 신체를 제어하고 통제하는 것이다.
Yogin(요긴): 요가 수행자. 여성 수행자는 요기니(yoinī)이다.
Yoni(요니): 근원적 뿌리 혹은 객관적인 사물의 근원. 일반적으로 요니는 아래로 향한 삼각형으로 상징된다. 우주의 신비를 상징하는 여성의 음부를 의미하기도 한다.
Yoni Āsana(요니 아사나): 일반적으로 스승에 의해 전수되는 비밀스런 요가 체위 중 하나이다.
Yoni-Mudrā(요니 무드라): 요니가 있는 성기와 항문 사이를 압박한 달인좌 자세를 취하는 무드라.

참고문헌

1. 산스끄리뜨 문헌

Darśanopaniṣad
Dhyānabindūpaniṣad
Gandharvatantra
Gheraṇḍasaṃhitā
Haṭhayogapradīpikā
Jñānasaṅkalinītantra
Kāmadhenutantra
Kaṅkālīmālinītantra
Kulārnavatantra
Lalitāsahasranāma
Mahābhārata (Śāntiprava)
Mahānirvāṇatantra
Māyātantra
Nādabindūpaniṣad
Prapañcasāratantra
Ratnasāra
Rudrayāmala
Śāṇḍiliyopaniṣad
Sāradātilaka
Ṣaṭcakranirupaṇa
Ṣaṭcakropaniṣad
Saundaryalaharī
Siddhasiddhāntapaddhati
Śivasaṃhitā
Svatantratantra
Varāhopaniṣad
Yogakuṇḍalinyupaniṣad
Yogasūtra of Patañjali
Yogavāśiṣṭha Rāmāyaṇa

2. 2차 자료

Arundale, G. S. *Kundalini: An Occult Experience*. Madras, 1974.

Ayyangar, T. R. S. (tr.). *Yoga Upanishads (The)*. Madras, 1952.

Banerjea, A. K. *Philosophy of Goraknāth with Goraksha-Vacana-Sangraha*. Gorakhpur, 1963.

Bentov, Itzhak. *Stalking the Wild Pendulum*. New York, 1977.

Blair, Lawrence. *Rhythms of Vision*. London, 1975.

Capra, Fritjof. *The Tao of Physics*. Boulder, 1975.

Chaudhuri, Haridas. *Being, Ecolution and Immortality*. Wheaton, 1974.

Das, Upendrakumar. *Bhāratiya Śaktisādhanā. Vols. I and II (in Bengali)*, Calcutta, Bengali date 1373.

Datta, M. R. *The Secret Serpent*. Dacca, 1913.

Devasharmana, H. (ed.) *Satcakra (Sanskrit with Bengal commentary)*. Calcutta, n.d.

Dhyanyogi, Madhusudandas. *Light on Meditation*. Los Angeles, 1978.

Eliade, Mircea. *Yoga, Immortality and Freedom*. London, 1958; Princeton, 1973.

Goswami, Shyam Sundar. *Layayoga*. London, 1980.

Jung, C. G. *Psychological Comentary on Kundalini Yoga. Lectures One, Two, Three and Four, 1932(from the Notes of Mary Foote), published in Spring*, New York, 1975-6.

Kaviraj, Gopinath. *Sādhudarshan-O-Satprasaṅga, Vol 1(in Bengal)*, Calcutta, Bengali date 1369.

Kaviraj, Gopinath. *Aspect of Indian Thought. Burdwan University*, West Bengal, 1966.

Khanna, Madhu, *Yantra*. London and New York, 1979.

Krishna, Gopi. *Kundalini, the evolutionary energy in man*. Boulder and London, 1971.

Leadbeater, C. W. *The Chakras*. Madras, 1966. *Life of Śrī Rāmakrishna, published by the Advaita Ashram*, Calcutta, 1977.

Mishra, Rammurti S. *Fundamentals of Yoga*. New York, 1974.

Mookerjee, Ajit. *Tantra Asana*. Basel; New York etc., 1971.

Mookerjee, Ajit. *Yoga Art*. London; New York ets., 1975.

Mookerjee Ajit and Madhu

Khanna.
The Tantric Way. London; New York etc, 1977.

Muktananda, Swami.
The Play of Consciousness. San Francisco, 1974.

Muktananda, Swami.
Kundalini. So. Fallsburg; New York, 1979.

Narayananda, Swami.
The Primal Power in Man. Rishikesh, 1950.

Nikhilananda, Swami.
Hindusim. London, 1959.

Nikhilananda, Swami.
The Gospel of Rāmakrishna. tr., New York, 1974.

Pandit, M. P.
Kundalini Yoga. Madras, 1959.

Prabhavananda, Swami.
The Spiritual Heritage of India. London, 1962; New York, 1963.

Pratyagatmananda, Sarasvati Swami and Sir John Woodroffe.
Sadhana for Self-Realization. Madras, 1963.

Radha, Swami Sivananda.
Kundalini. Spokane. 1978.

Rai, A. K.
Kundalini the Goddess. Calcutta, 1908.

Rajness, Bhagavan Shree.
The Books of the Secrets. Poona, 1976.

Rele, Vasant G.
The Mysterious Kundalini. Bombay, 1960.

Rendel, Peter.
Introduction to the Chakras. Welling-brough, 1977.

Research and Publication Department, Govt. of Jammu and Kashmir.
Kashmir Shaivaism. Srinagar, 1962.

Sannella, Lee.
Kundalini-Psychosis or Transcendence. San Francisco, 1977.

Saradananda, Swami.
Śrī Ramakrishna, The Great Master. Madras, n.d.

Satyananda Sarasvati, Swami.
Tantra of Kundalini Yoga. Monghyr, 1973.

Schrader, F. Otto.
Introduction to the Pañcarātra and Ahirbudhnyasaṃhitā. Madras, 1916.

Singh, Jaidev.
Śiva Sūtras. Varanasi, 1979.

Singh, L. P.
Tantra. New Delhi, 1976.

Sivananda Sarasvati, Swami.
Kundalini Yoga. Rishikesh, 1950.

Tansley, David V.
Radionics and The Subtle Anatomy on Man. Bradford, 1976.

Varenne, Jean.
Yoga and the Hindu Tradition. Chicago and London, 1976.

Vishnu Tirtha, Swami.
Devātmā Shakti (Kuṇḍalinīa). Rishikesh, 1962.

Vivekananda, Swami.
Rāja Yoga. Calcutta, 1962.

Walker, Benjamin.
Hindu World. Vols I and II, London, 1963.

White John(ed.)
Kundalini, Evolution and Enlightenment. New York, 1979.

Wilson, Colin.
The Outsider. London, 1978.

Woodroffe, Sir John (Arthur Avalon). *The Serpent Power*. New York, 1978.

Yogananda, Paramamhansa.
Autobiography of a Yogi. Los Angeles, 1977.

Yogeshananda, Swami.
The Visions of Śrī Ramakṛishṇa, Madras, n.d.

Zukav, Gray.
The Dancing Wu Li Masters (An Overview of the New Physics). New York, 1979.

옮긴이의 글

꾼달리니는 인간뿐만 아니라 우주의 먼지 티끌 속에도 깃들어 있는 우주적 힘이다. 인간이 위대해질 수 있는 이유는 꾼달리니라는 에너지가 내재해 있다는 이유에서가 아니라 그것을 완전히 발현시킬 수 있기 때문이다. 하지만 호흡수련이나 무드라와 같은 특별한 수행에 의해 각성되지 않는 한 그녀는 평생 동안 잠들어 있을 뿐이고 따라서 대부분의 사람은 자기 안에 꾼달리니가 잠재되어 있다는 것조차 자각하지 못한다.

고삐끄리쉬나의 자서전 이후 꾼달리니는 친숙한 용어로 통용되고 있지만 꾼달리니 그리고 꾼달리니가 상승하는 통로는 현대인이 발견했던 새로운 어떤 것이 아니다. 꾼달리니는 아득한 옛날부터 인도의 철학자, 수행자들이 '자아'를 탐색하는 수행 과정에서 체험되었던 것이며 천 년 전부터 꾼달리니를 각성시키기 위한 전문적인 수행법으로 체계화되었다. 꾼달리니를 각성시키기 위한 전문적인 수행법 중 가장 역동적이고 강력한 수행법이 하타요가이다. 수행법으로서의 하타요가는 고전요가와 마찬가지로 삼매를 통한 의식 세계의 변혁을 목표로 하지만 하타요가 특유의 입장은 '꾼달리니가 각성된 후 그것이 척추 속에 있는 수슘나를 따라 정수리로 상승한 이후'에 삼매가 성취된다는 점이다. 수슘나가 활성화된 후에 삼매가 실현된다는 하타요가의 입장은, 삼매가 심리적인 사건일 뿐만 아니라 척추를 중심으로 뇌와 신경계, 피부 등 온 몸으로 경험하는 전체적인 사건이라는 것을 의미한다. 바로 이 사건을 가능케 해주는 것이 꾼달리니이고 따라서 하타요가 문헌은 '꾼달리니를 요가의 토대'로 규정한 후 꾼달리니를 각성시키기 위한 인체연금술적인 수행법을 제시한다. 하지만 하타요가를 수련하기 위해서는 강인한 신체와 정신적 준비가 필요하고 따라서 수행법은 만인에게 공개된 것이 아니라 자격을 갖춘 제자를 통해 비밀스럽게 전수되어 왔다.

『하타요가쁘라디삐까』에 따르면 인체에 잠재되어 있는 이 힘은 똬리를 틀고 반쯤 잠에 든 뱀으로 비유되는데, 일단 각성되면 '각성된 꾼달리니'는 척추 속의 수슘나 나디로 진입해서 짜끄라들을 하나씩 개화시킨 후 정수리의 사하스라라 짜끄라까지 상승한다. 꾼달리니를 각성시키고 또 그것을 수슘나로 상승시키는 것은 인간의 세포 조직 뿐만 아니라 의식 세계의 확장과 완전한 변혁을 가져다주는 가장 큰 사건으로 간주될 수 있다. 인체를 신체(神體)로 바꾸는 이 체험은 저절로 일어날 수도 있지만 꾼달리니를 각성시키기 위해선 신체적으로나 정신적으로나 많은 훈련이 필요하며 준비되지 않은 사람, 다시 말해서 '꾼달리니라는 강렬한 에너지를 감당할 수 있는 몸을 갖추지 않은 사람'에게 급작스런 꾼달리니의 각성은 오히려 재앙에 가까운 고통을 야기한다.

본서에서 알 수 있듯이 꾼달리니는 요가에 의해서만 각성되는 것이 아니라 저절로 각성되는 경우도 적지 않다. 하지만 꾼달리니를 저절로 경험했던 현대인의 경우, 다시 말해서 요가를 통해 신체적, 정신적 조건을 구비하지 않은 일반인의 경우 거의 대부분, 꾼달리니가 일으키는 가혹한 정화작용으로 인해 큰 고통을 받고 불치의 질병으로 오해되었던 것이 현실이다. 따라서 꾼달리니의 본질 그리고 꾼달리니 현상의 양상을 이해하고 또 올바르게 혹은 현명하게 대처할 수 있는 지혜가 필요하다고 할 수 있다. 이 점에서, 본서는 고전 문헌을 통해 꾼달리니의 본질을 설명할 뿐만 아니라 적절한 대응방안을 모색한다는 점에서 유용한 가치를 지닌다.

꾼달리니에 대한 연구는 문헌적 연구와 임상적 연구와 같은 두 방향에서 진행되어왔지만 아직은 시작 단계이다. 문헌에 의거한 연구서로는 우드로페(Sir John Woodroffe)의 고전적인 저서 *The Serpent Power(1918), Śakti and Śākta-Essay and Address*(1927) 그리고 융(C. G. Jung)의 꾼달리니 강좌(1932)를 엮은 *The Psychology of Kundalini Yoga*, 타라 미셀(Tara Michaël)의 *Corps subtil et corps causal: "La description des six cakra" et quelques textes sanscrits sur le kundalini yoga*, 릴리안 실번(Lilian Silburn)의 *La Kuṇḍalinī ou L'énergie des profoundeurs, étude d'ensemble d'aprés les textes du Śivais,e non dualiste du Kaśmir*(1983) 등등 몇몇 문헌에 한정되지만 딴뜨라와 더불어 미래의 학문으로 주목받기 시작했고 동시에 하타요가 원전에 대한 재조명도 시작되었다. 꾼달리니에 대한 연구 중에서 흥미로운 것은 벤토프, 모토야마(Motoyama, Hiroshi)의 임상적 연구이다. 하지만 이 분야 역시 시작 단계이고 또 임상 연구 결과가 고전 문헌과 일치하지 않는 사례가 적지 않다는 점에서 고전에 대한 재분석과 해석 그리고 실험 대상이나 기구, 방법에 대한 검토가 필요하다고 할 수 있다.

저자는 마지막 장에서 꾼달리니의 각성 사례와 임상 연구 자료를 통해 꾼달리니 현상을 현대적으로 풀이하고 있다. 이 중에서 흥미로운 것은 서양에서 꾼달리니를 경험하는 사람들이 늘어나고 있지만 꾼달리니가 일으키는 가혹한 정화작용의 정체와 구조를 알지 못해 대부분 불치의 질병으로 오해되어 정신 병원에서 사용하는 독한 약물 내지는 뉴에이지 치유법에 의존했다. 저자의 결론은, 꾼달리니가 일으키는 여러 가지 가혹한 증상들이란 '몸에 있는 불순물을 스스로 제거하는 과정이라는 것'이다. 꾼달리니가 일으키는 가혹한 증상은 몸과 마음이 안정될 때 혹은 명상 중에 더 강렬해지고 더한 고통을 수반하므로 임시적인 해결책은 명상을 중단하고 오히려 격렬한 운동을 하는 것이다. 하지만 저자가 지적했듯이 그것은 근본적인 해결책이 아니다. 꾼달리니는, 스스로를 만개하기 위해 필연적으로 체내의 불순물이나 마음의 장애를 정화하는 과정을 거칠 수밖에 없고, 그 움직임은 '나 자신의 의지(속도나 강약 조절)'와 상관없이 그녀만의 계산과 진로대로만 진행되는 것이다. 따라서 해결책은, 꾼달리니가 야기하는 가혹한 증세를 이해하고 또 전통적인 수행법대로 전과정을 끝내는 것이다. 물론 꾼달리니 현상이 획일적인 것이 아니라 제각각이고 또 정화 과정이나 양상 심지어 소요 시간조차 사람마다 다를 수밖에 없는 이유는 저자의 표현대로, 사람마다 제거해야 할 불순물의 정도가 다르고 살아온 과정과 유전적 조합이 다르다는 것에 기인한다.

저자는 꾼달리니가 우리의 일상에 어떻게 관여하는지에 대해서도 논의하고 있는데, 그 의도를 파악하는 것은 어렵지 않다. 첫 번째는 꾼달리니에 대한 무지가 '꾼달리니가 일으키는 가혹한 증상을 질병으로 오인시킨다'는 것이다. 두 번째는 신체를 '신의 사원'으로 바꾸는 요가의 인체 연금술에 주목해야 한다는 것이다. 물론 꾼달리니를 각성시키는 전통적인 요가 수행은 '칼날 위의 춤', '맨손으로 독사를 잡는 것'과 같이 위험한 것으로 반드시 스승의 지도를 받아야 하는 것이다.

본서에서 제시된 상세한 도해와 생생한 사례를 통해, 우리가 예상했던 것보다 더 많이 꾼달리니가 우리의 의식 세계와 신체 활동에 관여하고 있다는 사실을 알 수 있다. 하지만 분명한 것은 꾼달리니가 인간에 내재해 있다고 해서 혹은 그것이 알게 모르게 인간의 호흡이나 정신과 관여한다고 해서 모든 사람이 태어날 때부터 기계적으로 꾼달리니의 각성을 약속받거나 혹은 자발적으로 그것이 개화하는 것이 아니라는 것이다. 꾼달리니를 각성시키고 또 그녀를 정수리로 상승시키는 것은 오직 자신의 선택과 부단한 노력에 의해 가능할 뿐이다. 준비된 자에게 꾼달리니는 축복 그 자체이다.

'칼날 위의 춤'으로 비유되는 하타요가의 기법은 꾼달리니를 각성시켜 한 인간의 몸과 의식 세계를 변혁시키는데 그 목적이 있지만 우리는 건강이나 미용 등 요가가 주는 사소한 은혜에 현혹되어 무한한 가능성과 진정한 축복을 외면하거나 혹은 이유도 모르고 요가를 흉내내고 있는 것이 아닌지 뒤돌아보아야 할 것이다.

본서를 번역하게 된 것은 지난 가을, 수슘나로 상승하는 주체가 무엇인지에 대한 소논문을 작성하면서 부터이다. 당시, 꾼달리니의 형질(形質)이 정액과 같은 액체가 아니라 쁘라나(prāṇa)와 같은 기체일 수밖에 없다는 것을 암시하는 『하타요가쁘라디삐까』의 몇 게송을 놓고 금강대의 이영진, 김성철, 차상엽 교수와 꾼달리니에 대해 논의할 기회를 가질 수 있었다. 그리고 꾼달리니에 대한 연구 방향 그리고 일반인을 위한 입문서가 필요하다는 것에 동의할 수 있었다.

한국어판 출판을 기획했던 도서출판 씨·아이·알의 유은경 편집장님과 이정윤 선생님께 감사드린다. 번거로웠을지도 모를 역자의 요구를 한결같은 미소로 듣고 배려해 준 두 분과 디자이너 김나리 선생님께 다시 감사드린다.

번역서를 내면서 도움과 조언을 받을 수 있는 동료가 곁에 있다는 것은 큰 행운이었다. 부록의 방향을 점검해주고 조언해주었던 심재관 교수에게 지면을 빌어 고마움을 전한다. 번역을 검토하고 의미를 논의했던 박창환 교수에게 감사의 마음 그리고 그의 천부적인 명쾌함에 감탄의 마음도 전한다. 기꺼이 최종 원고를 검토해 준 김성철 교수에게 이번에도…… 깊은 고마움을 전한다.

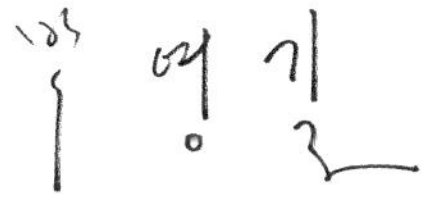

색인

색인

색인

저자 아지뜨 무께르지(Ajit Mookerjee, 1915-1990)

저자 무께르지는 인도 꼴까따(구 캘커타)대학에서 인도 고대사와 인도 미술사를 전공하였고 영국의 런던대학에서 수학하였다. 뉴델리의 국립현대미술관장을 역임했으며 뉴델리의 국립미술관의 딴뜨라아트갤러리(Tantra Art Gallery of the National Museum)에는 그가 수집한 필사본과 도해들이 'Ajit Mookerjee Collection'으로 전시되어 있다.

무께르지는 약 20여 권의 저술을 남겼는데 딴뜨라와 관련된 대표적인 작품은 『깔리: 여성적인 힘』(*Kali: The Feminine Force*), 『딴뜨라의 길: 예술, 과학, 의례』(*The Tantric Way: Art, Science, Ritual*), 『딴뜨라의 예술: 철학과 물리학』(*Tantra Art: Its Philosophy and Physics*), 『딴뜨라의 마력』(*Tantra Magic*) 등이 있다.

역자 박영길

역자는 2003년 동국대 인도철학과에서 베단따 철학으로 박사학위를 취득했고 동국대, 한국외대, 원광대 대학원 등에서 강의하고 있다. 1997년부터 2007년까지 한국요가연수원에서 요가를 지도한 바 있고 2007년부터 비엔나대, 펀잡대, 금강대가 공동으로 진행했던 산스끄리뜨 필사본 프로젝트의 전임연구원을 거쳐 현재 금강대에서 연구원으로 재직하고 있다.

근래의 논문은 『산스끄리뜨 필사본의 오류수정 유형과 서체 목록』(인도철학, 2010년 12월), 『하타요가 전통에서의 84좌법설』(인도연구, 2010년 6월), 『수슘나로의 상승주체에 대하여: 꾼달리니의 형질에 대하여』(요가학연구, 2011년 9월) 등이 있다.

역서로는 『요가의 84가지 체위법 전통』(Bühemann 저, 2011년 6월), 『샹까라의 베단따 철학과 명상』(Bader 저, 2011년 12월)이 있고 저서는 *A Handlist of Sanskrit Manuscripts in the Punjab University Library*(3vols., 2010년, 공저), 『하타요가의 수행론』(2012년 5월 출판 예정) 등이 있다. 현재 역자는 한국연구재단의 학술명저 번역 시리즈로 『하타요가쁘라디삐까』의 번역과 역주 프로젝트를 진행하고 있다.

꾼달리니 _ 내재된 에너지의 각성

초판인쇄 2012년 4월 9일
초판발행 2012년 4월 16일

지 은 이 | 아지뜨 무께르지(Ajit Mookerjee)
옮 긴 이 | 박영길
펴 낸 이 | 김성배
펴 낸 곳 | 도서출판 씨·아이·알

책임편집 | 이정윤
디 자 인 | 김나리
제작책임 | 윤석진

등록번호 | 제2-3285호
등 록 일 | 2001년 3월 19일
주 소 | 100-250 서울특별시 중구 예장동 1-151
전화번호 | 02-2275-8603(대표) 팩스번호 | 02-2265-9394
홈페이지 | www.circom.co.kr

I S B N | 978-89-92259-97-2 (93220)
정 가 | 20,000원

티벳문화입문

- 저자 : 출팀깰상
- 역자 : 차상엽
- 판형 : 신국판 • 면수 : 132쪽
- 출간일 : 2011. 2. 25
- 정가 : 13,000원

이 책은 전문적 학술서가 아니라, 티벳의 문화에 대한 대중적 소개서이다. 차례를 통해서도 알 수 있듯이, 이 책은 티벳의 지리와 티벳인들의 생활과 문화, 그리고 티벳의 역사와 종교에 대해 매우 쉬운 문장으로 개괄해 주고 있다. 한 나라의 사상을 온전히 이해하기 위해서는 역사와 문화를 기본적으로 이해해야만 한다. 그리고 이 책은 일반 독자들도 편하게 읽을 수 있을 것으로 생각한다.

원형석서 (하) 불교연구총서 ⑦

- 저자 : 코칸 시렌
- 역자 : 정천구
- 판형 : 신국판 • 면수 : 648쪽
- 출간일 : 2010. 11. 30
- 정가 : 32,000원

『원형석서(겐코오샤쿠쇼)』는 일본의 대표적인 불교문학이자 한문학 작품으로서 전체 30권 중 15권을 번역하여 『원형석서(하)』로 엮었다. 이 책은 14세기까지 일본의 불교사 및 불교 문화사가 일목요연하게 정리되어 있다. 또한 불교문학이면서 불교사서이기도 하여 문학사적으로도 역사 서술이라는 측면에서도 그 의의가 매우 높다.

불교윤리학 입문

- 저자 : 피터 하비
- 역자 : 허남결
- 판형 : 신국판 • 면수 : 840쪽
- 출간일 : 2010. 10. 20
- 정가 : 42,000원

책에서 저자인 피터 하비는 이 책을 통해 불교윤리학의 이론적 정립에 필요한 여러 가지 단계들을 차분하게 살펴보고 있다. 불교윤리학에 관심이 있는 독자들은 먼저 하비의 책에 인용된 경전들을 통해 주제와 관련된 붓다 당시의 에피소드들을 확인한 다음 이에 대한 개인의 윤리적 입장을 정립할 수 있게 되기를 바란다.

불교의 중국 정복 불교연구총서 ⑥

- 저자 : 에릭 쥐르허
- 역자 : 최연식
- 판형 : 신국판 • 면수 : 736쪽
- 출간일 : 2010. 9. 30
- 정가 : 38,000원

이 책은 중국의 초기 불교사에 대한 고전적 연구서이다. 불교가 처음 수용된 한漢나라 때부터 시작하여 '중국적인' 불교가 형성된 동진東晋시대까지를 대상으로 해서 외래의 종교인 불교가 어떻게 중국인들의 종교로 자리잡아 가는지를 다양한 시각에서 검토하고 있다. 그 결과 어떠한 새로운 사상과 생활문화가 형성되었는지에 주목하고 있다.

고대 동아시아 불교 문헌의 새로운 발견 금강학술총서 ④

- 편저 : 금강대학교 불교문화연구
- 판형 : 신국판 • 면수 : 332쪽
- 출간일 : 2010. 8. 27
- 정가 : 30,000원

이 책은 돈황 사본 그리고 일본에 산재한 사찰 수장 필사본과 한국, 중국, 일본 등에서 간행된 간본들에 대해 주로 연구한 내용을 담았다. 동아시아 시대 고대 지식인들이 남긴 불교 고문헌 연구가 단순히 새로운 발굴이 아닌 과거와 현재의 거리를 추정할 수 있는 계기가 될 수 있을 것이다.

지론사상의 형성과 변용 금강학술총서 ⑤

- 편저 : 금강대학교 불교문화연구
- 판형 : 신국판 • 면수 : 544쪽
- 출간일 : 2010. 8. 27
- 정가 : 45,000원

본서에서는 지론사상이 어떻게 형성되고, 또 어떻게 변용되었는지를 총 17편의 논문을 통해 살피고자 하였으며 그 과정을 하나의 조류로서 독자에게 명시하고자 전체를 5장으로 나누어 구성했다. 본서의 가장 큰 의의는 지론사상의 형성과 변용, 그리고 그 주변을 아우르는 본격적인 지론사상 탐구서를 전세계 불교학계에서 처음으로 간행한다는 점에 있다.

무성석 섭대승론 소지의분 역주 금강학술총서 ⑥

- 역자 : 김성철, 박창환, 차상엽, 최은영
- 판형 : 신국판 ◦ 면수 : 454쪽
- 출간일 : 2010. 8. 27
- 정가 : 35,000원

이 책은 인도대승 불교를 대표하는 문헌 위진남북조 시대의 주요 학파인 섭론종과 지론종의 경론이 된 『섭대승론』과 『십지경론』을 번역 대조 연구한 책이다. 공동강독을 통하여 각 언어에 따른 번역상의 차이와 함축성, 그에 따른 의미의 변용과 재해석 과정을 밝히고자 하였다. 그리고 본 역주는 이러한 과정을 거쳐 진행된 티벳역 『섭대승론』 「소지의분」과 그에 대한 무성석 강독의 일차적 성과물이다.

길을 묻는 테크놀로지 – 첨단 기술 시대의 한계를 찾아서

- 저자 : 랭던 위너
- 역자 : 손화철
- 판형 : 신국판 ◦ 면수 : 301쪽
- 출간일 : 2010. 8. 1
- 정가 : 18,000원

위너는 이 책에서 기존의 기술철학의 다양한 논의들을 최대한 대중적인 방식으로 쉽게 이야기를 풀어나갔다. 이 책을 통해 기술과 인간 문화가 연결되는 방식을 파악하고 미래를 위한 청사진을 그려보자.

현대 민주주의와 정치 주체 문제 – 존 듀이의 민주주의론

- 저자 : 존 듀이
- 역자 : 홍남기
- 판형 : 신국판 ◦ 면수 : 220쪽
- 출간일 : 2010. 5. 27
- 정가 : 18,000원

이 책의 저자 존 듀이는 현대 민주정치를 구성하는 시민들을 공중(公衆, the public)이라고 규정하고 이 공중이 현대 사회의 문제를 해결하는 대안적 주체가 될 수 있다고 보았다. 이 책을 통해 현대 민주주의에 관한 존 듀이의 특별한 통찰을 느껴보자.

원형석서(상) 불교연구총서 ⑤

- 저자 : 코칸 시렌
- 역자 : 정천구
- 판형 : 신국판 ◦ 면수 : 760쪽
- 출간일 : 2010. 4. 20
- 정가 : 38,000원

『원형석서(겐코오샤쿠쇼)』는 일본의 대표적인 불교문학이자 한문학 작품으로서 전체 30권 중 15권을 번역하여 『원형석서(상)』으로 엮었다. 이 책은 14세기까지 일본의 불교사 및 불교 문화사가 일목요연하게 정리되어 있다.

법률가의 논리 – 소크라테스처럼 사유하라

- 저자 : 루제로 엘디서트
- 역자 : 이양수
- 판형 : 신국판 ◦ 면수 : 408쪽
- 출간일 : 2010. 3. 22
- 정가 : 25,000원

법 논리를 배우려는 많은 이들은 정작 법률가처럼 '생각하는 법'을 배우지 못하고, 기호와 공식 암기에 치우치기 쉽다. 따라서 이 책의 저자는 형식적인 논리학이 아닌 '법률가처럼 생각하기'를 중시하면서 포괄적이면서도 철저하게 법 추론의 각론을 다루고 있다.

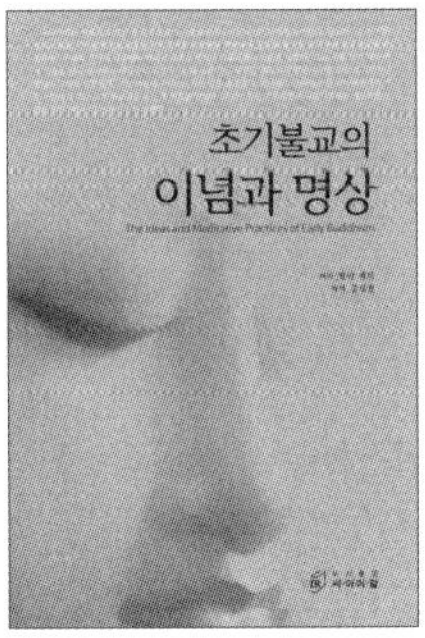

초기불교의 이념과 명상

- 저자 : 틸만 페터
- 역자 : 김성철
- 판형 : 신국판 ◦ 면수 : 230쪽
- 출간일 : 2009. 11. 24
- 정가 : 18,000원

이 책은 붓다의 첫 설법에서부터 붓다의 깨달음과 그 방법, 그리고 그 발전과정에 이르기까지를 상세히 분석하여 묘사하였다. 초기에 붓다는 4정려와 4성제의 인식을 통해 해탈했다고 간주되었지만, 이후 불교 명상에서 주류적 위치를 차지한 식별적 통찰 방법 12연기설에 대해 서술하고 있다.

북종선법문 불교연구총서 ④

- 편저 : 양증문
- 역자 : 박건주
- 판형 : 신국판 • 면수 : 218쪽
- 출간일 : 2009. 9. 4
- 정가 : 18,000원

이 책은 1세기 전 돈황에서 발견한 선종 문헌 중 북종의 법문이 다수 수록되어 있다. 이 책에 실린 여러 법문들은 1천여 년 간 당연시되어 왔던 남돈북점南頓北漸의 곡해를 바로잡고 그 사실을 입증하는 중요한 자료가 될 것이다.

선종과 송대 사대부의 예술정신 불교연구총서 ③

- 저자 : 명법
- 판형 : 신국판 • 면수 : 328쪽
- 출간일 : 2009. 4. 28
- 정가 : 20,000원

이 책에서는 선종과 중국사회 및 문화의 다층적인 상호작용 속에서 선종이 중국문학과 예술에 끼친 영향을 살펴보고 있다. 이 책에 기록된 선종과 예술의 만남은 세속화된 현대사회를 사는 우리들에게 세속과 종교의 조화로운 결합을 위한 하나의 길을 제시해 주고 있다.

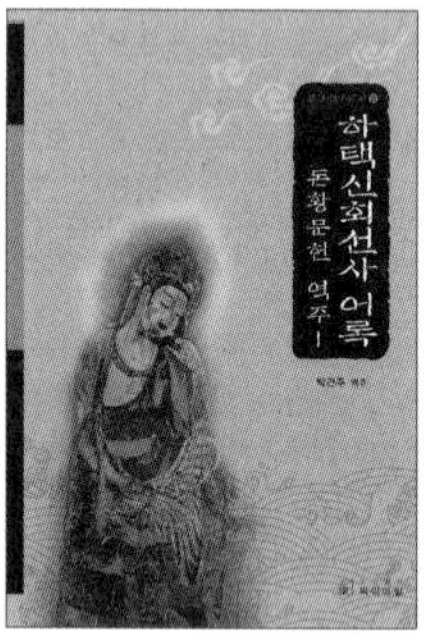

하택신회선사 어록 불교연구총서 ②

- 편저 : 양증문
- 역자 : 박건주
- 판형 : 신국판 • 면수 : 354쪽
- 출간일 : 2009. 2. 20
- 정가 : 20,000원

이 책은 최근에 중국의 양증문이 교감 편집한 『신회화상선화록』을 원본으로 삼아 하택신회의 법문을 역주하였다. 이 책에서 소개된 하택신회의 법문들은 하택신회의 선법과 남종의 진실한 면모를 파악하는 데 많은 도움이 될 것이다.

대승불교의 보살

- 편저 : 안성두
- 판형 : 신국판 • 면수 : 296쪽
- 출간일 : 2008. 4. 8
- 정가 : 18,000원

이 책은 보살의 기초개념을 알리기 위해, 각종 내전(內典)에 나타난 보살사상을 발췌, 정리하였다. 기존의 보살사상이 내전에 어떻게 보여왔는지, 어떤 인식으로 비춰졌는가를 보여주는 책이다.

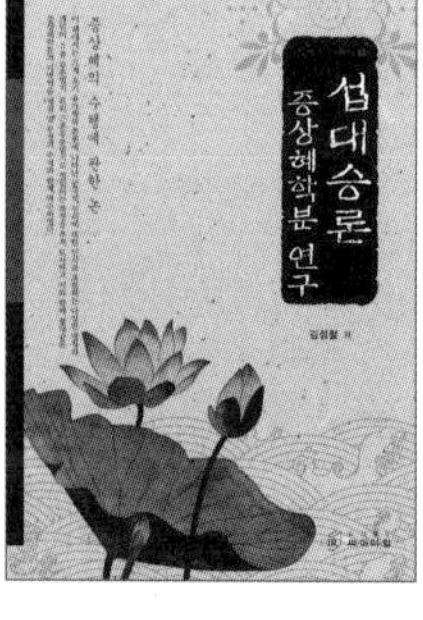

섭대승론 증상혜학분 연구 불교연구총서 ①

- 저자 : 김성철
- 판형 : 신국판 • 면수 : 368쪽
- 출간일 : 2008. 4. 3
- 정가 : 20,000원

이 책은 서구에서 발달한 현대의 문헌학적 불교연구의 전형적 형식으로서 텍스트에 대한 교정과 역주 및 개론적 연구로 구성되어 있다. 이 책은 현대 불교학적 방법론 수용의 현 단계를 살펴보는 데 많은 도움이 될 것이다.

열반 그리고 표현불가능성

- 저자 : Asanga Tilakaratne
- 역자 : 공만식, 장유진
- 판형 : 신국판 • 면수 : 344쪽
- 출간일 : 2007. 11. 20
- 정가 : 20,000원

이 책은 초기불교경전에 초점을 맞추어 어떤 형태의 표현불가능에도 동의하지 않는 붓다의 실천적 · 인식론적 시각을 섬세하게 고찰하고 있다. 초월성과 표현불가능으로 대변되는 힌두교–기독교적 종교 및 언어철학과 불교의 그것 사이의 명확한 차이와 초기불교의 논리적이고 합리적인 입장을 제종교 철학과의 비교 속에서 파악할 수 있는 지침을 제시해 줄 것이다.